Breve historia de la Revolución rusa

Mira Milosevich

Breve historia
de la Revolución rusa

Galaxia Gutenberg

Edición al cuidado de María Cifuentes

Publicado por
Galaxia Gutenberg, S.L.
Av. Diagonal, 361, 2.º 1.ª
08037-Barcelona
info@galaxiagutenberg.com
www.galaxiagutenberg.com

Primera edición: marzo de 2017
Segunda edición: marzo de 2017
Tercera edición: abril de 2017
Cuarta edición: mayo de 2017
Quinta edición: noviembre de 2017
Sexta edición: diciembre de 2019
Séptima edición: febrero de 2022
Octava edición: abril de 2023
Novena edición: julio de 2025

Preimpresión: Maria Garcia
Impresión y encuadernación: Ulzama digital
Depósito legal: B. 2155-2017
ISBN: 978 84 16734 75 7

A Íñigo-Branko

Índice

Lista de mapas

Agradecimientos

Este libro habría sido otro sin el apoyo de algunas personas. Cuando era estudiante de Ciencias Políticas y Sociología en la Universidad de Belgrado, tuve dos profesores extraordinarios cuyas sugerencias de lectura, fuera del programa oficial, resultaron fundamentales para comprender la utopía e ideología comunistas en un entorno donde muy pocos las cuestionaban. Esad Cimic (1931) me sugirió leer *Crítica del Marxismo* de Leszek Kolakowski, «para que vea usted que es posible triturarlo», y Aljosa Mimica (1948-2011) me prestó su ejemplar de *La Mente Cautiva*, de Czeslaw Milosz, para que entendiera cómo se adapta la gente a los sistemas totalitarios. Antes del colapso general del comunismo en 1989, estos dos libros determinaron mi visión del comunismo y de otros fenómenos totalitarios, y creo que han sido fundamentales en mi evolución intelectual.

Juan Pablo Fusi, que no ha sido mi profesor pero sí mi maestro y mi amigo; Eva Rodríguez Halffter, Javier Zarzalejos e Ignacio Astarloa han contribuido directa o indirectamente a la realización de este libro. Jon Juaristi merece un agradecimiento especial, por su lectura crítica del manuscrito y por programarme música coral rusa y la *Katiuska* de Sorozábal mientras lo escribía.

Por último, agradezco muy especialmente la confianza y continua atención que me han dedicado los editores de Galaxia Gutenberg, Joan Tarrida y María Cifuentes.

Prólogo

La Revolución rusa, que produjo el derrocamiento de la monarquía zarista y la radical destrucción de su sistema político entre febrero y octubre de 1917,[1] surgió de la Gran Guerra e influyó decisivamente desde entonces en la historia mundial a lo largo del siglo xx. Fue consecuencia de varios factores: del fracaso de las reformas gubernamentales de la segunda mitad del siglo xix, del frustrado intento de establecer un régimen constitucional entre 1905 y 1917, y de una tradición relativamente larga de movimientos revolucionarios.

Sin embargo, lo que solemos llamar estrictamente Revolución de Octubre partió de un golpe de Estado efectuado por un grupo minoritario (la fracción bolchevique del Partido Obrero Socialdemócrata de Rusia) y desembocó en una guerra civil (1918-1921) de la que emergería el sistema soviético con su recurso al terror permanente. Gracias a una poderosa maquinaria de propaganda, a la labor de los historiadores oficiales y a la colaboración de numerosos intelectuales y trabajadores manuales de otros países, el Partido Comunista de la Unión Soviética pudo construir el mito de una revolución proletaria, tanto en la época de Iósif Stalin (1924-1953) como, luego, en la de Nikita Jrushchov (1953-1964), al promover éste, como ingrediente clave del proceso desestalinizador, la elaboración del sujeto, inédito hasta entonces (el *sovietski narod* o pueblo soviético), de una supuesta revolución «popular».

Jamás un fracaso de tal envergadura derivó en un éxito semejante. La Revolución rusa ya había fracasado en 1922 al no haber logrado

1. Hasta el 1 de febrero de 1918 en Rusia se usaba el calendario juliano (el «viejo estilo») que va trece días por detrás del calendario gregoriano («nuevo estilo»). Así, la revolución del 24 y 25 de octubre tuvo lugar, según el calendario gregoriano, los días 6 y 7 de noviembre. En el texto, para los acontecimientos históricos previos al 1 de febrero de 1918, hemos respetado las fechas según el uso antiguo.

cumplir su objetivo principal. Para Lenin, la Revolución soviética no constituía el objetivo final, sino el medio de desencadenar una revolución mundial. Como dijo Lev Trotski, «la Revolución rusa hará que se levante la tempestad en Occidente o los capitalistas de todos los países ahogarán nuestra lucha». No sucedió lo uno ni lo otro. La revolución alemana abortó, la mundial no se produjo. Tras ese fiasco, los bolcheviques crearon, el 30 de diciembre de 1922, la Unión de Repúblicas Socialistas Soviéticas (URSS, que sucedió a la República Socialista Federal de los Sóviets de Rusia). De este modo, proclamaron su derecho a heredar el imperio zarista y a construir el «socialismo en un solo país».

La mayoría de los libros publicados sobre la Revolución se centra en los tiempos inmediatos de antes y después de Octubre. Sin embargo, hay varias razones que aconsejan examinar la Revolución como un ciclo y no como un único hecho histórico.

Sólo los hechos posteriores a la Revolución revelaron cuáles habían sido sus verdaderos motivos y objetivos: la Guerra Civil, el comunismo de guerra, la Nueva Política Económica (NEP), la fundación de la Unión Soviética, los planes quinquenales, el Gran Terror, la Segunda Guerra Mundial, la Guerra Fría y el colapso del sistema comunista fueron consecuencias necesarias de la Revolución y reflejaron el proceso de la transformación del sistema autocrático del zarismo en un régimen totalitario comunista y su declive. Las características del actual régimen ruso, que se autodenomina «democracia soberana» y constituye una mezcla de los modelos autocráticos zarista y comunista, muestran que el ciclo revolucionario todavía no ha concluido.

Otro de los factores que avalan la conveniencia de analizar la Revolución de Octubre como un ciclo es la idea marxista de revolución. Los marxistas ampliaron la definición política de «revolución» introducida por la Revolución francesa –el asalto violento y masivo desde abajo y la consiguiente reestructuración del poder– al añadir que la revolución no acaba con la conquista del poder, sino que debe continuar porque su misión no es sólo el cambio del poder político sino la creación de un nuevo orden económico y social, de una sociedad sin clases y de un «hombre nuevo» portador de cualidades altruistas y solidarias.

Este libro analiza la Revolución rusa como un ciclo de cien años e intenta responder a cinco preguntas fundamentales: cómo y por qué estalló la Revolución en 1917; cómo los bolcheviques llegaron al poder y establecieron su régimen; cómo ese régimen evolucionó hacia formas extremas de totalitarismo; cómo el sistema soviético duró sesenta y nueve años y por qué llegó a su fin, y, por último, qué tipo de sistema político y económico surgió de las ruinas de la URSS. Pretende mostrar el vínculo entre ideas y hechos, así como ofrecer un análisis desde múltiples perspectivas (la política, los cambios socioeconómicos, la cultura, las ideas e ideologías, las guerras). Además, incorpora los avances de la investigación historiográfica posterior a la caída del sistema soviético, gracias a la apertura de los archivos hasta entonces inaccesibles a la mayoría de los estudiosos.

Breve historia de la Revolución rusa responde a un imperativo de brevedad y claridad que obliga a ir a la esencia misma de los hechos históricos. Como escribió Juan Pablo Fusi en su *Breve historia del mundo contemporáneo* (Galaxia Gutenberg, 2013), «se trata ante todo de hacer precisión».

PRIMERA PARTE

RUSIA PRERREVOLUCIONARIA

La Revolución de Octubre, como todas las revoluciones, fue en cierta medida espontánea. Los bolcheviques tomaron el poder aprovechando la oportunidad que les brindaron la abdicación del zar Nicolás II (1868-1918) el 1 de marzo de 1917 y la incompetencia del Gobierno provisional. Sin embargo, a diferencia de todas las revoluciones anteriores, la rusa fue precedida por décadas de debates intelectuales sobre la necesitad, posibilidad y conveniencia de llevar a cabo una revolución. Tales discusiones brotaron del seno del movimiento populista surgido en los años cuarenta del siglo xix, que se convirtió en paradigma de las posteriores élites revolucionarias.

Para comprender cómo y por qué estalló la Revolución en 1917, es necesario analizar el contexto histórico en el que germinó: la estructura del Estado patrimonial y el modelo del gobierno autocrático zarista (moscovita y peterburgués), las ocho grandes reformas del zar Alejandro II en la década de 1860, y la decepción generalizada que produjeron; los movimientos y organizaciones políticas y revolucionarias rusas, las contrarreformas de Alejandro III y Nicolás II después del asesinato de Alejandro II en 1881; la Revolución de 1905, que Lenin definió como «el gran ensayo» de la Revolución de Octubre, y que introdujo en Rusia el sistema «semiconstitucional» (un sistema mixto o de soberanía compartida por el pueblo y el emperador, en el que el zar conservaba numerosas atribuciones).

Sin embargo, antes de ello conviene considerar brevemente el contexto geográfico, ya que el tamaño de Rusia, el país más extenso del mundo, es una de las claves de su desarrollo histórico y de su indeleble identidad imperial.

El despotismo del espacio

Las palabras rusas *prostor* y *prostranstvo* no tienen equivalente en castellano para describir su carga emocional. Lo más cercano es «espacio» y «libre espacio». Tal carga emocional responde a la zozobra ante un espacio infinito o, mejor dicho, la angustia del hombre perdido en la inmensidad de un espacio desmesurado, sólo limitado por los bosques en el norte y por la estepa en el sur. Los rusos padecen de un miedo irracional a una posible invasión exterior por carecer de fronteras naturales y por diversas experiencias históricas: las invasiones de los mongoles (1237-1240), la de Napoleón (1812) y la de la Alemania nazi (1941). Este temor ha determinado el concepto de seguridad nacional y exige la creación de zonas *buffer*, neutrales o controladas por Rusia, entre ésta y sus enemigos potenciales. En el idioma ruso no existe una palabra que signifique directamente «seguridad». Se usa un giro perifrástico: *bezopasnost* (literalmente, «sin peligro»). La seguridad implica ausencia de peligro, no prevención para defenderse en el caso de que lo haya. Por tanto, a lo largo de su historia, Rusia garantizaba su seguridad nacional aumentando su territorio: cuanto mayor fuera la zona *buffer* entre Rusia y sus enemigos potenciales, mayor sería la seguridad nacional. Catalina II la Grande (1729-1796) lo resumió en una frase célebre: «No conozco otro modo de defender mis fronteras que extendiéndolas». Iván III (1440-1505), príncipe de Moscú, gobernaba sobre un territorio de 460.000 kilómetros cuadrados en 1462. En 1700 el imperio alcanzaba los 15 millones de kilómetros cuadrados y, a finales del siglo XIX, abarcaba ya 23 millones. A partir del siglo XVI, el gigantismo de Rusia, símbolo de su poder, constituirá una rémora para el orden y desarrollo interior.

Para el centro político, situado en el oeste del país (Moscú o San Petersburgo), el gran tamaño del país representaba un problema de gobernabilidad: la periferia y las fronteras orientales eran incontrolables. Catalina II sentó el principio político de que, a causa del gran tamaño del territorio imperial, sólo era posible en Rusia un gobierno autocrático. La zarina apelaba a una tesis de las *Cartas Persas* (1721) de Montesquieu (1689-1775), según la cual el tamaño físico de un territorio determina la forma de gobernarlo. Desde entonces hasta hoy, la gran magnitud geográfica de Rusia ha sido uno de los argumentos habituales para justificar la forma autoritaria (autocrática) de sus gobiernos.

El *prostor* siempre fue un pilar fundamental del sistema político y penal de Rusia. Siberia lo representa mejor que ningún otro factor de tal sistema. Desde el siglo XVII, cuando se estableció el primer campo de trabajo forzado –*kátorga* (de la palabra tártara *katargá*, que significa «morirse»)– ha sido una cárcel sin puertas y su nombre, sinónimo de pena de muerte. Los bolcheviques heredaron el uso de los antiguos campos, que organizaron bajo el GULAG (acrónimo en ruso de Dirección General de Campos de Trabajo), primero mediante una disposición secreta (11 de julio de 1929) y posteriormente con un decreto público (15 de abril de 1930).

2

El Estado patrimonial zarista:
modelos moscovita y peterburgués

La clave de la larga persistencia del régimen autocrático en Rusia reside en la combinación de tres tradiciones políticas: el sistema señorial moscovita, el despotismo mongol y el «cesaropapismo» bizantino (la unificación del poder político y religioso en una sola persona). La dinastía Rúrik (860-1598), fundadora del primer Estado ruso, con centro en Kiev de Rus (862), fue derrotada por la Horda de Oro mongola en 1237. Hasta 1453, año de la caída de Constantinopla, los rusos fueron en teoría vasallos del Imperio bizantino, pero, en la práctica, de la Horda de Oro. El dominio de los mongoles llegó a su fin en 1480, cuando Iván III rechazó pagar los impuestos al kan mongol y se proclamó *samoderzhets* del Principado de Moscovia. (*Samoderzhets* es la traducción rusa del griego *autokrates*. El término «zar», adaptación de la palabra latina *caesar*, fue acuñado en 1547 para connotar la misión universal de los gobernantes rusos.)

Dos modelos históricos –el moscovita y el peterburgués– se reparten las características principales del régimen autocrático ruso. Ambos son variantes posibles de lo que Richard Pipes ha definido como Estado patrimonial, un modelo de Estado cuyas instituciones no hacen distinción entre poderes públicos y propiedad privada.

MODELO MOSCOVITA

Este modelo responde al régimen instaurado en el Principado de Moscovia en 1480 y representado por Iván III (1440-1505), Iván IV el Terrible (1530-1584) y Alekséi I (1629-1676). Sus principales características fueron la identificación entre el Estado y la Iglesia ortodoxa, el sometimiento de los boyardos (la aristocracia feudal) y el restablecimiento de la servidumbre, que no será abolida hasta 1861.

Iván III puso fin a la subordinación del Principado de Moscovia a la Horda de Oro mongola en 1480, y denominó a Moscú Tercera Roma. La alianza entre los príncipes y la Iglesia ortodoxa rusa, que databa de cuando el príncipe Vladímir del Rus de Kiev adoptó el cristianismo ortodoxo como religión de su corte (988), fue renovada y sellada de nuevo en 1472, tras contraer matrimonio Iván III con Sofía Paleóloga (1455-1503), heredera del Imperio bizantino y sobrina del último *basileus*, Constantino XI (1405-1453). El enlace fue presentado como un rito de incorporación de la herencia de Bizancio en Moscovia y de legitimación de Moscú como nueva capital de la cristiandad ortodoxa. Después de la caída de Constantinopla en 1453, los rusos creían que les correspondía el papel de protector de los cristianos ortodoxos y de su fe. Desde 1472 hasta hoy (excepto entre 1917-2001) el águila bicéfala, blasón de la última dinastía bizantina, ha sido el de Rusia. Cuando Iván IV fue coronado como primer zar de Rusia, en 1547, estimó que su imperio aseguraba la continuidad del Imperio romano de Oriente, de forma análoga a como Carlomagno se hizo coronar emperador del Imperio de Occidente. En 1588 el Patriarcado ecuménico de Constantinopla –convertida en la Estambul musulmana, capital del Imperio otomano– se trasladó a Moscú, centro de un nuevo imperio cristiano. El patriarca bendijo a Iván IV como «zar y soberano ortodoxo de toda la comunidad cristiana, desde el este al oeste, hasta el océano».

Durante el reinado de Iván III existía aún cierto grado de compromiso entre el poder del gran príncipe y el de sus nobles, aunque los aspectos esenciales del feudalismo en sentido europeo estaban ausentes en Rusia. La lealtad y el servicio del vasallo a su señor eran desconocidos. Iván IV introdujo una serie de reformas, estableciendo en 1549 los elementos básicos del modelo moscovita: *gleb* («impuestos»), *Zemski Sabor* (*zemstvo* es la comunidad campesina pequeña, la aldea; *Zemski Sabor*, el Consejo de representantes de los *zemstvo*); la guardia personal –*streltsi* («arqueros»: *strela* significa «flecha»)– a la que, por su crueldad en la represión de los adversarios del zar, se considera precursora de la Cheka, el servicio secreto creado por los bolcheviques en 1918. *Los streltsi* se reclutaban entre los *oprichniki*, la pequeña nobleza de las zonas nororientales de Rusia, donde escaseaban los boyardos. Entre 1564 y 1572, siguiendo las órdenes del zar, los *streltsi* ejecutaron a la mayoría de los boyardos, acusados de conspiración y traición. El objetivo principal de este proceso arbitrario y sangriento, conocido como *oprichnina*, fue destruir los privilegios de la poderosa aristocracia hereditaria para centralizar el poder y ampliar las atribuciones del zar. En él ganó Iván IV su apodo *Grozni* («el Terrible»).

La eliminación de los boyardos impidió el desarrollo del modelo europeo de feudalismo. Al contrario que en Occidente, donde la servidumbre fue el resultado del debilitamiento del poder central y donde desapareció al restablecerse aquél como monarquía autoritaria, provocando el colapso del sistema feudal entre los siglos XIII y XV, en Rusia la servidumbre fue un producto del Estado que se introdujo gradualmente desde el siglo XV y se consolidó en el XVIII. En 1550, Iván IV estableció el *krepostnie pravo* («derecho de servidumbre» que garantizaba la potestad de tener siervos), pero fue Alekséi, hijo del zar Mijaíl I (1596-1645), fundador de la dinastía Romanov (1613-1917), quien institucionalizó la servidumbre en 1649.

EL MODELO PETERBURGUÉS

Es el que estableció Pedro I el Grande entre 1689 y 1725 y que fue mantenido desde entonces por todos los zares de la dinastía Romanov. Su nombre deriva de San Petersburgo, ciudad fundada por el zar en 1703 con el objetivo de «acercar Rusia a Europa». Sus principales características son el Estado moderno centralizado, un patriotismo estatal identificado con la figura del zar, la separación de los poderes del Estado y la Iglesia, y la profunda división entre la cultura de élite aristocrática y la popular.

Pedro I fue el primer zar ruso que, en 1671 añadió al título de emperador los de «Grande, más Sabio y Padre de la Patria». La derrota que, en 1700, infligieron las tropas de Carlos XII de Suecia a Rusia en la batalla de Narva en 1700 (durante la Gran Guerra del Norte entre 1700-1721) y la rivalidad que se creó entre Suecia, Rusia y Dinamarca-Noruega por la supremacía en el mar Báltico pusieron de relieve el retraso de Rusia en comparación con Europa. Desde entonces, la cuestión de cuál debería ser el lugar de Rusia en Europa y cómo podría modernizarse y recuperarse de su retraso no ha cesado de atormentar a sus políticos e intelectuales.

El objetivo principal de Pedro I fue superar el retraso y «occidentalizar» Rusia, transformándola en una gran potencia militar europea. El primer paso de este proyecto titánico fue la creación de un Ejército y una Armada de estilo europeo, así como de una industria pesada de armamento y academias para formar a los oficiales. En 1701 fue fundada la Escuela de Infantería; en 1703, la Escuela de Matemáticas y Navegación de Moscú, y la Escuela de Ingeniería en 1712. En 1705, las Fuerzas Armadas contaban con 136.000 hombres; en 1711 con 174.000; y en 1725, el último año del reinado de Pedro, sumaban 304.000 hombres. A mediados de la década de 1850, las Fuerzas Armadas imperiales tenían ya 938.000 efectivos.

La modernización de las Fuerzas Armadas, que se basó en el principio de jerarquía meritocrática, se convirtió en el modelo a seguir para europeizar la sociedad tradicional rusa en una europeizada. Además de modernizar Rusia, Pedro perseguía completar la obra de Iván el Terrible, limitando aún más el poder de la nobleza hereditaria y aumentando el del Estado. Para ello culminó y sobrepasó el modelo moscovita mediante la transformación de lo que quedaba aún de la aristocracia latifundista en una nobleza militar y burocrática *(chinovniki)* puesta al servicio del Estado a cambio de nuevos privilegios y títulos nobiliarios. Por otra parte, impuso a todos los súbditos del reino, independientemente de sus orígenes, la obligación de prestar un servicio al Estado. Éste se regulaba a través de la Tabla de Rangos de 1722: un listado de catorce niveles, cargos y rangos que se aplicaría en las tres ramas del servicio estatal: militar, civil y de la corte.

Una de las mayores diferencias entre los modelos moscovita y peterburgués es el trato que otorgan uno y otro a la Iglesia ortodoxa. El de Moscovia era un sistema cesaropapista que representaba la unión entre el poder político y religioso, y en el que la Iglesia ortodoxa sacralizaba el poder zarista. La lealtad al Estado y la identidad nacional se identificaban con la religión. El modelo peterburgués precisa una división de poderes y subordina la Iglesia a un Estado secular. La identidad nacional se define en él como una adhesión patriótica al Estado personificado en la figura del zar, «el Padre de todos los rusos». En 1721, Pedro I abolió la institución del Patriarcado, y fundó un Sínodo que le estaba subordinado a él, y no a la Iglesia.

La decisión de Pedro I de separar el poder estatal y religioso profundizó el cisma que había comenzado a aflorar durante el reinado de su padre, Alekséi I. El entonces patriarca de Moscú y de todas las Rusias, Nikita Minóv, más conocido como Nikon (1605-1681), emprendió una serie de contrarreformas entre 1654 y 1667 para retrotraer la Iglesia a sus orígenes bizantinos, tanto en el rito como en una mayor identificación entre «poder terrenal y celestial». Su iniciativa causó el *ras-*

kol («ruptura» o «cisma»). Sus propuestas encontraron un rechazo rotundo en una parte de la población que adoptó la denominación de «viejos creyentes» o *raskolniki* («cismáticos»). El cisma tuvo consecuencias más allá del entorno eclesiástico. El *raskol* dio un barniz utópico y apocalíptico a los debates internos rusos (muchos populistas del siglo XIX y revolucionarios del siglo XX se identificaban con los *raskolniki*) y frustró el desarrollo armonioso de una cultura nacional estable. A partir del cisma, la vida en Rusia se dividió en una esfera religiosa y otra civil.

Además, durante el reinado de Pedro I se fraguó otro cisma entre la cultura popular y la de élite; entre los campesinos, que en 1719 eran el 93,2 % de la población (el 80 % tenía la condición de siervos) y los nobles (menos del 7 %). La construcción de San Petersburgo (1703-1713), encargada a arquitectos franceses e italianos, y que pasó a ser la capital en 1713, simbolizaron el alejamiento del Principado de Moscovia y de sus tradiciones. El traslado de la capitalidad de la nueva Rusia «occidentalizada» a San Petersburgo se completó con un *Ukaz* («decreto») que obligaba a sus habitantes a vestir indumentaria europea y hablar en francés. Los nobles usaron la cultura francesa para crearse una identidad propia, distinta tanto de la de los campesinos rusos como de la de los comerciantes alemanes, suecos o judíos. Pedro I puso los cimientos de un Estado fuerte y centralizado y convirtió Rusia en una gran potencia militar, pero impidió el surgimiento de una conciencia nacional al rechazar la tradición específicamente rusa.

Catalina II, la primera mujer en Rusia que ostentó el título de emperatriz, siguió desarrollando el modelo peterburgués. Le obsesionaba, como a Pedro I, superar el retraso de Rusia respecto a Europa y expandir el territorio imperial. Pedro I había anexionado los países bálticos al Imperio ruso. Catalina continuó la expansión: tras la guerra rusoturca de 1768-1774, logró el control ruso sobre Ucrania y en 1783, sobre Crimea. En la guerra ruso-turca de 1787-1792 conquistó los territorios otomanos hasta el río Dniéster, y se apoderó de buena parte de la Mancomunidad de Polonia y Lituania. Desde su coronación en 1762, hasta su muerte, en 1796, Catalina II intentó llevar al pueblo ruso las ideas de los ilustrados franceses. Amigos personales de esta déspota ilustrada fueron Voltaire (1694-1778) y Diderot (1713-1784), pero fue el pensamiento de Montesquieu lo que más influyó en ella.

Catalina II tuvo el mérito de provocar la aparición de una nueva clase social en Rusia, la *intelligentsia*. Como observa Isaiah Berlin, la *intelligentsia* no es idéntica a los intelectuales: éstos son personas que, simplemente, anhelan que las ideas sean lo más interesantes posible. En cambio, la *intelligentsia* o «inteligencia» es un fenómeno del siglo XIX exclusivamente ruso, «un movimiento que englobaba a un conjunto de rusos con cultura y principios morales que se sentían indignados por una Iglesia oscurantista, un Estado brutalmente opresivo e indiferente a la miseria, la pobreza y el analfabetismo en los que vivía sumida la mayor parte de la población, y una clase gobernante que pisoteaba los derechos humanos e impedía el progreso moral e intelectual».

En 1767, la zarina ordenó la creación de una comisión para un nuevo código legal. La comisión elaboró el documento *Nakaz* («Instrucciones») a imitación de *El espíritu de las leyes* (1747) de Montesquieu. La idea de la igualdad de todos los ciudadanos ante la ley y, en especial, la de las libertades políticas contradecían la realidad rusa, con una numerosísima servidumbre que existía desde la época de Iván el Terrible. La comisión demostró que Rusia era muy diferente de Occidente. La nobleza rusa quería conservar la servidumbre, porque su propia existencia descansaba sobre el trabajo obligado de millones de «almas». Lo que a Rusia le faltaba en desarrollo técnico lo compensaba con una cantidad ilimitada de mano de obra servil. El fracaso de la comisión, que desapareció en 1768, centró el debate en la cuestión de las diferencias entre Rusia y Occidente en general, y, en particular, en lo que se refería al modelo del gobierno autocrático. De tal debate surgió la *intelligentsia,* en cuyas filas brotaron populistas e incipientes revolucionarios. Joseph de Maistre (1753-1821), que fue ministro plenipotenciario en San Petersburgo del rey de Cerdeña entre 1802 y 1817, escribió a su soberano, en 1811, que la revolución por venir en Rusia sería dirigida «por un Pugachov de la universidad». Yemelián Pugachov fue un campesino cosaco que encabezó el primer levantamiento popular en Rusia (1773-1775) durante el reinado de Catalina II. Su rebelión fue aplastada brutalmente, pero la destrucción y el terror que desató Pugachov contra los nobles (1.500 fueron asesinados y despojados de su propiedad) nunca fueron olvidados. La sublevación de Pugachov alentó la determinación de la zarina de reorganizar la administración provincial de Rusia. En 1775 dividió el imperio en provincias y distritos según estadísticas de población. Se asignó a cada provincia una amplia administración, destacamentos de policía y un aparato judicial.

Tanto el modelo moscovita como el peterburgués no hacen distinción entre poderes públicos y propiedad privada. Ya el zar Iván III afirmó que «toda la tierra rusa es por voluntad de Dios nuestro patrimonio [de la corona], desde nuestros más antiguos ancestros». Los zares rusos no sólo eran libres para legislar e imponer impuestos, como lo hacían todos los reyes en las monarquías absolutas –por ejemplo, Felipe IV de España o Luis XIV de Francia–, sino que eran además propietarios de Rusia y de todas sus tierras, que cedían a los nobles a cambio de sus servicios y lealtad al Estado. Así que no había límites reales a su poder. En este tipo de Estado, el zar y sus nobles no consideraban a la sociedad como parte independiente del Estado, con sus derechos e intereses, sino como puro *narod* («pueblo»), que sólo existe en la medida en que el Estado reconoce su existencia a cambio del servicio que le presta. El Estado bolchevique establecido por Lenin, el «Pugachov de la universidad», fue desmesuradamente más absoluto y tiránico que el zarista, aunque aprovechó en gran medida la estructura del Estado patrimonial, con su administración centralizada y ausencia de libertades individuales y propiedad privada de la mayoría de los súbditos del zar.

3

El zarismo en el siglo XIX: reforma y contrarreforma

La victoria en la guerra contra Napoleón (1806-1815) había hecho de Rusia una gran potencia europea y un miembro esencial de la Santa Alianza (1815). Sin embargo, perdió ese papel al ser derrotada por una coalición militar de otomanos, británicos y franceses en la guerra de Crimea (1854-1856). Tal derrota puso nuevamente de relieve el retraso industrial, económico, social, político y militar ruso respecto de Europa. Las rebeliones nacionalistas de los polacos en 1831 y 1863, la unificación en 1871 de Alemania (que se convertía así en su mayor rival en Europa) y el reconocimiento de la independencia de las naciones balcánicas del Imperio otomano en el Congreso de Berlín (1878) fueron otros tantos acontecimientos que hirieron el orgullo nacional ruso, amenazando la estabilidad del Imperio zarista.

La derrota de 1700, infligida por los suecos, había obligado a Pedro I a modernizar Rusia en el sentido militar y tecnológico, y a imitar la cultura occidental. El zar Alejandro II (1856-1881), tras la debacle de Crimea y bajo la presión de las frecuentes revueltas campesinas y de una *intelligentsia* que sostenía que Rusia no fue derrotada por el enemigo extranjero, sino por sus debilidades internas, decidió poner en marcha ocho grandes reformas entre las que destaca especialmente la abolición de la servidumbre en 1861, a la que debió su sobrenombre de El Libertador. Sin embargo, no llegó a introducir en Rusia la monarquía constitucional, lo que supuestamente entraba en sus planes. La primera reacción a sus reformas fue el descontento generalizado de la población, capitalizado por los movimientos revolucionarios. Después de su asesinato en 1881, sus sucesores Alejandro III (1845-1894) y Nicolás II (1868-1918) emprendieron contrarreformas para restaurar el poder autocrático. El fracaso de las reformas de Alejandro II, la emergencia de los movimientos revolucionarios y la brutalidad del régimen de Nicolás II fueron definiendo el escenario político en el que estallaría la Revolución de Octubre.

LAS OCHO GRANDES REFORMAS DE ALEJANDRO II

La abolición de la servidumbre fue un proceso gradual que culminó en 1861, con la firma por el zar de los Estatutos de Emancipación, obra de la comisión creada al efecto por Alejandro II, que debatió un plan acerca de cuánta tierra deberían recibir los siervos liberados y si deberían convertirse en ciudadanos de pleno derecho. El documento, de 360 páginas, no cumplía las expectativas de los campesinos. Aunque los definía como «libres habitantes rurales» (con derecho a casarse, adquirir propiedades y comerciar), seguían siendo ciudadanos de segunda porque la abolición de la servidumbre no contemplaba su integración en la sociedad, ya que seguían sometidos a administraciones locales separadas.

El meollo de su «liberación» consistía en la repartición de la tierra en dos fases: en la primera, la tierra pasó a ser propiedad del *zemstvo* a cambio de compensaciones estatales a los terratenientes. En la segunda, los campesinos podrían adquirir la tierra pagando al Estado por ello. Hasta el momento de realizar la compra de la tierra, los campesinos eran siervos y como tales deberían seguir cumpliendo sus obligaciones hacia los propietarios si no llegaban a un acuerdo con ellos. La decepción fue general: los campesinos no recibieron la tierra de la manera que esperaban (gratuitamente) ni se los liberó, ya que el Gobierno, para asegurarse el control político sobre los antiguos siervos, desplazó la autoridad de los propietarios a los *zemstvos*. A su vez, los propietarios se quedaron sin poder sobre los siervos, sin parte de sus tierras y sin mano de obra gratuita, por lo que intentaron diferir y obstaculizar cualquier acuerdo.

La emancipación no resolvió la cuestión campesina, porque la reforma no cumplió las expectativas de la sociedad y por el incremento de la población agraria en la segunda mitad del siglo XIX, que provocó una demanda excesiva de tierra. De los 87 millones de campesinos, un 10 % eran agricultores «ricos» *(kuláks)* a los que pertenecía un tercio de la tierra destinada a la repartición. Al restante 90 % le correspondieron los otros dos tercios de la tierra, que no era suficiente para todos. Además, el uso de herramientas primitivas y la calidad de la tierra y del grano no permitían obtener un rendimiento suficiente para pagar los impuestos y adquirir la tierra al Estado. El descontento se tradujo en desórdenes en las aldeas: en 1859 se registraron 91 motines, en 1860 fueron 126, y en 1861, año de la abolición de la servidumbre, estallaron 1.889 enfrentamientos entre la policía y los campesinos. Alejandro II forzó otras siete reformas. En 1864 restableció el *zemstvo*, la pequeña comunidad con autogobierno, constituida mediante asambleas locales electivas que representaban a tres clases sociales (campesinos, terratenientes y profesionales). Su función principal era responsabilizarse del desarrollo social de la comunidad: construir y mantener infraestructuras clave (caminos, puentes, hospitales, escuelas, cárceles); proveerla de servicios sociales (sanidad pública, educación, ayuda durante las hambrunas) y promover el comercio, la industria y la agricultura. La reforma pretendía transferir la responsabilidad del Estado a la sociedad en el nivel local.

La segunda reforma en importancia era la de la educación. Las medidas más urgentes consistían en crear condiciones para la alfabetización y educación de los hijos de los antiguos siervos en las escuelas primarias. El Estatuto de las Escuelas Primarias de 1864 proporcionó un marco legal para la apertura de escuelas cuya financiación dependía del *zemstvo*. Un estatuto paralelo promovía la creación de escuelas secundarias. Mucho más complicada fue la reforma de la universidad, por haberse convertido ésta en el terreno principal de la radicalización política. Aun así, el Estatuto Universitario de 1863 garantizó mayores derechos para los profesores e incluso para los estudiantes.

El Estatuto del Sistema Judicial (1864) pretendía asegurar los «principios fundamentales» del nuevo orden: la supuesta igualdad de todos ante la ley, la separación del sistema jurídico y del sistema administrativo, el establecimiento de tribunales con jueces profesionales y la garantía de transparencia en el procedimiento jurídico.

La reforma militar supuso la reestructuración de las Fuerzas Armadas, muy necesaria después de la derrota en Crimea. Se adoptó el modelo europeo de servicio militar universal que sustituyó al enorme ejército permanente sin reservistas. Las Actas de Entrenamiento Militar Universal de 1874 establecían la conscripción de todas las clases sociales, independientemente de su origen.

La quinta reforma fue la del poder local en las ciudades (1870), con el objetivo de mejorar las bases sociales y fiscales del gobierno de los centros urbanos. Se introdujo la institución del Consejo urbano electivo (una especie de *zemstvo* para las ciudades) que era responsable de suministrar servicios básicos a los ciudadanos. Los nobles, que hasta entonces estaban exentos de pagar impuestos, fueron obligados a contribuir.

La reforma de la censura incrementó el número de periódicos y libros. La Regulación Temporal de 1865 abolió las normas de censura anteriores, incluidas las de suspensión o cierre de periódicos. Sin embargo, la censura como instrumento de control social y político no despareció.

La última de las ocho grandes reformas de Alejandro II fue la de la Iglesia ortodoxa rusa, que estaba dominada por un clero corrupto e incompetente. Una comisión especial se encargó de establecer los consejos parroquiales (1864), reformar las escuelas eclesiásticas abriéndolas a los jóvenes de todas las clases sociales (1867), abolir la existencia de castas en el clero (1867) y reorganizar las parroquias, reuniendo las más pequeñas en demarcaciones mayores (1869).

Las ocho grandes reformas afectaron a las instituciones sociales, administrativas y culturales. Se basaron en dos principios: el de *vsesoslovnost* («universalidad, todas las clases») y el de *glasnost* («transparencia, voz alta», palabra que usaría Mijaíl Gorbachov en la década de 1980 para definir sus reformas del régimen comunista). El propósito principal de las reformas era adaptar los modelos occidentales a Rusia. Las grandes reformas de las décadas de 1860 y 1870 produjeron cambios significativos y marcaron la entrada del Imperio ruso en una nueva era. A pesar de ello, hasta 1906 los zares rechazaron reconocer un órgano legislativo que no estuviera subordinado o a la voluntad del autócrata o controlado por éste. La emancipación no solucionó la cuestión campesina, lo que aceleraría la crisis agraria de comienzos del siglo XX y una nueva serie de reformas que fue interrumpida por la Primera Guerra Mundial.

LA CONTRARREFORMA DE ALEJANDRO III Y NICOLÁS II

El asesinato de Alejandro II en 1881 y el incremento de la violencia revolucionaria a finales del siglo XIX fueron, sólo en apariencia, las causas del abandono del reformismo liberal por el régimen. La mayoría de las reformas, por ser disfuncionales y destructivas, no habían prosperado. El mayor fracaso fue el de la reforma del *zemstvo*, ya que éste se mostró incapaz de ejercer la autoridad que se le había asignado. Además, el régimen falló al prever que estos órganos articularían gradualmente nuevas demandas políticas, como la creación de un *zemstvo* a nivel nacional. Ya a finales de la década de 1870, el *zemstvo* exigía revisión y replanteamiento. La reforma judicial se reveló desalentadora. El sistema judicial no absorbió con eficacia la disolución del poder político y jurídico de los antiguos propietarios sobre los siervos. Fue ineficaz en la lucha contra el crimen y el terrorismo revolucionario. La consecuencia de tal fracaso fue la transferencia de las competencias para la lucha contra el terrorismo revolucionario (el denominado «crimen contra Estado») desde el poder judicial al ejecutivo. En 1878 se crearon tribunales militares especiales para juzgar a los terroristas. Cuando éstos comenzaron a usar los tribunales públicos como escenario para propagar sus ideas, la decepción del Gobierno ante el sistema judicial importado de Occidente fue completa. El desencanto se extendió eventualmente a otras reformas: la relajación censoria se entendió como tolerancia hacia los ataques al Gobierno, las universidades producían demasiados revolucionarios radicales; la reforma de Iglesia, párrocos aún más pobres, y la abolición de la servidumbre ponía en una grave situación económica tanto a los nobles como a los campesinos.

Los principales defensores de las reformas como el ministro del Interior Pável Valuev o Konstantín Pobedonóstsev (1827-1907), que había ayudado a diseñar la reforma judicial, cantaron la palinodia y afirmaron que el pueblo ruso sólo podría ser regido eficazmente por un fuerte gobierno autocrático. Ya en 1810, antes de las reformas de Alejandro II, uno de los historiadores rusos más importantes, Nikolái Karamzin (1766-1826), había sostenido que «la autocracia ha fundado y ha resucitado a Rusia. Cualquier cambio en su constitución política ha causado en el pasado su perdición y seguramente lo haría de nuevo en el futuro». Así que los dos últimos zares, Alejandro III y Nicolás II, trataron de restablecer el antiguo modelo de autocracia mediante una serie de contrarreformas. Las más significativas fueron las del sistema judicial, con la creación de los tribunales especiales, y la campaña de *rusificación* en las nacionalidades no rusas del imperio.

El Estado zarista del siglo XIX era un Estado supranacional, producto de la continua expansión territorial del imperio. Según el primer censo oficial de 1897, en el Imperio ruso vivían, aplicando el criterio del idioma que hablaban, 55,6 millones de rusos, 22,4 millones de ucranianos, 5,8 millones de bielorrusos, 7,9 millones de polacos, cinco millones de judíos, 3,4 millones de tártaros, y más de ocho millones de otras nacionalidades (véase Tabla 1 en Anexos). En el censo no estaba incluida Finlandia, que formaba parte del Imperio ruso y contaba con 2,5 millones de habitantes. El censo menciona que existía un 71 % de ortodoxos, un 11 % de musulmanes, un 9 % de católicos y un 4 % de judíos. El resto eran budistas y animistas.

Hasta 1881, es decir, hasta el asesinato del zar Alejandro II, todos los pueblos no rusos del imperio estuvieron sometidos a cierto grado de rusificación, según la política discrecional de los gobernadores. Pero entre 1881 y 1917 la rusificación fue la política oficial del régimen zarista, a consecuencia de la estandarización de la administración estatal y de la presión ejercida por el clero de la Iglesia ortodoxa y por el Ministerio de Guerra, que de esta manera quería prevenir rebeliones de las poblaciones no rusas y amenazas a la integridad de los rusos alógenos.

Las instituciones estatales dividían los pueblos no rusos en tres grupos: los leales, los desleales y los judíos. Los pueblos leales constituían la mayoría de las poblaciones que estaban a favor de mantener buenas relaciones con los rusos (finlandeses, alemanes bálticos y armenios). Potencialmente desleales eran los ucranianos y los tártaros, y completamente desleales, los polacos. En Polonia, la rusificación se intensificó antes que en cualquier otra parte del imperio, a causa de las rebeliones nacionalistas de 1830 y 1863. La educación polaca fue absorbida en el sistema educativo ruso, y en 1869 se cerró la Universidad de Varsovia (estuvo abierta por un breve periodo durante la ocupación alemana en 1915). Se prohibió el uso de la lengua polaca en las instituciones y en la enseñanza (incluidas las escuelas primarias). El ferrocarril en la línea Viena-Varsovia fue nacionalizado, y los funcionarios polacos sustituidos por rusos.

La situación en Ucrania era similar, aunque con un movimiento nacionalista ucraniano mucho más débil que el polaco. La mayoría de los ucranianos no estaba interesada en independizarse del imperio, ya que la población era heterogénea. En la administración estatal participaban al mismo nivel rusos y ucranianos. La rusificación era menos intensa que en Polonia y estaba sobre todo dirigida a yugular a la *intelligentsia*, porque sus miembros pertenecían a movimientos nacionalistas. En 1863, a instancias de la Iglesia ortodoxa, que temía el proselitismo de los uniatas, había sido prohibida la publicación de la Biblia en la lengua ucraniana.

La Iglesia ortodoxa promovió también una campaña de conversión forzosa de los musulmanes al cristianismo en Asia Central. En 1905 fue fundada la Liga Musulmana de todas las Rusias, que contaría con representantes en la Duma a partir de 1906.

En Armenia y Georgia la situación era más compleja. La nación armenia fue dividida por la frontera turco-rusa, y los miembros del Imperio ruso se sentían seguros, mientras los del Imperio turco eran perseguidos y masacrados. El Imperio ruso apoyaba las acciones anti turcas de los armenios. Entre ellos había pocos nacionalistas, toda vez que su seguridad dependía del imperio. En Georgia, el miedo a los turcos fue un factor determinante para que la población local aceptase la dominación rusa.

En Finlandia y las provincias bálticas, el Gobierno no logró ganarse el apoyo de la población autóctona. En Riga se construyó una gigantesca iglesia ortodoxa (la mayoría de la población era protestante o católica) y, en las escuelas, el idioma ruso reemplazó al alemán.

De todos los pueblos, la situación de los judíos era la más dramática. El Gobierno de Alejandro III los declaró oficialmente «población no deseable del imperio». En la época de Catalina la Grande, una ley de 1791 había establecido el *Pale* (zona de residencia o zona de aislamiento) que comprendía los territorios donde les estaba permitido a los judíos instalarse. El *Pale* abarcaba la región occidental del imperio –Lituania, Polonia, Ucrania y Bielorrusia. En esta zona los judíos se agrupaban en *shtetel* (palabra yiddish que significa «aldea»). Pero no podían vivir en localidades rurales cristianas del *Pale* y algunas ciudades también les estaban prohibidas. En las provincias bálticas, los que vivían ya allí podían seguir haciéndolo, pero no se les permitía construir nuevos *shtetel*. Sus actividades estaban restringidas: se les prohibía construir sinagogas cerca de las iglesias ortodoxas, usar el hebreo en los documentos públicos, emplear cristianos en sus casas o tiendas, se les limitaba el número de *shule* y *yeshivot* (escuelas judías), así como la representación de los judíos en los gobiernos de las ciudades, y se restringía el número de estudiantes judíos (10 % en el área de *Pale*, 5 % fuera de ella, 3 % en Moscú y San Petersburgo). Los «judíos útiles», como les definía el régimen de Alejandro II, los comerciantes, pagaban impuestos muy altos a cambio del permiso para moverse por todo el imperio (este privilegio se abolió después de la rebelión polaca de 1863 cuando los judíos fueron acusados de promoverla).

La situación de los judíos cambió de incómoda a insoportable bajo los reinados de Alejandro III y Nicolás II. Durante estos 36 años, el régimen financió el gamberrismo antisemita. Los judíos fueron acusados, sin evidencia alguna, del asesinato de Alejandro II. El primer pogromo de Rusia (a los rusos les corresponde el deshonor de introducir la palabra *pogrom* –«devastación»– en el lenguaje universal) ocurrió en Odesa (Ucrania) en 1821, pero sus 14 víctimas mortales fueron incomparablemente menos que los cientos de muertos en la serie de pogromos entre 1881 y 1884 en Ucrania, Polonia y Moldavia, y los dos mil asesinados entre 1903 y 1906. En 1903 la policía rusa inventó los famosos *Protocolos de los sabios de Sion*, texto que se convirtió en el libelo favorito de todos los antisemitas por difundir la idea de una conspiración mundial judía. La reacción de los judíos a tal hostigamiento fue la emigración en masa, especialmente a Estados Unidos y América Latina.

Aunque la mayoría de la población imperial era rusa, carecía de una conciencia nacional. Exceptuando las épocas de guerra, cuando se identificaban con el Estado y con cierto patriotismo ruso, los campesinos seguían definiendo su identidad a través de la religión y de la lealtad local a sus regiones y al zar. A pesar de que la influencia de la Iglesia ortodoxa era limitada en los asuntos de Estado desde la reforma de Pedro I, seguía siendo la principal promotora de los valores tradicionales rusos. Los no rusos –polacos, finlandeses, armenios y georgianos– tenían una conciencia nacional mucho más desarrollada que los rusos, debido precisamente a la opresión rusa. Respecto al nivel de alfabetización, educación y ocupación profesional, los rusos estaban muy por debajo de los alemanes, los polacos y los judíos. Los alemanes de las provincias bálticas ocupaban puestos más elevados en las Fuerzas Armadas y en la administración estatal que los rusos.

La contrarreforma y la rusificación aumentaron las tensiones políticas y sociales en el seno del imperio multinacional y contribuyeron a que muchos de sus súbditos abrazasen las ideas revolucionarias.

4

Los movimientos revolucionarios rusos del siglo XIX

Los primeros movimientos revolucionarios rusos derivaron del fracaso de la Revolución decembrista (1825), de la consecuente represión por parte del régimen de Nicolás I (1796-1855) y de la decepción generalizada ante las reformas de Alejandro II, que no acarrearon los esperados cambios políticos necesarios para instaurar una monarquía constitucional. Los primeros revolucionarios del siglo XIX fueron los populistas, que más tarde se convertirían en los social-revolucionarios y los marxistas, que fundaron en 1898, el Partido Obrero Socialdemócrata de Rusia (POSDR). El populismo era un movimiento radical heterogéneo, integrado por pequeños grupos independientes de conspiradores de diferente signo (socialistas, anarquistas, jacobinos, terroristas) que compartían algunas ideas fundamentales sobre la condición del régimen autocrático ruso –«una monstruosidad moral y política»– y sobre la necesidad de cambiarlo para crear una sociedad justa e igualitaria. Se centraban en las reformas que mejorarían el estatus político, económico y social de los campesinos, movidos por la creencia de que Rusia tenía que encontrar la solución para su gobierno en la armonía con las instituciones campesinas.

POPULISTAS

La palabra rusa *narodniki* («populistas») fue empleada por vez primera en 1874 para referirse a los estudiantes de extracción aristocrática o burguesa que eligieron «ir hacia el pueblo» *(Khozdenie v narod)*, es decir, ir al campo para descubrir la «vida auténtica del pueblo ruso» y así conocer a sus compatriotas campesinos. Desde 1874, la palabra *narodniki* se utilizó tanto para definir a los miembros de la *intelligentsia* como para aludir al primer movimiento radical, *Zemliá i Volia*[1] («Tierra y Libertad»), creado en 1862, y más tarde, a la primera organización socialista revolucionaria, fundada en 1876 bajo el mismo nombre.

Aunque constituye una página de la historia del socialismo europeo, el populismo surgió en Rusia como un componente, entre otros, del proceso evolutivo de la construcción nacional. Este proceso, similar a otros que se dieron en la mayoría de los países europeos del siglo XIX, se caracterizó por la desesperada búsqueda de respuestas a dos cuestiones clave: cuál era el lugar de Rusia en Europa y cómo se podría cambiar el modelo de la autocracia zarista.

LAS RAÍCES HISTÓRICAS DE LA IDEOLOGÍA POPULISTA

La obsesión con el retraso en relación con Europa ha sido una constante en la identidad nacional rusa desde la época de Pedro el Grande. El debate se intensificó en los años treinta del siglo XIX, después de la publicación de *Cartas Filosóficas* de Piotr Chaadayev (1794-1856), un oficial de la Guardia y amigo íntimo del poeta Aleksandr Pushkin. Cuando se publicó la primera *Carta* en 1836, el zar Nicolás I dio la orden de declarar lunático a su autor. Chaadayev había escrito que los rusos no pertenecían ni a Occidente ni a Oriente, que no tenían ninguna tradición. Consideraba que la Iglesia ortodoxa era la mayor desgracia que les había caído encima. Concluía que Rusia se encontraba fuera del tiempo, sin pasado ni futuro, porque no había cumplido papel alguno en la historia del mundo. Los rusos eran como nómadas en su propia tierra, extranjeros para sí mismos, sin sentido de identidad nacional. Podían imitar a Occidente, pero resultaban incapaces de interiorizar sus valores morales y sus ideas esenciales.

En los debates sobre cuál debía ser el lugar de Rusia en Europa, surgieron dos corrientes de pensamiento opuestas entre sí: los occidentalistas, que sostenían que Rusia debería dejar atrás su pasado semiasiático y afrontar un hondo proceso de europeización en el sentido tecnológico (como lo hizo Pedro el Grande), y no necesariamente político. La segunda corriente de pensamiento era la de los eslavófilos, defensores de que el país desarrollara su cultura autóctona de tradición

---

1. La palabra rusa *Volia* tiene dos acepciones: «libertad» y «voluntad». En este contexto, se usa en su primer significado.

exclusivamente eslava y el cristianismo ortodoxo, y se oponían radicalmente a cualquier emulación de Occidente, dado que sus instituciones no se adecuaban al espíritu de los rusos. Los eslavófilos tenían una fe mística en los campesinos rusos y creían que el sistema del *Mir* (un modelo de asociaciones libres o comunas gobernadas por los mismos campesinos, previos a la imposición de la servidumbre) debería servir de base a cualquier sistema político ruso. Su núcleo original fue un grupo de escritores en el que destacaban Iván Kireievski (1806-1856), los hermanos Aksákov –Konstantín (1817-1860) e Iván (1823-1886)– y Yuri Samarin (1819-1876). Estaban influidos por el romanticismo alemán, el pensamiento de Johann Gottlieb Fichte y Johann Gottfried Herder y las ideas de Jean-Jacques Rousseau acerca de la bondad y la moralidad espontáneas del hombre común. Los eslavófilos sostenían que los campesinos encarnaban por su naturaleza bondadosa el carácter nacional ruso y que habían conservado «el alma eslava», concepto este místico y mitificado que connota muchas cosas: la pureza de la religión cristiana ortodoxa *(pravoslavlje)*, el sentido de verdad y justicia *(pravda)*, el amor *(ljubov)*, pero también el espíritu colectivo que une a todos los eslavos *(Volksgeist)*. De ahí que se propugnara la cultura popular como fundamento de la identidad nacional rusa. Es significativo que en el idioma ruso no exista una palabra específica para el concepto de «campesino». Recurre a las palabras *krestyanin*, que vale para denominar tanto al «cristiano» como al «campesino»; y *muzhik*, que quiere decir a la vez «hombre» y «campesino».

Otra de las influencias decisivas en el populismo fue la de los «decembristas», un grupo de nobles que, durante las guerras napoleónicas, descubrieron en el extraordinario patriotismo y heroísmo de los campesinos un asombroso potencial espiritual para la liberación nacional y la correlativa regeneración moral de la sociedad rusa, lo que transformaría la alianza militar entre nobles y campesinos en una mucho más profunda, capaz de crear una comunidad nacional. Impulsados por un sentimiento de culpa a causa de sus privilegios y por la solidaridad hacia los camaradas de armas, unos cuantos aristócratas (posiblemente miembros de logias masónicas), entre los que figuraban Serguéi Volkonski (que inspiró a Lev Tolstói su personaje del príncipe Andréi Bolkonski en *Guerra y paz*), Mijaíl Orlov y Pável Ivanovich Pastel, fundaron, en 1816, la organización secreta Unión de Salvación, que en 1818 cambió su nombre a Unión de Bienestar. El objetivo de esta organización era ayudar económicamente a las viudas y huérfanos y mejorar la vida de los campesinos, estableciendo escuelas y hospitales en el campo. Sin embargo, pronto fueron conscientes de que sólo una reforma política podría mejorar las vidas de los humildes. Así que sus metas se ampliaron al establecimiento de la monarquía constitucional y a la abolición de servidumbre, por ser los únicos instrumentos institucionales que permitirían una solución de la cuestión campesina y una mayor justicia social. Los miembros de estas organizaciones secretas, posteriormente conocidos como decembristas (su nombre se debe al fracaso en su intento de derrocar el zar Nicolás I el día de su entronización, el 14 de diciembre de 1825), se organizaron clandestinamente en pequeños grupos –*kruzhoki*– y entraron en la historia rusa como los primeros revolucionarios y como protagonistas, a pesar suyo, de un gran proceso judicial montado con fines propagandísticos. La gran mayoría de ellos (unas quinientas personas) fueron condenados a muerte o al destierro en Siberia (entre ellos el príncipe Volkonski, que era amigo de infancia del zar Nicolás I).

IDEOLOGÍA Y OBJETIVOS POLÍTICOS DE LOS POPULISTAS

El padre del populismo y su principal ideólogo fue Alexander Herzen (1812-1870), hijo ilegítimo de un terrateniente ruso y de una alemana. Herzen fundó en 1857 el periódico *Kolokol* («La Campana»), que alimentó el debate sobre la abolición de la servidumbre. Compartía plenamente las ideas de los decembristas y estaba de acuerdo con los eslavófilos en que los campesinos encarnaban el socialismo natural. Esta convicción se basaba en que los campesinos, antes de la institucionalización de la servidumbre, estuvieron organizados en el *Mir*. Según Herzen, el *Mir* constituía una forma de cooperación que ofrecía la posibilidad de engendrar un sistema social libre y democrático, supuestamente arraigado en los más profundos instintos morales y valores tradicionales de la sociedad rusa. El mayor atractivo del *Mir* era que podría imponerse a la población con mucho menor grado de violencia o de coerción que los sistemas industriales del capitalismo europeo. Las enseñanzas de Herzen estaban influidas por la tradición rusa, pero también por Rousseau y por socialistas utópicos como Pierre-Joseph Proudhon (1809-1865), Henri de Saint-Simon (1760-1825) y Charles Fourier (1768-1830). Herzen fue el ideólogo de los populistas y, desde luego, el primer socialista ruso.

Influidos por Herzen, los *narodniki* adoptaron las ideas políticas de los decembristas y compartieron el entusiasmo de los eslavófilos por los campesinos, pero dieron un paso más: no sólo querían reformas políticas que llevaran hacia una mayor igualdad social sino que pretendían también transformar a los propios campesinos. Aspiraban a liberarlos de la pobreza, de la opresión y de la ignorancia mediante la educación y la propaganda política. Este propósito articularía sus objetivos –alcanzar la justicia e igualdad social– en el proyecto de una revolución pacífica que surgiría de la unión entre la *intelligentsia* y los campesinos.

En los años sesenta del siglo XIX dicho ideal fue divulgado por Nikolái Dobroliubov (1836-1861), Nikolái Nekrásov (1821-1878), Piotr Lavrov y Nikolái Mijailovski, entre otros. Pero no todos creían en métodos pacíficos. Los más radicales fueron los anarquistas Mijaíl Bakunin (1814-1876) y Piotr Kropotkin (1842-1921), el jacobino Piotr Tkachov (1844-1886), el escritor Nikolái Chernishevski (1828-1889). Y los nihilistas Serguéi Necháyev (1847-1882) y Dmitri Písarev (1840-1868). Su objetivo principal era provocar una revolución inmediata capaz de derrocar el régimen zarista. Sostenían que sólo la aniquilación del Estado establecería las condiciones para construir un orden social «sano». Según ellos, primero había que tomar el poder (destruyendo el sistema político y el Estado) y luego educar a la población (ideas que Lenin y los revolucionarios de 1917 hicieron suyas).

Pero, entre todos ellos, destacan dos figuras: Piotr Tkachov y Nikolái Chernishevski. La novela *¿Qué hacer?* de Chernishevski, publicada en 1863, y *La tarea de la propaganda revolucionaria en Rusia* (1874), de Tkachov, inspiraron el método de acción de los populistas y más tarde el de los bolcheviques. La idea esencial de sus obras es que el liderazgo debería estar en manos de una élite de revolucionarios profesionales.

ZEMLIÁ I VOLIA DE 1862

Los hermanos Serno-Solovevich y Maria Trubnikova (1835-1897), inspirándose en las ideas de Herzen y Chernishevski, fundaron en 1862 el grupo *Zemliá i Volia*, cuyo objetivo principal era divulgar a través de la propaganda el descontento con la abolición de la servidumbre y preparar una revolución campesina. Los miembros de *Zemliá i Volia* eran en su mayoría estudiantes organizados en grupos clandestinos de cinco personas (cada miembro podría reclutar sólo cinco nuevos miembros) y estaban organizados en varias regiones (Siberia, Volga, Urales, Moscú, Lituania, Ucrania), aunque su centro estuvo en la librería Serno de San Petersburgo.

En el verano de 1874, *Zemliá i Volia* inspiró el ya mencionado movimiento estudiantil *Khozdenie v narod* («ir hacia el pueblo»), que aspiraba a superar la brecha entre las élites y el pueblo ruso y a preparar una revolución socialista. Sin embargo, estos estudiantes fueron mal recibidos y hasta denunciados por los campesinos, lo que produjo más de cinco mil detenciones.

ZEMLIÁ I VOLIA DE 1876

El fracaso de los populistas, al no conseguir divulgar sus ideas pacíficamente, supuso un punto de inflexión tanto para el régimen zarista como para el movimiento populista. El régimen decretó una serie de medidas preventivas y endureció la represión a través de procesos judiciales sumarios y ejemplarizantes, como el «juicio de los 15» o el «juicio de los 193», contra los propagadores de ideas revolucionarias. Las sentencias variaron entre el destierro en Siberia y la pena capital. La represión, el descubrimiento de que los campesinos no eran unos santos y el fracaso de los métodos pacíficos de propaganda fracturaron el movimiento populista.

Pável Akselrod (1850-1928), Mark Natanson (1851-1919) y Gueorgui Plejánov (1856-1918), hijo de un pequeño terrateniente, fundaron una organización más formal con el mismo nombre de *Zemliá i Volia* en 1876. Su objetivo principal era provocar una revolución para dar toda la tierra a los campesinos. Sin embargo, en el congreso secreto de la organización, celebrado en Vorónezh en 1879, se dividió en varios grupos radicales: *Ad* («Infierno»); los *chaikovskistas* (nombre derivado de su líder, Piotr Chaikovski); *Cherni Peredal* («El Reparto Negro», en alusión a la mala distribución de tierras a los campesinos), y *Naródnaya Volia* («La Voluntad del Pueblo»), todos los cuales defendían el terrorismo como medio legítimo y el único eficaz para alcanzar sus fines políticos. Plejánov y Akselrod, derrotados, perdieron fe en el potencial revolucionario de los campesinos y abrazaron las ideas marxistas.

Desde 1866 los populistas atentaron en siete ocasiones, sin éxito, contra la vida de Alejandro II. Finalmente, el 1 de marzo de 1881, el zar fue asesinado en una octava acción llevada a cabo por siete miembros de *Naródnaya Volia*, entre los que destacaban Andréi Zhelyabov, Nikolái Kibalchich, Nikolái Rysakov, Iván Emelyanov y Sofía Perovskaya. El asesinato del zar no provocó la revolución y tuvo, en cambio, el efecto opuesto: fortaleció la represión y las instituciones a ella asociadas, como la policía, el servicio secreto y las jurisdicciones especiales. El legado principal del populismo fue la introducción del asesinato como medio de coerción extrapolítica. Los radicales se responsabilizaron de 150 asesinatos de funcionarios estatales entre 1901 y 1911. La influencia de sus ideas sobre el papel del terror en los revolucionarios de octubre de 1917 parece innegable. En tal sentido, el bolchevismo podría interpretarse como una amalgama de populismo y marxismo.

LOS MARXISTAS

Ante todo, conviene hacer una diferencia entre Marx, marxismo y marxistas. Karl Marx (1818-1883) fue un judío alemán que se refugió en Londres en 1849, tras las revoluciones del año anterior, y se dedicó allí a intentar descubrir las leyes que gobiernan el desarrollo de la sociedad. Era un hombre de enorme erudición y poder intelectual e inspiró a buena parte de las organizaciones y partidos revolucionarios de su época. El marxismo es el sistema filosófico, político y económico basado en las ideas de Marx y de Friedrich Engels (1820-1895). El término «marxistas» alude a un conjunto de movimientos políticos que se inspiraron en las ideas de Marx y Engels, pero en cuyo seno predominaban interpretaciones sesgadas y simplificaciones de sus doctrinas. El mismo Marx contribuyó a esta actitud dejando la mayor parte de sus obras inacabadas.

El marxismo entiende la historia como una lucha continua entre clases sociales distintas, porque es un proceso en el que la estructura de la sociedad depende del modo en que las relaciones económicas o de producción entre sus miembros engendran sujetos colectivos antagónicos. La clave de tales relaciones económicas es el control de los medios de producción por una particular clase social que usa su posición para explotar el trabajo de todas las demás. Sin embargo, la supremacía de esta clase no puede perpetuarse, ya que otros factores alteran la base económica sobre la que descansa su poder, lo que lleva a la emergencia de nuevas clases que, eventualmente, podrán tomar el relevo.

Marx fundamentó su teoría en las experiencias del capitalismo en Europa occidental. Una aristocracia feudal (de terratenientes) había sido la clase dominante explotando el trabajo de los siervos hasta que, con el crecimiento de la economía mercantil, una clase capitalista de burgueses la superó (como ocurrió durante la Revolución francesa). Esta nueva clase se reforzó con las formas políticas de la democracia parlamentaria, cuyas instituciones legislaban a favor de la propiedad privada y del uso del Estado para construir imperios, siempre en busca de mercados y materias primas. Sin embargo, la burguesía creaba las condiciones que llevarían a su propio colapso por estimular la competencia económica a través del crecimiento de la industria y de la clase obrera o proletariado. El proletariado no tardaría en convertirse en una fuerza tan importante en el sistema de producción que la base económica de la burguesía se vería socavada por una revolución proletaria. El mejor momento para ésta sería una guerra entre los estados capitalistas o un colapso económico. Entonces se impondría la dictadura del proletariado, que llevaría en derechura a la etapa final de la historia, una sociedad comunista, sin clases, en la que desaparecería el Estado.

Aunque Marx modificó bastantes de sus puntos de vista, sus seguidores estaban convencidos de que la secuencia era inexorable. La burguesía primero tendría el poder necesario para poner en marcha la industrialización contra el Antiguo Régimen feudal, y de la industrialización surgiría la revolución proletaria. Si se actuara prematuramente, estimulando una revolución proletaria en circunstancias inadecuadas, sólo se provocaría una derrota heroica o, en el mejor de los casos, una dictadura de corta duración. Así pues, el deber de los marxistas era preparar al proletariado para que jugara sus bazas en el momento más adecuado para la revolución.

Era lógico que este análisis aparentemente científico sedujera a los socialistas rusos, desilusionados con el populismo. A Plejánov y Akselrod les ofrecía un cuerpo de ideas, según el cual la clase obrera que surgiría con la industrialización de Rusia, y no los campesinos, sería la clave del futuro. Los marxistas rusos consideraban que Rusia aún tenía que culminar su revolución burguesa y que quedaban muchos años por delante para una revolución proletaria. Plejánov, padre del marxismo ruso y su máxima autoridad a finales del siglo XIX, se enfrentó a la cuestión del papel que debería desempeñar el relativamente pequeño proletariado ruso mientras esperaba las circunstancias adecuadas para su revolución. El mismo Marx había respondido ya a esta cuestión. Durante la mayor parte de su vida, se había opuesto a las ideas de los populistas, pero en 1881, año del asesinato del zar, concluyó que el fervor revolucionario en Rusia podría hacer posible una revolución socialista inmediata con la condición de que fuera inmediatamente secundada por otras revoluciones en Europa occidental. Esta tesis influyó decisivamente en la decisión bolchevique de tomar el poder en 1917 y en su idea de provocar una revolución proletaria mundial.

En 1883, en Ginebra, Plejánov, Akselrod, Vasili Ignátov, Lev Deutsch (1855-1941) y Vera Zasúlich (1849-1919) fundaron el Grupo para la Emancipación del Trabajo. La principal tarea que se asignaron fue definir los principios teóricos para un futuro partido socialista («socialdemócrata», en la terminología de la época). Con este propósito, Plejánov publicó en 1883 su libro *Socialismo y lucha política* en 1883, y, un año más tarde, en 1884, *Nuestras diferencias*.

En 1898, en Minsk, el Bund (Unión de Trabajadores judíos de Lituania, Rusia y Polonia) y diversas organizaciones marxistas que se denominaban Uniones de Lucha para la Emancipación de la Clase Obrera fundaron el Partido Obrero Socialdemócrata de Rusia (POSDR).

5

Los grupos políticos del comienzo del siglo XX

La contrarreforma de Alejandro III y Nicolás II, dirigida a restaurar el régimen autocrático, las ideas de los marxistas, la hambruna de 1891 y 1892 y la crisis industrial componen el cuadro histórico en el que emergieron los nuevos grupos políticos rusos de comienzos del siglo XX. Los disturbios (manifestaciones de estudiantes, huelgas de obreros industriales y revueltas campesinas) dieron un gran empuje a la variedad de aspiraciones políticas que fermentaron en los idearios populistas y marxistas. Se puede identificar tres grandes grupos políticos que gradualmente se convirtieron en partidos: liberales, socialrevolucionarios y socialdemócratas, en el interior de los cuales existían diversas corrientes de pensamiento y acción política.

LIBERALES

En 1896, Dmitri Shipov (1851-1920), presidente del *zemstvo* de Moscú, fundó la Organización de todos los *zemstvos* con un proyecto político liberal. Sus miembros aspiraban a convertir el régimen autocrático zarista en una monarquía constitucional y a establecer libertades políticas. Sus principales miembros eran políticos y burócratas del *zemstvo*, universitarios y miembros de varias asociaciones profesionales. En el esquema de los marxistas, representaban a la clase que un día debería traer la revolución burguesa a Rusia. Sin embargo, ellos mismos no pensaban en derrocar al régimen de forma violenta, sino extender el modelo del *zemstvo* a escala nacional. En 1901, en la ciudad alemana de Stuttgart, la Organización de todos los *zemstvos* fundó el periódico *Liberación*. En 1903, en Schaffhausen, se constituyó el grupo político Unión de Liberación. En su primer congreso celebrado en enero de 1904, en San Petersburgo, la Unión de Liberación se convirtió en el primer partido liberal ruso, el Partido Democrático Constitucional (más conocido como Cadetes).

SOCIALREVOLUCIONARIOS

La Unión de socialrevolucionarios, de claro signo socialista y conspirativo, fue fundada en la década de 1890 por Víktor Chernov y otros miembros del movimiento radical *Naródnaya Volia* (que se responsabilizó del atentado contra el zar Alejandro II) en Sarátov. En 1901, en Berlín, su líder Víktor Chernov (1873-1952) propuso recurrir de nuevo a los métodos terroristas. El año siguiente, en 1902, en Ginebra, se creó el Partido Socialrevolucionario, que fue admitido en la Segunda Internacional en 1903. Su programa político, publicado en 1906, definió sus prioridades: el establecimiento de una república federal y socialista gobernada por una Asamblea Constituyente que garantizaría las libertades políticas y la separación del poder estatal y eclesiástico.

Paradójicamente, los socialrevolucionarios no estaban interesados en las ideas del marxismo. Fieles a sus orígenes populistas, no aspiraban a ver surgir un proletariado industrial. Su atención seguía dirigida hacia los campesinos, a los que habían prometido que recibirían la tierra. Sus ideas no eran aceptables para los socialdemócratas rusos (de claro signo marxista) que consideraban que la propiedad territorial debería ser nacionalizada y abogaban por el incremento de la clase obrera industrial, porque era imprescindible para la revolución socialista.

LOS SOCIALDEMÓCRATAS RUSOS:
BOLCHEVIQUES Y MENCHEVIQUES

En 1899, sólo un año después de la fundación de su partido, los socialdemócratas rusos tuvieron que enfrentarse a una crisis interna cuando Eduard Bernstein (1850-1932), un socialdemócrata alemán, declaró que la clase obrera debería luchar por su causa a través de las organizaciones sindicales y los sistemas parlamentarios establecidos, en vez de dedicarse a planear revoluciones. El «revisionismo» de Bernstein, como se denominó a esta tendencia, inquietó a muchos marxistas occidentales, que creían muy cercana la revolución proletaria. En Rusia tuvo poco efecto, ya que todavía se pensaba que debería antecederla la revolución burguesa. Pero provocó otra ruptura.

Un grupo de socialdemócratas rusos, el de los llamados «economicistas», insistió en la necesidad de definir cómo deberían repartirse las distintas funciones entre los miembros del partido. Sostenían que el liderazgo político correspondería exclusivamente a los intelectuales (que deberían apoyar a los liberales) mientras que los obreros deberían luchar por la mejora de sus condiciones laborales a través de las organizaciones sindicales. Plejánov se oponía a esta idea, porque consideraba que los obreros perderían así su identidad propia como fuerza revolucionaria, apartándose de la lucha de clases.

La objeción de Plejánov, basada en el supuesto de que las organizaciones sindicales podrían debilitar la unidad revolucionaria de los obreros, no era nueva. El oficial de policía Serguéi Zubatov (1864-1917) ya había propuesto al régimen ceder algún poder a los sindicatos para fomentar la lealtad de los obreros al zar y debilitar sus impulsos revolucionarios. Además, uno de los fundadores del Partido Obrero Socialdemócrata de Rusia (POSDR) había sido el Bund (la confederación sindical judía), menos preocupada por la revolución que por defender a los judíos de las diferentes formas de antisemitismo del Gobierno y del populacho.

Los marxistas se empeñaron en refutar las propuestas de los economicistas. Entre ellos, destacaba uno especialmente, Vladímir Ilich Uliánov, alias Lenin (1870-1924). Nacido en la región del Volga, de padre inspector de escuela y madre maestra, creció, como todos sus hermanos, empapándose de ideas populistas (a su hermano mayor le ahorcaron por haber intentado asesinar al zar Alejandro II). Fue expulsado de la universidad acusado de agitación revolucionaria, pero volvió como estudiante externo en 1891. Al adoptar las ideas marxistas a partir de 1893, se involucró en las actividades secretas del POSDR, donde conoció a Yuli Mártov (1873-1923), un judío de Odesa. En 1895, Mártov y Lenin fundaron la Unión de Lucha por la Emancipación de la Clase Obrera, pero al final de ese año fueron arrestados y deportados a Siberia. En la cárcel, Lenin escribió su libro *El desarrollo del capitalismo en Rusia*. En 1900, al salir de prisión, y muy preocupado por la influencia de los economicistas, viajó a Ginebra para consultar con Plejánov cómo deberían combatirlos. La lucha entre economicistas y marxistas acababa de comenzar.

El antídoto para la influencia de las organizaciones sindicales fue la fundación del periódico *Iskra* («Chispa»), para divulgar las ideas del marxismo ortodoxo. *Iskra* se imprimía en el extranjero y era introducido clandestinamente en Rusia. En 1901, su equipo editorial se componía de seis personas: Plejánov, Akselrod, Vera Zasúlich, Lenin, Mártov y Aleksandr Potrésov (un amigo peterburgués de Lenin). Los últimos tres se establecieron en Londres, donde, en octubre de 1902, se les unió un judío ucraniano de excelente reputación como escritor e inteligencia extraordinaria, Lev Davídovich Bronstein, más conocido como Trotski (1879-1940), que se había escapado de una cárcel en Siberia.

En 1902, Lenin publicó el panfleto, «¿Qué hacer?», que contenía un ataque feroz contra los economicistas y una idea que marcaría decisivamente la historia del Partido Obrero Socialdemócrata: que sólo el liderazgo fuerte de una pequeña élite de revolucionarios profesionales podría garantizar la unidad del partido y el control de los obreros. El panfleto era un homenaje a los populistas, su título estaba tomado de la novela de Chernishevski y el concepto de revolucionarios profesionales procedía del jacobino Piotr Tkachov.

La propuesta de Lenin provocó la ruptura del Partido Obrero Socialdemócrata en dos fracciones durante su segundo congreso, celebrado en julio de 1903 en Bruselas. El orden del día exigía definir el programa y los estatutos del partido. Entre los 43 delegados, los hombres de *Iskra* eran la mayoría, lo que les permitió derrotar las contrapropuestas economicistas y las de los del Bund (opuestas a hacer una revolución).

Sin embargo, los hombres de *Iskra* estaban divididos respecto a la afiliación al partido. Lenin entendía que un afiliado es alguien que presta apoyo material y participa personalmente en alguna de sus organizaciones sectoriales. Mártov consideraba que debería estar abierta a quienes lo apoyaran materialmente y cooperaran regularmente bajo la dirección de una de sus células. La diferencia puede parecer baladí, pero no por ello es menos crucial. La fórmula de Lenin subrayaba la necesidad del control del partido por una pequeña élite revolucionaria, mientras que la propuesta de Mártov expresaba su apuesta por una democracia más amplia entre los socialistas. En un primer momento, la propuesta de Lenin fue derrotada. Sin embargo, más tarde, cuando los representantes de los economicistas y del Bund se retiraron del congreso, la balanza se inclinó a favor de Lenin. Se tomó la decisión de crear un comité central de tres miembros en el interior de Rusia que estaría subordinado a un órgano central situado en el exterior, el equipo editorial de *Iskra*. Estos dos órganos deberían elegir cuatro de los cinco miembros del consejo supremo del partido. Lenin, obviamente, quería tomar el control de la elección e imponer sus preferencias. Primero propuso que el consejo editorial de *Iskra* se redujera a tres personas: Plejánov, Mártov y él mismo. Pero Mártov rehusó formar parte del nuevo consejo editorial, lo que dio la victoria a Lenin. Pero al final de ese mismo año, 1903, Plejánov recuperó a los antiguos miembros del consejo editorial de *Iskra*, incluido Mártov, lo que llevó a Lenin a abandonarlo. La mayoría, que había ganado temporalmente, dejó de serlo, pero eso no le impidió conservar el nombre de bolchevique («mayoritario») para su fracción. En el futuro, Mártov y la mayor parte de los socialdemócratas permanecerían nominalmente como mencheviques («minoritarios»). Desde el principio de la disputa, Lenin estuvo decidido a que no hubiera posibilidad alguna de reconciliación entre ambas fracciones.

6
La revolución de 1905 y sus consecuencias

«Sin el ensayo general de 1905, la victoria de la Revolución de Octubre no hubiera sido posible», afirmó Lenin. La revolución de 1905 obligó al zar Nicolás II a emprender reformas y a establecer un orden político cuasi constitucional (un sistema mixto o de soberanía compartida por el pueblo y el emperador). En el año 1905 se sucedieron muchos acontecimientos importantes, porque el contexto político cambiaba rápida y radicalmente, de mes a mes, y porque los actores principales –obreros, campesinos, soldados, *intelligentsia* liberal, partidos políticos, minorías nacionales, estudiantes e incluso clero– seguían trayectorias distintas, aunque intentaban coordinarse.

El trasfondo de la revolución de 1905 fue la guerra entre Rusia y Japón, que había empezado un año antes, en 1904, por el control de Corea y Manchuria. Los japoneses, apoyados por los británicos, tomaron posiciones en Corea en enero de 1904, y el 8 de febrero iniciaron el cerco de la fortaleza rusa en Port Arthur, que se rindió a comienzos de 1905. La siguiente derrota rusa tuvo lugar en Mukden y la última y más dolorosa, porque supuso la destrucción de la Flota Báltica, en el estrecho de Tsushima, en mayo de 1905. La paz se firmó en agosto de 1905, cediendo a Japón el control de Corea y de la mitad sur de Manchuria.

Desde el comienzo de la guerra los liberales habían intensificado sus demandas de poner fin a la autocracia y establecer un sistema representativo de gobierno. El primer acto violento de la revolución de 1905 ocurrió en 1904, cuando un socialrevolucionario asesinó al ministro del Interior, Viacheslav von Pleve. Después de la caída de Port Arthur, los brotes revolucionarios se expandieron por todo el país.

La revolución de 1905 estalló un domingo, el 9 de enero, cuando el padre Yuri Gapon, un carismático pope de la Iglesia ortodoxa, encabezó una marcha hacia el Palacio de Invierno para presentar sus peticiones al zar. Gapon, que había sido un agente de la policía política y luego un sincero defensor de los derechos de los obreros, había fundado en 1903, con permiso y financiación policial, una Asamblea de los Obreros Rusos de las Fábricas. El régimen lo apoyaba como parte de una estrategia para separar a los obreros de los movimientos revolucionarios. El principal motivo de la marcha del 9 de enero lo constituía un despido injustificado de un grupo de obreros de la planta metalúrgica de Putílov. El objetivo de los manifestantes era entregar al zar, «nuestro padre», como lo llamaban, la petición de una serie de demandas: salarios más altos, reducción del horario laboral de once a ocho horas, una constitución y elecciones libres basadas en el sufragio directo y universal. Nicolás II se negó a recibirles y autorizó a las unidades militares a disparar contra los manifestantes. Hubo centenares de muertos (entre ellos mujeres y niños) y numerosos heridos. Por eso se llamó a esa jornada el «Domingo Sangriento» (o «Domingo Rojo»). La opinión pública se volvió contra el zar. Los obreros respondieron con una huelga general, los campesinos con revueltas en tres provincias, y los terroristas con el asesinato de gran duque Serguéi, gobernador de Moscú.

Nicolás II, presionado por la mayoría social y por su pérdida de popularidad, aceptó el 18 de febrero la elección de una Asamblea Consultiva. A pesar de ello, los disturbios y motines no cesaron. En primavera y verano hubo otros motines campesinos y en junio los de los marinos de guerra de las bases de Sebastopol, Kronstadt y del acorazado Potemkin, que respondían a la actividad frenética de los sindicatos. Los estudiantes abandonaron las clases para organizar mítines políticos. En septiembre, los obreros de las imprentas de Moscú se pusieron en huelga y ésta se extendió al ferrocarril de Moscú a San Petersburgo, lo que inmovilizó a todo el país. En octubre se declaró la huelga general, y durante ella, el 13 de octubre, se creó el primer *sóviet* («consejo») de obreros de San Petersburgo. Fue el punto de no retorno, porque transformó los comités de huelga en órganos revolucionarios. Cuatro días después, el 17 de octubre, el Sóviet eligió a su Comité Ejecutivo, con el abogado Khrustalev-Nossar presidiéndolo y Trotski como vicepresidente.

El mérito de transformar una marcha reivindicativa de reformas liberales en una revolución no fue de ningún partido político, sino de los obreros. Pero otros grupos políticos contribuyeron a ello. La Unión de Campesinos fue creada en julio de 1905. En septiembre, al final de la cosecha, estallaron revueltas que incluían la destrucción de propiedades de los terratenientes. El papel de los liberales en esta época fue clave. Se convirtieron en el Partido Democrático Constitucional, o Cadetes (que asimiló muchas organizaciones del *zemstvo*). En 1905 fundaron la Unión de Uniones, una coalición de organizaciones constitucionalistas encabezada por Pável Nikoláyevich Miliukov (1895-1943).

El zar, enfrentado a las circunstancias adversas (confluencia de las rebeliones campesinas con las huelgas generales, la derrota militar y la lenta vuelta de las tropas desde el frente), hizo concesiones nunca antes soñadas. Nombró a Serguéi Witte primer ministro (lo que no fue exactamente una concesión dado que ordenó detener de inmediato a los miembros de los sóviets), anunció una amnistía e hizo público un documento denominado «Manifiesto de octubre» (por haber sido publicado el 17 de ese mes.

El manifiesto en cuestión contenía promesas vagas de crear un órgano electivo legislativo –la Duma–, establecer libertades civiles y religiosas, abolir la deuda de los campesinos por la repartición de la tierra y, por primera vez en la historia de Rusia, reconocía el derecho a organizar sindicatos y partidos políticos. Pero no preveía una Asamblea Constitucional, que habría significado el final efectivo de la autocracia, es decir, la demanda fundamental de la mayoría de los grupos políticos de izquierda y de los cadetes. Aun así, algunos miembros del *zemstvo*, que estaban satisfechos con las promesas del zar, fundaron el partido político Unión del 17 de octubre (por lo que fueron conocidos como «octubristas») para colaborar con el Gobierno mientras éste se comprometiera a cumplir las promesas del manifiesto.

Los mayores beneficiarios de la revolución de 1905 fueron los socialrevolucionarios, porque consolidaron su popularidad entre los campesinos. El éxito de los socialdemócratas fue mucho menor. Sus líderes estaban en el exilio, enfrascados todavía en las rencillas internas del partido. En 1905, Lenin organizó el congreso de su partido en Londres, donde fue elegido un nuevo Comité Central, enteramente bolchevique. La respuesta de los mencheviques fue la organización de su propio congreso en Ginebra. Los exiliados volvieron en otoño de 1905 a Rusia. Ninguno de ellos tuvo un papel fundamental en la creación de los sóviets. Los mencheviques encabezados por Mártov consideraban la de 1905 como una revolución burguesa, sin que se viera claro el papel del proletariado en todo aquello. Sólo Trotski y su amigo Aleksandr Izráil Lázarevich Gelfand, más conocido por su seudónimo Alexander Parvus (1867-1924), estaban decididos a usar a los sóviets contra los liberales y el Gobierno. Lenin no confiaba en los sóviets porque su organización estaba lejos de su concepto de órgano revolucionario disciplinado controlado por revolucionarios profesionales. Una de las consecuencias de la revolución de 1905 fue el nacimiento de las *Chernosótentsi* («Centurias Negras»), denominación peyorativa dada a varios grupos de extrema derecha como la Asamblea Rusa, la Unión de Hombres Rusos, la Unión Monárquica Rusa, la Unión del Pueblo Ruso, la Unión del Arcángel San Miguel, la Sociedad para la Lucha Activa, la Revolución y Anarquía. Estos grupos estaban en contra de todos los movimientos liberales y socialistas, ya que los creían manipulados por los *zhidi* (judíos), polacos y miembros de la *intelligentsia*. Según ellos, Rusia debería ser gobernada según los tres principios formulados por Serguéi Uvárov (1786-1855), ministro de Educación de Nicolás I: *Pravoslavie, Samoderzhavie, Naródnost* (Ortodoxia, Autocracia, Nacionalismo). Estos grupos de extrema derecha disfrutaban del apoyo económico del Gobierno porque le eran útiles en el proceso de rusificación, y aseguraban el apoyo de parte del pueblo contra las minorías no rusas, y en particular contra los judíos.

7

Las cuatro dumas y las reformas de Stolypin (1906-1914)

El «Manifiesto de octubre» fue seguido, en 1906, por el «Manifiesto de febrero», que exponía el plan de establecer el sistema representativo en Rusia mediante la creación de dos cámaras: la Cámara Alta (el Consejo del Estado) y la Cámara Baja (la Asamblea legislativa o Duma). Según este plan, la mitad de los miembros de la Cámara Alta sería nombrada por el zar, y la otra mitad la designaría el *zemstvo*. La Cámara Baja estaría integrada por diputados elegidos por sufragio universal.

Todas las esperanzas de conseguir un gobierno parlamentario se hundieron el 23 de abril de 1906, cuando el zar hizo pública la Constitución (Leyes Fundamentales). La Constitución definía los poderes de la Duma: tendría un papel meramente consultivo, los ministros serían nombrados por el zar y sólo responderían ante él. Además, la Duma no tendría el control de los presupuestos generales. Las Leyes Fundamentales no otorgaban competencia electiva ni legislativa a la Duma. El mayor factor de inestabilidad constitucional era el artículo 87, que atribuía al zar la competencia de disolver la Duma y promulgar nuevas leyes en el intervalo entre dos elecciones. La Duma siguiente estaría obligada a aprobar las nuevas leyes promulgadas por el zar en un periodo de dos meses desde su formación. Así, el artículo 87 daba al zar la potestad de dictar leyes que cambiarían las mismas Leyes Fundamentales, con el único propósito de influir en la composición de la Duma. Otra de las fuentes de inestabilidad constitucional era la potestad absoluta que las Leyes Fundamentales otorgaban al zar (todavía llamado «autócrata») y a su Gabinete sobre la diplomacia y la guerra.

LAS CUATRO DUMAS

La primera Duma se constituyó el 27 de abril de 1906, en el Palacio de Táuride. De un total de 448 diputados, los cadetes contaban con 179 escaños, los octubristas con 17; el el partido Trudovniki (partido laborista que incluía a muchos socialrevolucionarios) tenía 94 diputados, y los socialdemócratas (mencheviques) 18 diputados. El resto –140 escaños– estaba repartido entre la extrema derecha (ocho diputados) y varios partidos de las minorías nacionales. La primera Duma fracasó a finales de junio. La causa fue el rechazo por parte de los cadetes del nombramiento, por el zar, de un nuevo Gobierno y de Iván Goremykin (1839-1917) como primer ministro. El 8 de julio, Nicolás II disolvió la Duma y nombró primer ministro a Piotr Stolypin, lo que produjo una reacción indignada de los cadetes, que llamaron a la desobediencia activa y perdieron por ello su popularidad.

La segunda Duma, creada el 20 de febrero de 1907, no fue más eficiente que la primera. Los extremistas de izquierda y derecha ganaron más escaños a expensas de los cadetes que bajaron hasta 92 escaños. Los socialrevolucionarios y los socialdemócratas sumaban 222 escaños. El 3 de junio de 1907, el primer ministro Stolypin disolvió la Duma alegando que existía una conspiración para matar al zar. Más tarde, con la aprobación del zar, se activó el artículo 87 y se cambió la ley electoral para favorecer la incorporación a la Duma de diputados más conservadores.

La tercera Duma se formó en noviembre de 1907, y fue elegida según la nueva ley. Los octubristas tenían 154 escaños y la extrema derecha, 147, lo que le permitió durar hasta 1912. La cuarta Duma (1912-1917) mostraba una composición semejante.

LA REFORMA AGRARIA DE STOLYPIN

Los cadetes y los partidos de izquierda consideraban el nombramiento de Piotr Stolypin como primer ministro (y ministro de Interior entre 1906 y 1911) una abolición de todas las concesiones arrancadas al zar por la revolución de 1905. Es cierto que Stolypin no dudó en disolver la segunda Duma, ni en pisotear toda legalidad al cambiar la reglamentación electoral. Sin embargo, también se le atribuye el mérito de haber llevado a cabo entre 1906 y 1911 la reforma agraria más ambiciosa de la historia rusa hasta entonces (diseñada por expertos agrarios daneses). Lenin le llamó «el Bonaparte ruso» y estaba convencido de que Stolypin, de haber vivido más, habría impedido la Revolución de Octubre.

Stolypin quería crear una nueva clase de terratenientes –convirtiendo a los campesinos en granjeros– y a los miembros de todas las clases sociales en ciudadanos de iguales derechos y obligaciones. Su reforma agraria aspiraba a solucionar, de una vez por todas, la cuestión campesina, pero también a debilitar el movimiento revolucionario, limitando el número de campesinos que afluían a las ciudades en busca de oportunidades laborales. En su libro *Reflexiones sobre la cuestión agraria* (1907), Stolypin escribió: «El pilar más sólido de orden estatal es un campesino fuerte, próspero y compenetrado con la idea de propiedad privada», una opinión insólita en la Rusia zarista.

La Ley de 9 de noviembre de 1906 garantizaba el derecho de convertir la parcela (perteneciente al *mir*) en la que trabajaba una familia campesina en su propiedad privada. Al mismo tiempo, se puso en marcha un amplio programa de créditos para facilitar la compraventa del gran patrimonio agrario que el Estado había adquirido a la nobleza. Para impulsar la agricultura campesina se adoptaron varias medidas técnicas (ayuda a la construcción, ayuda económica, estímulo a la producción con máquinas, uso de fertilizantes, apoyo al movimiento de cooperativas rurales).

Stolypin consideró que necesitaría unos veinte años para completar su reforma agraria. Sin embargo, murió asesinado por un socialrevolucionario en la Ópera de Kiev en 1911. Su iniciativa de privatizar la tierra a través de la reforma agraria tuvo un efecto muy limitado: en 1912 había afectado a menos del 20 % de las familias campesinas. Los mayores obstáculos para la privatización eran la escasez de tierra, dado el incremento demográfico de la población campesina (por lo que el Gobierno facilitó las migraciones a Siberia y Asia Central), y el hecho de que la mayoría de los campesinos era muy pobre, sin poder adquisitivo para comprar parcela alguna.

La reforma agraria fue la más significativa de las emprendidas por el Gobierno de Stolypin, pero hubo otras. En materia de sanidad, los *zemstvo* de las provincias extendieron el seguro médico a casi toda la población con la ayuda del Gobierno central. En 1912, el seguro médico fue implantado para los obreros en los centros urbanos. Entre 1906 y 1914, el Gobierno creó 50.000 escuelas primarias y aumentó notablemente el número de las instituciones de enseñanza media y universitaria. Los *zemstvo* las administraban y financiaban parcialmente. Estas medidas parecían restaurar el reformismo de Alejandro II en la década de 1860, pero no fueron suficientes para impedir el estallido de la Revolución de Octubre.

8

Rusia en el cambio del siglo

En 1860, Rusia producía apenas el 4 % del hierro mundial (véase los Anexos) y tenía 1.626 kilómetros de líneas ferroviarias (en la misma época Estados Unidos tenía 50.000 kilómetros). En 1894, llegó a los 28.500 kilómetros de vías férreas, y en 1914 había alcanzado (con la línea transiberiana que unía Moscú con Vladivostok) los 50.000 kilómetros de ferrocarril. Pedro I había comenzado a industrializar Rusia, pero sólo para mejorar la eficiencia de sus Fuerzas Armadas, no para lograr un desarrollo general del país. La industrialización capitalista arrancó en la década de 1870.

Las dos últimas décadas del siglo XIX y primeros años del XX –la *Belle Époque*, como se la llamó en Francia después de la Gran Guerra– fueron para Europa una etapa de profundas transformaciones económicas y sociales. Rusia no fue inmune a estos cambios. Alejandro III estaba a favor de la industrialización rápida, por lo que en 1892 nombró a Serguéi Witte (1849-1915) ministro de Economía. Witte, como Iósif Stalin en la década de 1930, se enfrentó a la cuestión de cómo recuperar a Rusia de su atraso y ponerla al nivel económico de las naciones más desarrolladas. Comenzó construyendo fábricas, fundando bancos estatales e importando tecnología para mejorar la explotación minera de los vastos recursos naturales rusos. Para financiar su plan de industrialización, Witte incrementó la presión sobre los campesinos, aumentando los impuestos a la venta de grano. El plan de su «modernización» era invertir el dinero de los impuestos en la industria doméstica. Sus resultados económicos no fueron despreciables.

CAMBIOS SOCIOECONÓMICOS

Desde 1890 hasta 1907, el crecimiento anual económico de Rusia fue del 8 %. Entre 1907 y 1914 bajó al 6 %. La industria militar y textil, y la metalurgia, eran especialmente dinámicas. Los mayores centros industriales estaban en San Petersburgo, Moscú y Tula así como en algunas áreas de Polonia y Ucrania. Bakú se convirtió en el segundo productor de petróleo del mundo (por detrás de Texas). Madera, carbón, hierro y oro eran objeto de una extracción intensiva. El capital para el desarrollo industrial procedía de inversores locales y extranjeros. Witte había transmitido a los foráneos el mensaje del zar Nicolás II, que invertir en Rusia traería beneficios altamente lucrativos por contar con una mano de obra numerosa, barata y obediente. La mayoría de los banqueros locales, los empresarios industriales y los comerciantes no pertenecían a la aristocracia, sino a una clase media que en 1914 superaba ya los dos millones de personas. Este número era bajo en comparación con los estándares europeos. Además, pocos eran rusos en la nueva clase media. Los judíos y extranjeros (en su mayoría alemanes) dominaban en la industria y el comercio.

La principal consecuencia del desarrollo industrial fue el crecimiento de los centros urbanos, donde se multiplicaron las oportunidades de empleo y movilidad social. Los nuevos profesionales –médicos, abogados, ingenieros, maestros, profesores– fueron los principales beneficiarios de este desarrollo. En 1914 eran un millón, aunque sólo 130.000 de ellos poseían una educación universitaria. La población de los centros urbanos aumentaba aceleradamente por la llegada continua de campesinos en busca de nuevas oportunidades laborales, y que acababan convirtiéndose en obreros no cualificados. San Petersburgo, en 1869, tenía algo más de 600.000 habitantes; en 1897, la población se había duplicado (1.260.000 habitantes). En 1914 era de 2,2 millones (véase Tabla 3 en Anexos). Sin embargo, por las condiciones precarias de la vida urbana y su carácter impersonal y anónimo, los obreros mantenían el vínculo con el campo del que procedían. A finales del siglo XIX, los obreros eran los principales soportes de la cultura tradicional rusa y de las ideas religiosas en los centros urbanos.

Igual que la industria, la agricultura rusa experimentó un desarrollo acelerado en el cambio del siglo. Desde la década de 1880 hasta 1913, la producción de grano crecía un 2 % anualmente. En 1891 y 1892 hubo una fuerte caída de la producción (por las condiciones climáticas) en la región del Volga, lo que produjo una gran hambruna. A pesar de ello, la situación general era moderadamente positiva. Por ejemplo, la producción de cereales per cápita rozaba el 35 % del Producto Interior Bruto (PIB) anual entre 1890 y 1913. Durante la primera década del siglo XX, Rusia exportaba 11 toneladas de cereales cada año, siendo uno de los mayores exportadores de grano del planeta. La principal consecuencia de la gran hambruna fue la revitalización del *zemstvo*, que proporcionó ayuda a los afectados. En 1896, los *zemstvo* capitalizaron el prestigio ganado durante la crisis alimentaria y fundaron el grupo político de los liberales.

La relativa libertad de prensa garantizada por la Ley de 1905 fue frecuentemente burlada por la administración. Aun así, en 1913 había mil periódicos que alcanzaban juntos una venta de 3,25 millones de ejemplares diarios. Los más significativos eran *Russkoye Slovo* («Palabra Rusa»), de Moscú, con una tirada de 750.000 ejemplares; *Novoye Vremya* («Nuevo Tiempo») de San Petersburgo (200.000), y *Russkiye Vedomosti* («La Hoja Rusa»), de signo liberal (100.000).

Según criterios generales, el estatus de la mujer en Rusia en 1913 era parecido al de otras partes de Europa. Los movimientos revolucionarios contribuyeron a la liberación femenina y a su participación más activa en la vida pública. En 1908 se celebró la primera Conferencia de Mujeres. Ya había muchas profesionales –médicas, maestras y arquitectas que trabajaban en los *zemstvo*. En 1904 se fundó el primer Colegio de Mujeres Agricultoras, y desde 1905 las mujeres tuvieron los mismos derechos de acceso a la universidad que los varones.

El desarrollo de las ciencias, aunque dependía de imperativos burocráticos imprevisibles, produjo extraordinarios matemáticos (Andréi Márkov, Serguéi Bernstein) y científicos (el biólogo Ilyá Méchnikov, el fisiólogo Iván Pávlov, el químico Dmitri Mendeléyev, el agrónomo Iván Michurin, etcétera). La tecnología rusa destacaba particularmente en aviación, gracias a la labor de un grupo de ingenieros del Instituto de Aerodinámica (Nikolái Zhukovski, Serguéi Chaplyguin, Konstantín Tsiolkovski).

La hambruna de 1891 y 1892, las huelgas (a pesar de que estaban prohibidas) de los obreros de la industria textil en 1896 y 1897 y la huelga de los estudiantes de la Universidad de San Petersburgo en 1899 (que obligó al Gobierno a cerrar las universidades de todo el país para evitar su propagación a los obreros) pusieron de manifiesto la necesidad de reformar el régimen autocrático y, a la vez, su inflexibilidad y rechazo de cualquier cambio sustancial. Los miembros de los grupos radicales encarcelados en Siberia por el asesinato de Alejandro II habían vuelto a los centros urbanos. El número de atentados terroristas contra los políticos entre 1901 y 1906 refleja que los terroristas, jaco-

binos y anarquistas, nunca renunciaron a sus métodos violentos.
En 1901 hubo dos atentados importantes: el estudiante Peter Karpo-
vich, asesinó al ministro de Educación, Nikolái Bogolyepov. El mismo
año, Konstantín Pobedonóstsev (1827-1907), autor de la reforma judicial de la década de 1860, resultó herido en otro atentado. En 1902,
el jefe de la Policía de Moscú, Dmitri Trepov, sobrevivió a tres ataques
terroristas. El ministro del Interior tuvo menos suerte, fue asesinado en
San Petersburgo por el estudiante Serguéi Balmashov. El mismo año, el
gobernador militar de Vilna fue herido gravemente por un terrorista
lituano. El príncipe Obolensky, gobernador de Járkov, salió ileso de
dos atentados contra su vida en el espacio de dos meses. En 1903, el
gobernador de Ufa, Nikolái Bogdanovich, fue asesinado en Kiev por
el estudiante Ígor Dulebov. En 1904, el gobernador general de Finlandia, Nikolái Bobrikov, murió asesinado por un estudiante. El mismo
año fueron asesinados G. Bogoslovski, gobernador del Cáucaso, y Viacheslav von Pleve (1846-1904), ministro del Interior, con una bomba.
En 1905, mataron al gran duque Serguéi, tío del zar Nicolás II y gobernador general de Moscú, y al conde Pável Shuvalov, jefe de la policía
de Moscú. En 1906, Mijaíl Gertenshtain, miembro de la Duma, fue
asesinado por un antisemita. Piotr Stolypin (1862-1911), primer ministro, salió ileso de un atentado con bombas que causó 15 víctimas
mortales en 1911. Sin embargo, en septiembre del mismo año, tuvo
menos suerte: fue asesinado en la ópera de Kiev, en presencia del zar.

A pesar de la transformación socioeconómica, Rusia seguía siendo
en el cambio de siglo una sociedad profundamente dividida entre el Gobierno del zar, «padre de la nación», y sus súbditos; entre la capital, San
Petersburgo, y las provincias; entre los que creían en las ideas occidentales y los que pensaban que sólo los rusos podían dar respuestas a los
problemas de Rusia; entre los ricos y los pobres; entre los privilegiados y
los oprimidos; entre los que vestían según la moda europea (en San Petersburgo) y los que vestían tradicionalmente (en Moscú y en el campo).

LA IRRUPCIÓN DEL MODERNISMO EN RUSIA

Entre 1880 y 1920 el modernismo cambió de raíz la literatura y el arte
europeos y las maneras de entender y proyectar la reflexión sobre la
verdad, la moral y la belleza. Todo lo que se englobó bajo el nombre de
«modernismo» era una serie de interrogaciones y respuestas ante un

mundo próspero y desarrollado, y fascinado por la idea del progreso. Como en Europa, en Rusia el desarrollo económico de finales del siglo XIX aseguró un ambiente favorable al desarrollo de las artes. Grandes empresarios, como las familias Morozov o Tretiakov, estuvieron comprometidos con el mecenazgo. Los Morozov financiaron el Teatro de Arte (1898). Los Tretiakov fundaron en 1856 la galería con el mismo nombre, donde exponían los artistas contemporáneos.

En literatura destacaba la figura de Antón Chéjov (1860-1904) que, además de representar el vínculo generacional con los grandes escritores rusos del siglo XIX como Fiódor Dostoievski y Lev Tolstói, llevó al escenario el drama del hombre moderno, su fracaso personal y el absurdo de la existencia en sus obras teatrales más conocidas (*La gaviota*, 1896; *Tío Vania*, 1897; *Las tres hermanas*, 1901; *El jardín de los cerezos*, 1904). Otro de los escritores importantes de la época era Maksim Gorki (1868-1936), cuyas obras (*Los bajos fondos*, 1902; *La Madre*, 1906) le dieron a conocer en el extranjero. Gorki había apoyado a Lenin hasta 1906, y aunque fue cercano al régimen comunista, criticó el golpe de Estado bolchevique de 1917.

En el cambio del siglo, el realismo fue atacado por nuevos movimientos literarios. En 1909, un grupo de pensadores entre los que destacaban Piotr Struve (1870-1944), Serguéi Bulgákov (1871-1944), Nikolái Berdiáyev (1874-1948) y Simón Frank (1877-1959), celebró un simposio llamado *Veji* («Hitos»), en el que repudiaron sus compromisos pasados con el marxismo y defendieron nuevos valores estéticos y literarios. En la siguiente década emergieron el Simbolismo, el Futurismo, el Neorrealismo y el Acmeísmo.

El Simbolismo, la expresión de una nueva voluntad estética como poesía pura, arte puro y aprehensión de la esencia de las cosas, ejerció su mayor influencia en la poesía, pero también afectó a la ficción, el teatro, la música y las artes plásticas. Los poetas rusos buscaron nuevas formas «modernas» de expresión. Entre 1900 y 1914, el desarrollo de la poesía rusa era extraordinario. Los simbolistas más conocidos fueron Konstantín Balmont, Valeri Briusov, Zinaída Hippius, Dmitri Merezhkovski, Fiódor Sologub, Aleksandr Blok, Andréi Bieli, Viacheslav Ivánov y Vasili Rozanov.

El Futurismo tuvo su mejor representante en la figura del poeta Vladímir Mayakovski, el Neorrealismo en la de Alekséi Tolstói, y el acmeísmo en la poesía de Anna Ajmátova, Ósip Mandelshtam, Nikolái Gumiliov y Marina Tsvetáyeva.

Las novelas más populares de la época fueron *Clave de Felicidad* (1911) de Anastasia Verbitskaya y *La ira de Dionisio* (1913) de Yudoksia Nagrodskaya. En música las obras de Serguéi Prokófiev (1891-1953) e Ígor Stravinski (1882-1971) contribuyeron al triunfo mundial de la música y del ballet ruso (bajo la dirección de Serguéi Diáguilev, con Nijinski como bailarín principal).

En 1897 se fundó la revista *Mir Isskustva* («Mundo del Arte»), que sirvió de plataforma para el debate entre diferentes escuelas de pintura. El realismo, cuyo máximo representante era Iliá Repin (1844-1930), un pintor muy versátil (iconos, ilustraciones de libros de texto, retratos), nunca despareció por completo del arte ruso; pero fue desplazado por las pinturas impresionistas de Mijaíl Vrúbel y Valentín Serov y las expresionistas de Kazimir Malévich y Vasili Kandinski.

En la primera década del siglo XX, San Petersburgo era una ciudad en la que se demostraba que Rusia, en el arte contemporáneo, nada tenía que envidiar a Europa. En teatro (gestionado por Konstantín Stanislavski y Vladímir Nemirovich-Danchenko), poesía, música y pintura, Rusia estaba incluso por delante. Por primera vez, la cuestión sobre el lugar de Rusia en el mundo parecía perder su sentido.

SEGUNDA PARTE

LA REVOLUCIÓN DE OCTUBRE (1917-1928)

El periodo comprendido entre 1914, comienzo de la Primera Guerra Mundial, y 1921, con la aprobación por el Partido Comunista de la Nueva Política Económica (NEP), fue una etapa de ininterrumpidos conflictos armados de diferente índole: la Gran Guerra, la Revolución (de Febrero y Octubre), la Guerra Civil, el comunismo de guerra, la guerra ruso-polaca. En Europa estos años trajeron la destrucción y desaparición no sólo de imperios (alemán, austrohúngaro, otomano y ruso) y de dinastías (los Habsburgo, los Romanov) sino de un gran número de personas (en la Gran Guerra intervinieron unos sesenta millones de personas, de las que murieron en torno a diez millones), recursos materiales, naturales y territorios. En medio de estas ruinas, los bolcheviques, inspirados tanto por viejos odios sociales como por nuevas visiones revolucionarias del marxismo asestaron el golpe de Estado al Gobierno provisional salido de la revolución política de febrero de 1917 y comenzaron a construir un nuevo sistema político, económico y social. El Estado bolchevique supuso la creación de nuevas instituciones y de una cultura proletaria, el uso sistemático del terror y la propaganda, la destrucción de la aristocracia, de la burguesía y de la Iglesia ortodoxa. La principal obsesión de Lenin era establecer un sistema comunista que perdurase más que los 71 días de la Comuna de París (18 de marzo al 28 de mayo de 1871). Los superó con creces, ya que el suyo duró más de setenta años.

9

El impacto de la Gran Guerra (1914-1917)

Los historiadores discrepan sobre la cuestión si la Revolución de Octubre resultó inevitable. Muchos destacan que el periodo entre 1905 y 1914 fue de estabilidad y progreso interrumpido por la Gran Guerra, esto es, que si no hubiera existido 1914 no habría acontecido 1917. Otros insisten en que la revolución era inevitable, dado el número de huelgas organizadas desde 1912. Los historiadores rusos de la época soviética subrayaron que Rusia estaba preparada para la revolución en 1913, y que la Gran Guerra la pospuso hasta 1917.

El periodo entre 1905 y 1910 fue de relativa estabilidad. La *intelligentsia*, decepcionada por la derrota militar de 1905, había abandonado las ideas revolucionarias. Muchos vieron en el «Manifiesto de octubre» un camino para las reformas graduales. Sin embargo, después de 1910, la situación comenzó a cambiar en las ciudades. El número de obreros industriales creció vertiginosamente entre 1910 (1,6 millones) y 1914 (2,5 millones), a causa de la llegada de jóvenes campesinos resentidos por la redistribución de la tierra y que no tenían memoria de 1905. Las huelgas eran cada vez más frecuentes. En julio de 1914, los bolcheviques instigaron una huelga general contra la represión policial. Pero, a diferencia de 1905, esta huelga tuvo poco apoyo de la sociedad. Terminó una semana antes del comienzo de la Primera Guerra Mundial. Esta experiencia profundizó el abismo entre los obreros y los profesionales e intelectuales, cuya consecuencia fue la división dentro de los partidos políticos; los socialrevolucionarios y los octubristas se dividieron en dos fracciones (izquierda y derecha) y los cadetes en tres (derecha, centro, izquierda).

RUSIA EN LA PRIMERA GUERRA MUNDIAL

El asesinato en Sarajevo, por jóvenes nacionalistas serbios, del heredero del Imperio austrohúngaro, el archiduque Franz Ferdinand, el 28 de junio de 1914, precipitó el estallido de la Primera Guerra Mundial al poner en marcha un mecanismo militar de movilizaciones parciales y luego totales que culminó el 2 de agosto del mismo año. Siete ejércitos alemanes (1,5 millones de hombres) entraron por Luxemburgo y Bélgica para atacar a Francia. El 6 de agosto, Inglaterra envió una fuerza expedicionaria para apoyar a Bélgica y Francia. El 10, el Imperio austrohúngaro atacó a Rusia, y el 12, los rusos invadieron Prusia oriental, el mismo día en que otro ejército austriaco invadió Serbia.

El inicio de la guerra generó conmoción, pero no surgió de la nada. Los Balcanes eran la zona más conflictiva de Europa, en la que las ambiciones de las grandes potencias se mezclaban con las rivalidades entre las propias naciones balcánicas. En 1912, en la primera guerra balcánica, estas naciones se unieron brevemente (Bulgaria, Serbia, Grecia y Montenegro) para apoderarse de gran parte de los territorios que habían quedado en poder del Imperio otomano, pero enseguida se pelearon entre sí, en la segunda guerra balcánica (1913). La irrupción de Alemania como potencia europea desde su unificación en 1871 amenazaba el relativo equilibrio de poder europeo entre Rusia y el Imperio austrohúngaro. Decisiones ineptas, errores de percepción y riesgos calculados fallidos de las principales cancillerías europeas (Austria-Hungría, Rusia, Francia, Alemania) contribuyeron activamente al comienzo del conflicto. Los principales actores consideraban que iba a ser una guerra corta que acabaría «antes de las Navidades». Ocurrió todo lo contrario: al fracasar el plan de Alemania de derrotar rápidamente a Francia, como en 1871 y hacer la guerra en un solo frente contra Rusia (Plan Schlieffen de 1905), la contienda derivó hacia una guerra estática de trincheras entre los dos bandos. Uno era el de los aliados occidentales: Francia, Gran Bretaña, Rusia, Serbia, Japón y más tarde Italia (1915), Rumanía, Estados Unidos (1917), Portugal y Grecia. En el otro bando estaban los poderes centrales, esto es, Alemania, Austria-Hungría y enseguida Turquía y Bulgaria. La Gran Guerra se desarrolló en dos escenarios principales: el frente occidental, extendido desde Bélgica a Suiza, y el frente oriental, de Riga al mar Negro y a la frontera ítalo-austriaca, más la guerra en el mar, en el aire y en pequeños frentes en Oriente Medio.

La entrada de Rusia en la guerra, en los territorios del frente oriental, se debió a varios factores: el zar temía una segunda derrota diplomática en los Balcanes, tradicional zona de influencia rusa (la primera fue la anexión de Bosnia Herzegovina por Austria, en 1908, a pesar de la oposición de su aliada Serbia; Rusia estaba perdiendo su papel de «protectora» de los cristianos ortodoxos del Imperio otomano). Otros de los motivos de Rusia era recuperar su estatus de gran potencia (que disminuía a la vez que el poder económico y militar de Alemania se incrementaba), y, desde luego, su compromiso estratégico con Gran Bretaña y Francia. Las consecuencias de la participación rusa fueron catastróficas para el régimen zarista. La pésima gestión de la guerra, las derrotas militares, los rumores sobre la traición y la exagerada influencia de Rasputín en la familia real (un monje místico que había convencido a la zarina de que él podía curar la hemofilia de su hijo, el zarévich Aleksandr), además de la crisis económica causada por la inflación y la mala gestión de la distribución de alimentos, obligaron al zar a abdicar y contribuyeron al estallido de la Revolución de Febrero.

En Rusia, el comienzo de la guerra invocó el momento de la «unión patriótica». Las huelgas cesaron y los obreros, que sólo unas semanas antes luchaban contra los policías en San Petersburgo, se unieron a ellos en una manifestación gigantesca para apoyar al zar. Éste, en un discurso desde el balcón del Palacio de Invierno, apeló a la unión del pueblo y al fin de la controversia interna. Una semana después del comienzo de la guerra, la Duma dio su voto de confianza al Gobierno. Sólo 22 diputados estuvieron en contra (diez del partido Trudovniki, siete mencheviques y cinco bolcheviques).

Sin embargo, pocas semanas después, aunque el zar veía las acciones de Austria en los Balcanes como una amenaza para el estatus de gran potencia de Rusia y de que no había evidencia alguna de que buscara un compromiso con Alemania, la Duma empezó a sospechar que el zar era proalemán. Eso se debió a que su mujer, la zarina Alejandra era de origen alemán (aunque también sobrina de la reina Victoria de Inglaterra). Las sospechas se basaban en las opiniones de sus asesores, como por ejemplo en las de Piotr Durnovo (1845-1915), que en febrero de 1914 había publicado un memorándum explicando la guerra con Japón como una sustitución de la política paneslavista en Europa, por apoyar a Alemania. Después del asesinato de Stolypin, el zar estaba cada vez más intolerante con la Duma, y nombraba ministros poco eficaces e incompetentes, lo que se volvió contra él.

A finales de 1914, el Ejército ruso no tenía munición, y la contraofensiva alemana les obligó a abandonar no sólo la recientemente conquistada Galitzia, sino Polonia entera a mediados de 1915. Riga estaba a punto de caer, Petrogrado (San Petersburgo cambió su nombre a Petrogrado, porque sonaba «demasiado alemán») y Moscú estaban amenazados. A pesar de que la retirada se produjo en orden, parecía que la derrota estaba cerca. Los rumores sobre la traición del monarca y de que la zarina era amante de Rasputín se divulgaban primero entre soldados y oficiales y luego por todo el país. El sentimiento antialemán provocado por la guerra, pero también por el hecho de que el emperador, la emperatriz, los miembros más importantes de la corte, el ministro de la Guerra y varios generales llevaran nombres alemanes, dio lugar en 1915 a un pogromo contra alemanes en Moscú.

El órgano supremo para dirigir la guerra, el Consejo Especial para la Defensa de Estado, fue creado por el Decreto del 17 de agosto de 1915, así como otros tres consejos para suministro de combustible, transporte y alimentos. Cada consejo estaba presidido por un ministro, respectivamente por el ministro de la Guerra, el de Industria, el de Transporte y el de Agricultura. El zar había asumido el cargo de comandante en jefe de las Fuerzas Armadas en contra de lo que opinaba su gabinete. Ya se había demostrado en la guerra con Japón que el zar era un amateur en los asuntos militares y que interfería de manera poco oportuna en el trabajo de los jefes militares más cualificados. La decisión del zar fue letal para el régimen, porque dejó el gobierno del país en manos de la zarina Alejandra y de Grigori Rasputín, ya que pasaba la mayor parte del tiempo en el cuartel general de Maguilov.

En agosto de 1915, en la Duma, los cadetes y los octubristas constituyeron un Bloque Progresista para exigir un gobierno responsable ante la Duma y no ante el zar. La respuesta de Nicolás II fue establecer nuevas instituciones fuera de la Duma para gestionar la guerra. Las más importantes fueron la Unión de *Zemstvo*, la Unión de Municipios y el Comité Industrial de Guerra. Las dos primeras se ocupaban de los refugiados y de la distribución de alimentos; el Comité Industrial producía equipamiento y munición a pequeña escala, toda vez que las reservas de armamento de Rusia eran muy bajas y que la producción estatal no podía satisfacer sus necesidades.

A lo largo de 1916 aumentó la desconfianza en el régimen. Aleksandr Guchkov (1862-1936), miembro del Bloque Progresista y del Comité Industrial de Guerra, sondeó a oficiales del Ejército sobre un posible golpe de Estado para forzar la abdicación del zar. En noviembre, Pável Miliukov, en un discurso en la Duma, acusó abiertamente al Gobierno de contemplar negociaciones con Alemania. En diciembre, un grupo de nobles asesinó a Rasputín. En enero de 1917, un tío del zar, el gran duque Nicolás, fue invitado por el príncipe Lvov a prepararse para sustituir a su sobrino en el trono. Nada de esto fue causa directa de la Revolución de Febrero, pero explica por qué la monarquía desapareció sólo unos días después.

LA ECONOMÍA Y LA GUERRA

En vísperas de la Gran Guerra la economía rusa mantenía un crecimiento ininterrumpido de más de cinco años (véase la Tabla 2 en Anexos). La producción total de bienes y servicios creció un 30 % entre 1908 y 1913, y el crecimiento económico per cápita en el mismo periodo fue del 17 %. Desde el punto de vista militar, el panorama de la Rusia zarista era muy favorable en julio de 1914. Además, Rusia tenía lo que los contemporáneos consideraban varias condiciones ventajosas para librar una guerra: aparentemente infinitas reservas de capital humano y una provisión segura de alimentos, que no podría quedar comprometida por bloqueo alguno, ni por tierra ni por mar.

A pesar de todo ello, el régimen zarista tuvo grandes problemas para financiar la guerra. Cuatro quintas partes del total de los gastos dependían de recursos domésticos y sólo una quinta parte provenía de la financiación extranjera. Por falta de dinero, el Gobierno empezó a imprimir billetes, lo que provocó una inflación desmesurada. La circulación de billetes se incrementó gradualmente de 1.500 millones de rublos en 1914 a 9.100 millones en enero de 1917. En vísperas de octubre de ese año, circulaban unos 17.000 millones de rublos.

La escasez de munición era grave, pero se solucionó con producción de la iniciativa privada, coordinada por el Comité Industrial de Guerra. La carencia de alimentos era un problema mucho más difícil de resolver. Durante los primeros dos años de la guerra no hubo dificultad en producir y distribuir los alimentos básicos. El sector agrícola no se estancó hasta 1916, e incluso ese año hubo suficiente grano.

La cosecha de 1914 fue casi la misma que en el periodo de 1909-1913. La cosecha de 1915 resultó incluso mayor que en el periodo de preguerra. Los granjeros experimentaron problemas de mano de obra. En 1914 y 1915 el régimen intervino el mercado de grano, imponiendo un precio fijo para el requerido por el Ejército. Así que en 1916, los campesinos empezaron a reducir la producción, por su resistencia a vender el grano al precio fijado.

Aparte del descenso de la producción, la distribución de alimentos fue mal administrada por el Gobierno. A finales de 1916, el nuevo presidente del Consejo Especial de Provisión de Alimentos, Aleksandr Rittikh (1868-1930), ordenó la confiscación del grano. Su propósito era requisar la cantidad precisa que el Estado necesitaba para el Ejército y, en consecuencia, estableció cuotas obligatorias para cada provincia. La respuesta de campesinos fue bajar la producción a lo necesario para la propia subsistencia.

De las cosechas entre 1914 y 1916, el Gobierno obtuvo ocho millones de toneladas de grano, pero en 1916-1917 sólo pudo conseguir 5,6 millones de toneladas, insuficientes para las Fuerzas Armadas y la población urbana. En las ciudades se impuso el racionamiento de los alimentos, pero los gobernadores, el Ejército y los policías gozaban de privilegios a la hora de adquirir comida. La crisis de alimentos se manifestó en largas colas en las tiendas, en la subida de precios y en la aparición del mercado negro.

Se ha sugerido que la entrada de Turquía en la guerra (29 de octubre de 1914) privó a Rusia de su principal ruta de suministro a través del Bósforo y que desde entonces fue imposible abastecer a la industria rusa. Pero la escasez de munición se debió más a la confusión administrativa que a las deficiencias en la producción. Los 4,5 millones de balas que Rusia producía desde 1916 eran suficientes para luchar en el frente oriental, en comparación con la producción alemana de siete millones para un Ejército que luchaba en dos frentes.

El suministro de comida era también un grave problema, pero no se debió a las malas cosechas, que no fueron más bajas que en el tiempo de preguerra. Uno de los factores determinantes de la Revolución de Octubre fue la inflación, pues el Gobierno, para financiar la guerra, imprimió millones de rublos en papel, por lo que en 1917 la inflación cuadriplicó la de 1914.

LA GUERRA COMO INSTRUMENTO DE LA REVOLUCIÓN

En el otoño de 1914, Lenin publicó sus *Tesis de Guerra*, en las que sostenía que, para conseguir una revolución, Rusia debía renunciar al derecho a defenderse. En su opinión, la guerra mundial debería convertirse en guerra civil de los soldados proletarios contra sus propios gobiernos. Los proletarios rusos, tras derrocar el régimen zarista, extenderían la guerra revolucionaria para liberar a las masas de Europa. Las ideas de Lenin eran tan radicales, que en Rusia sólo le apoyaban unas 10.000 personas. Fuera de Rusia habían sido rotundamente rechazadas en la Conferencia de Zimmerwald (Suiza), celebrada entre el 5 y el 8 de septiembre de 1915, por 35 líderes de la izquierda socialista europea (la gran ausente fue Rosa Luxemburgo, que se hallaba en una cárcel alemana por oponerse a la guerra). Lenin propuso crear una nueva organización internacional socialista (en lugar de la Segunda Internacional Socialista fundada en 1889) para convertir la guerra en un conflicto civil de lucha de clases. De los asistentes rusos, sólo los bolcheviques Alexander Parvus, Grigori Zinóviev y Karl Radek apoyaron a Lenin. Su propuesta fue derrotada.

Los mencheviques sostenían que Rusia tenía derecho a defenderse de Alemania. Mártov y Trotski exigían el final de la guerra sin anexiones y sin indemnizaciones, y el establecimiento de un nuevo orden mundial basado en el derecho de autodeterminación (como se demostró posteriormente, en los acuerdos de paz de Versalles en 1919, su idea del derecho de autodeterminación coincidía con la del presidente norteamericano Woodrow Wilson). La gran mayoría de los asistentes adoptó la propuesta de Mártov y Trotski e insistió en la reconstrucción de la Segunda Internacional fundada en 1889. A los derrotados se les llamó «la izquierda de Zimmerwald».

10

La Revolución de febrero
de 1917 y sus consecuencias

«Nosotros, los de la vieja generación, no veremos las batallas decisivas de la revolución que está por venir», afirmó Lenin el 22 de enero de 1917, sólo un mes antes de la Revolución de Febrero, que cuando estalló en Petrogrado sorprendió a todos. Pocos contemporáneos habrían podido imaginar que la dinastía Romanov, fundada en 1613, iba a desvanecerse en diez días. Pero así fue.

La Revolución de Febrero de 1917 tuvo tres actos: la abdicación del zar Nicolás II, la formación paralela del Gobierno provisional y del Sóviet de Petrogrado de los Diputados de Obreros y Soldados y la aprobación de la «Orden n.º 1» por el Sóviet, que autorizó a los soldados a desobedecer las órdenes de sus oficiales. Fue un levantamiento espontáneo, sin un plan preciso o un líder que pudiera ser identificado como tal. Los disturbios provocados por las huelgas se convirtieron en rebelión y ésta en revolución en la capital, sin afectar a otras regiones del país.

En el invierno de 1916-1917, la inflación galopante y la incapacidad del régimen autocrático para dirigir una guerra moderna y a la vez suministrar alimentos, combustible y transporte a los civiles, provocó la desesperación general. La guerra agrandó aún más la brecha entre el zar y los políticos electos. La desconfianza en el régimen era ya total.

En las semanas previas a la abdicación del zar hubo desórdenes y huelgas habituales. El 9 de enero, 158.000 obreros salieron a la calle en Petrogrado para conmemorar el Domingo Sangriento que precedió a la revolución de 1905. El Gobierno respondió arrestando a algunos bolcheviques, lo que provocó, el 14 de febrero, una nueva manifestación de unos 80.000 obreros en apoyo a la Duma, que había reanudado sus sesiones a finales de 1916 (las había interrumpido al comienzo de la guerra). El 18 de febrero, los obreros de la metalúrgica Putílov iniciaron una huelga para exigir el aumento de sus salarios. Ninguno de estos acontecimientos pareció alarmar al zar y a su ministro del Interior, Aleksandr Protopopov (1866-1918). El 22 de febrero, Nicolás II volvió al cuartel general de Maguilov, a unos 650 kilómetros de Petrogrado. La Revolución de Febrero comenzó el 23 de febrero, el Día de la Mujer (según el calendario juliano), cuando miles de trabajadoras de la industria textil salieron a la calle para protestar por el racionamiento del pan y su alto precio. La temperatura en la calle era de 40 grados bajo cero, lo que no impidió a los obreros huelguistas unirse a las mujeres en su protesta y convertirla en huelga general. A esa muchedumbre se unían los miles de soldados desocupados. El Ejército de Petrogrado se encontraba en una situación peculiar. El imperio tenía enormes reservas de soldados; mantenía a miles de hombres amontonados, lejos del frente. Nadie desertaba en el frente, y en 1916, la comida era adecuada, pero en la retaguardia las condiciones eran diferentes. Esa multitud, casi sin oficiales, estaba mal alimentada y desocupada. A finales de 1916, en Petrogrado había unos 150.000 reservistas.

Los manifestantes llevaban pancartas en las que podía leerse «¡Abajo la autocracia!», «¡Abajo la guerra!». Durante los dos días siguientes, el 24 y 25 de febrero, unos 240.000 huelguistas tomaron las calles del centro de la ciudad cantando *La Marsellesa*. La policía y los huelguistas se enfrentaron en varias ocasiones, pero no hubo víctimas mortales, porque la policía tenían orden de no disparar, excepto en defensa propia. El 25 de febrero, por la noche, el zar telegrafió desde Maguilov al general Kabalov: «Le ordeno que acabe mañana mismo con todos los disturbios callejeros». El día siguiente, el 26 de febrero, el Regimiento Pavlovski abrió fuego contra los manifestantes, matando a varias decenas de ellos. Pero el día siguiente, 27 de febrero, el Gobierno perdió el control militar de la huelga cuando el Regimiento Volinski se amotinó y se unió a los manifestantes. Aunque no todos los regimientos estaban amotinados, el general Kabalov no pudo identificar con claridad en quién podría confiar. Decidió retirar todas las tropas al Palacio de Invierno. El 27 de febrero, por la noche, Petrogrado estaba en manos de los insurgentes. El 28 de febrero, la mayoría de los ministros estaba bajo arresto, lo que provocó el colapso de la Duma.

Nicolás II intentaba desesperadamente conservar el poder. Disolvió la Duma formalmente y emprendió el viaje de vuelta a la capital con la idea de ordenar la intervención de los militares que vendrían a Petrogrado desde fuera. En su ausencia, el primer ministro, del Partido Octubrista, Mijaíl Rodzianko (1859-1924), sin poder legítimo, estableció un Comité Provisional de la Duma con la idea de persuadir al zar de reemplazar la autocracia por la monarquía constitucional. Aleksandr Kérenski (1881-1970), socialrevolucionario, había ordenado a las masas tomar el control del ferrocarril, de las telecomunicaciones y las oficinas de correos.

Rodzianko dio permiso a dos mencheviques, el georgiano Nikolái Chjeidze (1864-1926) y el ruso Matvéi Skóbelev (1885-1938), para reunirse en el Palacio de Táuride con el fin de fundar el Sóviet de Petrogrado de los Diputados de Obreros y Soldados. Unos doscientos obreros y soldados establecieron un Comité Ejecutivo provisional del Sóviet con el propósito de vigilar al Comité Provisional de la Duma creado por Rodzianko. Al final del día 28 de febrero, dos comités, uno de la Duma y otro del Sóviet, se habían instalado en el Palacio de Táuride.

Aleksandr Kérenski tuvo un papel muy destacado en ambos por ser miembro del Comité provisional de la Duma y presidente del nuevo Sóviet de Petrogrado. Estando en ambos campos, su poder era enorme. Los de la Duma lo veían como el único puente con el Sóviet, que no tenía ningún poder fuera de la capital y ninguna experiencia en el arte de gobernar. A pesar de sus diferencias políticas, ambos comités compartían un miedo común: saber que no podrían resistir si el zar enviaba el Ejército contra ellos. Nicolás II tuvo, en efecto, esta intención: había dado al general Nikolái Yudóvich (1851-1919) la orden de intervenir con sus 6.000 hombres y destruir la rebelión.

Nicolás II ignoraba la intención del primer ministro Rodzianko de pedirle el permiso para establecer una monarquía constitucional. Cuando tomó el tren de Maguilov a Tsarskoe Selo (su residencia familiar en las afueras de Petrogrado), se encontró, el 1 de marzo, en Málaya Vishera, un pequeño poblado de Nóvgorod, con la desagradable sorpresa de que el ferrocarril estaba tomado por los huelguistas. Se fue al cuartel general de Pskov, donde se puso bajo la protección del general Nikolái Ruzski (1854-1918) y de su Ejército del Norte. El 2 de marzo, Rodzianko informó al general Ruzski que la situación en Petrogrado era tan dramática que sólo la abdicación de Nicolás podría salvar la monarquía. Nicolás accedió a abdicar porque prefería no gobernar que renunciar a la autocracia en favor de la monarquía constitucional. Aleksandr Guchkov y Vasili Shulgin (1878-1976), del Bloque Progresista, fueron a Pskov para formalizar la abdicación del zar. Éste abdicó en nombre propio y en el de su hijo, el zarévich Aleksandr, en su hermano, el gran duque Mijaíl. El príncipe Lvov fue nombrado primer ministro con gran pesar de Rodzianko. El 3 de marzo, el gran duque Mijaíl declaró que sólo aceptaría la corona si se la ofreciera una Asamblea Constitucional. Es irónico que el último acto de un zar ruso fuera ilegal. Según la Ley de Sucesión de 1797, Nicolás II no tenía derecho a abdicar en nombre de su hijo, sino sólo en el propio, lo que cuestionó la legitimad del futuro Gobierno provisional. Con la abdicación del zar, el poder estatal dejó de existir. El 1 de marzo, el Sóviet de Petrogrado aprobó la «Orden n.º 1» alarmado por la oposición de los oficiales a apoyarles. La «Orden n.º 1» rompió la disciplina militar tradicional, autorizando la desobediencia de los soldados a las órdenes de sus oficiales. El resultado inmediato fue la masacre de muchos oficiales de la Flota del Báltico. Los militares estaban decepcionados, toda vez que habían secundado a los políticos en su petición de abdicación del zar, a cambio de la garantía de restaurar el orden necesario para proseguir la guerra. La «Orden n.º 1» aumentó el caos y creó las condiciones para la revolución, porque que el Estado había perdido por su causa el monopolio de la violencia.

11

El Gobierno provisional
y los gobiernos de coalición

«Gobierno provisional» fue el nombre que adoptó el Gobierno central entre la abdicación sucesiva del zar Nicolás II y de su hermano, el gran duque Mijaíl, el 1 y el 2 de marzo de 1917, y el asalto al poder de los bolcheviques el 25 de octubre de 1917. El Gobierno provisional suele identificarse con Aleksandr Kérenski, pero en realidad se trata de una serie de coaliciones gubernamentales muy complejas (véase en los Anexos). Sus ocho meses de existencia no fueron suficientes para construir un nuevo régimen, ganar la guerra y resolver los problemas económicos y sociales acumulados durante décadas.

Los partidos políticos que formaron parte del Gobierno provisional no estaban de acuerdo sobre el futuro modelo de gobierno y de Estado ruso. Cadetes y mencheviques coincidían en que Rusia no estaba preparada para el socialismo, y en que el Gobierno formado después del derrocamiento de la autocracia debería ser «burgués». Pável Miliukov (cadete) abogaba por una monarquía constitucional. Dadas las discrepancias, la decisión sobre la forma del futuro Gobierno de Rusia se pospuso hasta la elección y formación de una Asamblea Constitucional.

EL PRIMER GOBIERNO PROVISIONAL
(3 DE MARZO-5 DE MAYO, 1917)

El primer Gobierno provisional fue tan aclamado que sus miembros habían asumido que serían aceptados eternamente. Sin embargo, se disolvió después de dos meses. Sus ministros eran los políticos más destacados del Bloque Progresista y de las organizaciones públicas creadas al comienzo de la Gran Guerra. Los más prominentes fueron el líder de los cadetes, Pável Miliukov (1859-1943), nombrado ministro de Asuntos Exteriores, y el líder de los octubristas, Aleksandr Guchkov (ministro de la Guerra). El primer ministro y titular de la cartera de Asuntos Interiores fue el príncipe Lvov, que ya había destacado como presidente de la Unión Rusa de *Zemstvo*. Algunos nombramientos fueron sorprendentes, como el de Aleksandr Konoválov (1875-1948), un industrial de Moscú del Bloque Progresista, como ministro de Economía, y el de un magnate del azúcar de Kiev, Mijaíl Teréshchenko (1886-1956), como ministro de Industria y Comercio. Aunque el Partido Socialrevolucionario había declinado formar parte del Gobierno, uno de sus miembros, Aleksandr Kérenski, aceptó el cargo de ministro de Justicia.

El 8 de marzo, el Gobierno provisional hizo público su «Programa de principios y objetivos democráticos», que contemplaba una transformación liberal del país, con garantías de derechos civiles y más autonomía para las minorías nacionales. Su principal promesa era la de poner fin a la hegemonía burocrática sobre la vida política y crear autogobierno en todos los niveles inferiores a las ciudades. Los nuevos órganos iban a asumir los poderes de la policía y la administración, que habían estado durante mucho tiempo identificadas con el poder autocrático. El programa prometía la formación de una Asamblea Constitucional democráticamente elegida, que determinaría la nueva forma del Estado ruso.

El Sóviet de Petrogrado de los Diputados de Obreros y Soldados apoyaba, en teoría, al Gobierno provisional, pero en la práctica erosionaba su poder. El mayor ejemplo de ello fue la «Orden n.º 1», que impuso la autoridad del Sóviet en las unidades del Ejército, creando comités de soldados que controlaban a los oficiales con la idea de «democratizar radicalmente» las Fuerzas Armadas.

Fuera de la capital, en otras ciudades, se repitió la situación de dos poderes paralelos, con Gobierno provisional y Sóviet. La nueva estructura política surgió con una rapidez sorprendente. Los comités de las organizaciones públicas tomaron formalmente el control en la policía y en la administración. Los presidentes del *zemstvo* reemplazaron a los gobernadores zaristas. Simultáneamente, los obreros y los soldados creaban sóviets en las ciudades, mientras los campesinos fundaban sus propias organizaciones, uniones e incluso sóviets de campesinos. Estas organizaciones llenaron el vacío de poder después de la caída del antiguo régimen.

El Gobierno provisional aprobó la independencia de Polonia (ocupada por las potencias centrales) y dio autonomía a Finlandia; liberó a los prisioneros políticos y elaboró una legislación de autogobierno para las minorías nacionales. Se establecieron comités para reformas de todas las esferas de la sociedad –educativa (mayor acceso a las universidades), laboral (jornada de ocho horas), religiosa (secularización de escuelas, liberalización del divorcio, y separación real entre la Iglesia y el Estado). Sin embargo, era mucho más fácil nombrar comités que reformar. En pocas semanas, se demostró que el Gobierno provisional tenía que enfrentarse no sólo con los antiguos problemas del zarismo, sino con otros nuevos, principalmente con la escasez de alimentos y la baja producción industrial. Así que el 25 de marzo actuó como lo habría hecho el régimen zarista en una crisis semejante: estableció el monopolio estatal del grano, reguló su precio y lo declaró de propiedad estatal. Se creó un Ministerio de Suministro de Alimentos para manejar esta situación. La reforma de la distribución de la tierra fue más cuidadosa. Se instituyó el Gran Comité de la Tierra, para «estudiar» el problema a fondo, y se encomendó a los comités locales acopiar la información necesaria sobre las disensiones anteriores.

La caída del primer Gobierno provisional fue provocada por las divisiones internas entre los partidos de izquierda y por la cuestión de la guerra. Mientras el Gobierno asumía sus responsabilidades, no podía tomar ninguna decisión efectiva sin el acuerdo del Sóviet de Petrogrado, que controlaba el ferrocarril, los servicios postales y los de telegrafía. Los sóviets ya habían creado comisiones propias para el suministro de alimentos e iniciaron la publicación del periódico *Izvestia* («Noticias»), para divulgar sus planteamientos.

Los socialrevolucionarios constituían quizás el partido más popular, pero no tenían una organización claramente articulada. Aparte de Kérenski, pocos de sus miembros eran conocidos. Los mencheviques disponían de mejor liderazgo en figuras como Nikolái Chjeidze, presidente del Sóviet de Petrogrado, e Irakli Tsereteli (1881-1959), miembro del mismo. Sin embargo, estaban inmersos en sus propios debates doctrinales, además de estar convencidos de que la Revolución de Febrero había sido burguesa, a pesar de haber sido forzada por los obreros y los soldados. Esta convicción les llevó a consolidar su posición. Los sóviets y los mencheviques cooperaron con el Gobierno provisional.

En principio, incluso los bolcheviques aceptaron esa colaboración. Pero la situación cambió radicalmente cuando Lenin, que había permanecido en Suiza durante la Revolución de Febrero, volvió a Rusia en abril. Estaba desesperado, porque pensaba que los Aliados no le dejarían llegar a Rusia. Sin embargo, los alemanes, que tenían mucho interés en que una revolución en Rusia la obligara a retirarse de la guerra, le dejaron cruzar la frontera de Alemania en un vagón sellado «como la bacteria de una plaga», según dijo Winston Churchill. Lenin fue acompañado por sus más estrechos colaboradores: Grigori Zinóviev (1883-1936), Karl Radek (1885-1939) y Anatoli Lunacharski (1875-1933). El 3 de abril, llegó a la Estación de Finlandia en Petrogrado. Unos días más tarde, y en el periódico *Pravda*, publicó *Las tesis de abril*, donde afirmaba que los socialistas no debían cooperar con el Gobierno provisional. «Pan para el pueblo, tierras para los campesinos y paz para todos los pueblos» y «Todo el poder para los sóviets» son las dos consignas que resumen *Las tesis de abril* y el plan revolucionario de Lenin. Le apoyaban los bolcheviques, que contaban sólo con 26.000 seguidores en abril de 1917. Todos los demás socialistas lo consideraban un loco.

La cuestión de la guerra fue la que aceleró la caída del primer Gobierno provisional. El Sóviet publicó y divulgó el panfleto «Petición a todos los hombres del mundo», en el cual repudiaban los objetivos de la guerra imperial y expansionista, aconsejando sólo una guerra defensiva de Rusia y la resistencia contra el autoritarismo y el imperialismo de Alemania. Sin embargo, el Gobierno provisional no había abandonado los acuerdos secretos del régimen zarista con los Aliados, que prometían a Rusia, a cambio de su participación en la guerra, el dominio de Constantinopla y de los estrechos en el Mediterráneo y en el mar Negro. El 28 de marzo, el Gobierno provisional hizo pública una «Declaración de los objetivos de la guerra», renunciando a las reclamaciones territoriales, pero sin plantearse una retirada para no privar de «fuerza vital» a sus aliados. El ministro de Asuntos Exteriores, Miliukov, aseguró, en una nota emitida el 18 de abril de 1917, que Rusia mantendría su participación en la guerra a cambio de que los Aliados cumplieran sus promesas. La declaración causó una nueva crisis en Petrogrado, con masivas manifestaciones los días 23 y 24 de abril contra la política exterior del Gobierno provisional. Los manifestantes llevaban pancartas que rezaban: «Abajo el Gobierno burgués», «Abajo Miliukov y Guchkov». El Gobierno renunció a usar la fuerza para restaurar el orden. Después de la dimisión de Miliukov y de Guchkov, el Gobierno invitó al Sóviet de Petrogrado a formar parte de un Gobierno de coalición. El Sóviet aceptó y se perjudicó a sí mismo al compartir la responsabilidad de las medidas del Gobierno provisional. Los mayores beneficiarios de ello fueron los bolcheviques.

LA PRIMERA COALICIÓN (5 DE MAYO-2 DE JULIO DE 1917)

La primera coalición contaba con seis ministros de los socialrevolucionarios (véanse los Anexos): Kérenski (Guerra y Marina), Chernov (Agricultura), Tsereteli (Correos y Telégrafos); Skóbelev (Trabajo), Peshejónov (Alimentación), Galpern (secretario del Consejo de Ministros). La guerra continuaba. Seguía sin formarse la Asamblea Constitucional, y Chernov, ministro de Agricultura, no conseguía iniciar reforma alguna por la oposición de los cadetes. Los socialrevolucionarios se desacreditaron gradualmente por dar la impresión de ser unos instrumentos dóciles en manos de los conservadores. Todo esto favoreció enormemente a Lenin y a los bolcheviques. Los comités de fábricas que se formaron en gran número en los centros industriales asumieron la gestión de la producción en la mayoría de ellas. Los campesinos, impacientes, comenzaron a ocupar las tierras de propiedad estatal. Los bolcheviques, que les apoyaban, aumentaron el número de afiliados de 26.000 en abril a 200.000 en agosto de 1917. Además disponían de unos enormes recursos financieros que venían de Alemania. Sus miembros eran muy activos en las fábricas, el Ejército y las provincias. Estaban mucho mejor organizados y disciplinados que cualquier otro partido político y ésa fue una de las claves principales de su éxito en la Revolución de Octubre. En junio de 1917 se editaban 41 periódicos bolcheviques. Lenin comenzó a crear su propia fuerza militar –la Guardia Roja– con obreros de las fábricas de Petrogrado armados de rifles, que en julio ya eran unos 10.000.

La división entre los socialistas era cada vez más evidente. Mártov, que volvió a Rusia en mayo, se pronunció en contra de la guerra y del Gobierno de coalición. La fracción de izquierda de los socialrevolucionarios hizo lo mismo cuando se supo que Kérenski preparaba una nueva ofensiva rusa para el verano. Mientras tanto, en el Congreso del Sóviet Campesino, Lenin alentaba abiertamente a los agricultores a apoderarse de las granjas de los terratenientes.

En el Congreso de Todos los Sóviets Rusos de Obreros y Soldados (3 de junio de 1917) los delegados bolcheviques eran 105, los mencheviques 248 y los socialrevolucionarios 285. El nuevo Comité Central, de 250 diputados, estaba compuesto mayoritariamente por mencheviques y socialrevolucionarios. La «Ofensiva de Kérenski», que había comenzado el 18 de junio en Galitzia, fracasó. Esto propició un primer intento de toma del poder por los bolcheviques durante los llamados «Días de julio» (3-5 de julio de 1917).

El 3 de julio, los obreros y soldados de Kronstadt, conducidos por los bolcheviques, organizaron una marcha hacia al Palacio de Táuride demandando «todo el poder para los sóviets». No funcionó en parte porque el ministro de Justicia, Pável Pereverzev (miembro del partido Trudovniki) poseía documentos de inteligencia que presentaban a Lenin como un agente alemán y financiado por Alemania. Los sóviets pedían la dimisión del ministro, y el Gobierno tuvo que destituirle. A su vez, el primer ministro Lvov dimitió por sentirse incapaz de lidiar con los desórdenes. Después de su dimisión, el 7 de julio Kérenski se convirtió en el nuevo primer ministro. Nikolái Nekrásov (cadete, ministro de Transporte) abandonó también el Gobierno y fundó el Partido Demócrata Radical.

Kérenski, nombró al general Lavr Kornílov (1870-1918) comandante en jefe de todas las Fuerzas Armadas el 18 de julio. El 21 de julio, Kérenski dimitió, y el 25 de julio se estableció la segunda coalición de gobierno, que duró un mes.

LA SEGUNDA COALICIÓN (25 DE JULIO-27 DE AGOSTO DE 1917)

La segunda coalición fracasó por el «Escándalo Kornílov». La tragedia de Kérenski consistió en que, al acallar a la extrema izquierda revelando que Lenin estaba siendo financiado por los alemanes, tuvo que enfrentarse a un intento de golpe contrarrevolucionario desde la derecha, en el cual su propio papel era ambiguo. Él había nombrado al general Kornílov, a pesar de que era conocida su intención de restaurar la pena de muerte en el Ejército, militarizar las fábricas y los ferrocarriles e imponer una dictadura. Kornílov creía que su misión era salvar al Gobierno provisional de los ataques de los sóviets, en lo cual fue rápidamente secundado por parte de la oficialidad, que se conjuró para aplastar a las organizaciones de izquierda. Después de que los alemanes conquistaran Riga, el 21 de agosto, Kornílov ordenó el envío de un cuerpo de caballería a Petrogrado para defender la ciudad, después de haber presentado unos mensajes confusos de Kérenski como apoyo a dicha medida. La marcha de Kornílov a Petrogrado dio un pretexto excelente a los bolcheviques para armarse y reforzar su Guardia Roja, con propósito de defender Petrogrado de Kornílov y acaso también de los alemanes. Todo este episodio perjudicó a Kérenski. La disciplina en el Ejército ya estaba muy mermada por efecto de la «Orden n.º 1»; después del «Escándalo Kornílov», desapareció por completo. Los oficiales fueron asesinados y los soldados campesinos volvieron a sus pueblos. La ocupación de las granjas de los terratenientes se generalizó, y el conato de Kérenski de impedirlo mediante el recurso a los cosacos sólo agudizó el antagonismo entre el Gobierno y los campesinos. Kornílov fue acusado de organizar un motín y se exigió su dimisión. Los ministros cadetes, que lo apoyaban, dimitieron en grupo. El 27 de agosto, Kérenski disolvió la segunda coalición y creó un directorio de cuatro ministerios (Asuntos Exteriores, Guerra, Marina, y Correos y Telégrafos), en el que se adjudicó los cargos de primer ministro y comandante en jefe del Ejército.

EL DIRECTORIO (1-27 DE SEPTIEMBRE DE 1917)

Los obreros y los soldados reafirmaron su apoyo a los sóviets después del intento fallido por parte de Kornílov de restaurar la autocracia. La inflación galopante y las demandas de reformas sociales (reducción de horario laboral y aumento de salarios) dispararon el número de huelgas. En otoño, los comités de las fábricas habían tomado el control de todas ellas. El 31 de agosto, los bolcheviques alcanzaron la mayoría en el Sóviet de Petrogrado; el 5 de septiembre vencieron en el de Moscú. En toda Rusia los centros industriales siguieron el mismo camino. Estas victorias se tradujeron en nuevas exigencias al Gobierno provisional: una nueva iniciativa por la paz y la rehabilitación de los bolcheviques implicados en los «días de julio». Así que el Directorio debió de afrontar la doble tarea de restaurar la disciplina en las Fuerzas Armadas y frenar la creciente popularidad de los sóviets.

Los mencheviques y los socialrevolucionarios forzaron a Kérenski a crear una tercera coalición entre socialistas moderados e independientes burgueses, que también fracasó. En la creciente anarquía, que Lenin describiría como un proceso en el que las masas devinieron más bolcheviques que los propios bolcheviques, fue imposible para Kérenski encontrar un equilibrio de fuerzas para dar estabilidad a un nuevo Gobierno. Para remediarlo, convocó una Conferencia Democrática en

Petrogrado el 14 de septiembre. Los terratenientes estaban excluidos de la misma, pero los grupos socialistas moderados se organizaron para dejar a los bolcheviques en minoría. Éstos abandonaron la conferencia. Aun así, Kérenski no consiguió incluir a los cadetes, que estaban estigmatizados por la izquierda como aliados de Kornílov. Pese a ello, Kérenski formó la tercera coalición con cuatro ministros de los cadetes y él mismo como primer ministro y comandante en jefe supremo. El resto de los ministerios se repartió entre los mencheviques y el partido Trudovniki (véase los Anexos).

LA TERCERA COALICIÓN
(17 DE SEPTIEMBRE-25 DE OCTUBRE DE 2017)

La tercera coalición creó un pre-Parlamento como órgano consultivo antes de convocar una Asamblea Constitucional. Los miembros de dicho órgano, que se reunieron por primera vez el 7 de octubre en el Teatro Mariinski, eran delgados de la Conferencia Democrática, pero también había un buen número de terratenientes y de cadetes. Una vez más, los bolcheviques se retiraron. El Gobierno provisional fijó la fecha del 17 de septiembre para las elecciones de la tan esperada Asamblea Constitucional. Unos días más tarde, la fecha fue retrasada al 12 de noviembre, para evitar que las elecciones coincidieran con el segundo Congreso de los Sóviets de toda Rusia. El cambio de fecha fue un error que facilitó a los bolcheviques tomar el poder. El sociólogo alemán Max Weber escribió en abril de 1917, pensando en Rusia: «Hasta ahora no ha ocurrido una revolución, sino sólo la eliminación de un monarca incapaz». La revolución estaba todavía por venir.

12

Octubre de 1917:
la toma del poder por los bolcheviques

«Menos palabras y más acción», exclamó Lenin desde su escondite en Finlandia en septiembre de 1917, incitando a su partido a tomar el poder inmediatamente. El Gobierno provisional de Aleksandr Kérenski fue derrocado el 25 de octubre de 1917, por ser incapaz de satisfacer las demandas de reformas sociales y económicas y poner fin a la participación de Rusia en la Gran Guerra.

Entre febrero y octubre de 1917 hubo 1.019 huelgas (iniciadas, como de costumbre, por los obreros textiles y metalúrgicos y reforzadas por los tipógrafos) en las que participaron 2.441.850 personas. Las huelgas frecuentemente derivaban en enfrentamientos muy violentos entre la policía y los huelguistas, lo que aceleró la quiebra del orden y la ley. Se convirtieron en la «forma de política participativa» de los obreros y, a la larga, en el requisito previo de cualquier tipo de movilización. La animosidad de los obreros contra el Gobierno aumentó el poder de los sóviets. Paradójicamente, éstos transformaron los impulsos democráticos y las instituciones obreras (comités de fábricas, sindicatos, cooperativas) en sus instrumentos de movilización, de jerarquía y de dominio.

La Revolución de Febrero y el Gobierno provisional habían desilusionado a muchos, pero sobre todo a los bolcheviques, que habían esperado ver surgir de ella la dictadura del proletariado. Lenin, como lo había expresado en *Las tesis de abril*, siempre estuvo en contra del Gobierno provisional y siempre aspiró a derrocarlo. La cuestión era cuándo sería el mejor momento. Desde comienzos de septiembre de 1917, Lenin consideraba que éste había llegado ya. También temía que el momento favorable pudiera pasar rápidamente, por la impaciencia de los obreros, que les llevaría a la apatía y a la pérdida de fe en los bolcheviques, o por la posibilidad de otra intentona contrarrevolucionaria de la derecha al estilo de la de Kornílov. Sin embargo, a sus camaradas del Comité Central de los sóviets instalado en el Instituto Smolni de Petrogrado, las ideas de Lenin les parecían temerarias. El Comité Central celebró varios debates sobre la «situación revolucionaria». Lenin recuperó el eslogan «Todo el poder para los sóviets», abandonado desde los «días de julio». La mayoría pensaba que había que esperar el segundo Congreso de los Sóviets, cuyo comienzo estaba previsto que fuera el 20 de octubre, para decidir el momento de la revolución. Otro de los obstáculos era el dogma marxista de las condiciones maduras para la revolución, según el cual Rusia, en su actual nivel de desarrollo, no estaba preparada, y una iniciativa de revolución proletaria, al ser prematura, podría resultar desastrosa. La respuesta de Lenin fue apasionada y basada en las últimas ideas de Marx: el fervor revolucionario ruso se expandiría por toda Europa, comenzando por Alemania. La conquista del poder por los bolcheviques en Rusia sería el catalizador de una Europa socialista, en la cual la Revolución rusa perfectamente podría sobrevivir.

El 10 de octubre, Lenin propuso a los doce miembros del Comité Central la toma inmediata del poder. La mayor oposición venía de Grigori Zinóviev y de Lev Kámenev (1883-1936), que mantenían que la insurrección sería aplastada, o que, incluso, si fuera exitosa en Rusia, no veían indicios de una posible extensión al resto de Europa. Después de muchas horas de discusión, los otros diez miembros del Comité Central votaron a favor de la idea de Lenin. Su mayor aliado fue Trotski, aunque sus planteamientos no eran idénticos. Trotski quería posponer la insurrección a los días del Congreso de los sóviets, para que no pareciera un golpe de Estado, sino el fruto de una decisión tomada por los sóviets. Lenin quería que la Guardia Roja atacara ya, temiendo que el Congreso fuera dominado por los mencheviques y los socialrevolucionarios. El plan de Trotski prevaleció.

Una de las claves del éxito de la Revolución de Octubre fue la creación de un Comité Militar Revolucionario por el Sóviet de Petrogrado (9 de octubre), con el objetivo de supervisar la defensa de la capital en el caso de que el Gobierno desease abandonar la ciudad a manos de los alemanes. El Comité Militar Revolucionario, formado por bolcheviques y controlado por Trotski (en su condición de presidente de los sóviets) fue un instrumento excelente para el golpe de Estado. El 21 de octubre, los comités reglamentarios del cuartel general de Petrogrado aceptaron al Comité Militar Revolucionario como autoridad suprema. Miles de rifles fueron distribuidos a la Guardia Roja.

Kérenski no reaccionó hasta el 24 de octubre por la mañana: ordenó la clausura de dos periódicos bolcheviques y que el buque de guerra *Aurora*, peligrosamente cercano al Palacio de Invierno, se alejase de la costa. El segundo Congreso de los Sóviets iba a reunirse el día siguiente, 25 de octubre. Trotski concluyó que era el momento de empezar las hostilidades. Reabrió los periódicos clausurados y dio la contraorden al *Aurora*. Por la tarde, Kérenski se dirigió al pre-Parlamento con la esperanza de ganar su apoyo, pero descubrió que había perdido el sostén de los mencheviques y los socialrevolucionarios. Entonces, Trotski dio la orden de atacar. Durante la noche del 24 al 25 de octubre, la Guardia Roja y los soldados se apoderaron de las posiciones clave –estaciones de ferrocarril, telecomunicaciones, oficinas postales, bancos nacionales y el Palacio de Táuride. Kérenski escapó el 25 de octubre en un coche, mientras el resto del Gobierno se desplazó al Palacio de Invierno. La Guardia Roja los dispersó, y Lenin y Trotski anunciaron al Sóviet de Petrogrado que iba a formarse el Gobierno de los sóviets. El Palacio de Invierno, bombardeado por el *Aurora*, fue tomado al asalto por los marinos de Kronstadt, y los ministros fueron arrestados.

Mientras tanto, el segundo Congreso de los Sóviets de Rusia había comenzado en Smolni. Era muy diferente al anterior. Esta vez los bolcheviques tenían la mayoría. Contaban con 390 diputados (de un total de 650), los mencheviques con 80 y los socialrevolucionarios con 180. Era obvio que Lenin iba a conseguir todo lo que quisiera. Los mencheviques y los socialrevolucionarios exigían que se formara una coalición de izquierda. Al ver que sus propuestas no prosperaban, abandonaron al Congreso. «¡Sois gentes aisladas y tristes!», gritaba Trotski, mientras abandonaban la sala. «¡Habéis fracasado; vuestro papel ha terminado! ¡Id a donde pertenecéis: al basurero de la historia!» Había llegado la noticia de la toma del Palacio de Invierno, y el Congreso proclamó que, a partir de ese momento, los sóviets asumían el poder en toda Rusia.

El día siguiente, 26 de octubre, Lenin afirmó: «Ahora debemos proceder a construir un orden socialista». Ese mismo día, firmó dos decretos: El Decreto sobre la Paz (fin de la diplomacia secreta y salida de Rusia de la Gran Guerra: «paz democrática» incondicional, sin anexiones, sin indemnizaciones y con derecho de autodeterminación para todos los pueblos del imperio). El segundo, el Decreto sobre la Tierra, sirvió de marco legal para la confiscación de granjas sin compensación a sus propietarios (Iglesia y terratenientes), argumentando que la tierra pertenecía «a todo el pueblo», y que por ello no podía ser vendida, comprada, alquilada o amortizada. Todos los campesinos se apropiarían de tanta tierra como pudieran trabajar sin contratar a otras personas. El Decreto sobre la Tierra plasmaba el plan de los socialrevolucionarios, que contenía 242 «instrucciones» formuladas por los propios delegados campesinos en el verano de 1917. Se eligió un Gobierno formado por el Consejo de presidentes de los diferentes departamentos. Trotski había propuesto evitar el uso de la palabra «ministros» (por sonar demasiado burgués) y en su lugar emplear el término «comisarios». «El Consejo de los Comisarios del Pueblo, Sovnarkom, huele terriblemente a revolución», dijo Lenin. El nuevo Gobierno no era de coalición, sino enteramente bolchevique, con Lenin como presidente, Trotski como comisario de Asuntos Exteriores y Stalin como comisario para los Asuntos de las Nacionalidades. El Congreso concluyó sus sesiones el 27 de octubre a las cinco de la mañana.

Kérenski intentó reunir tropas del Ejército para aplastar a los revolucionarios, pero descubrió que los generales habían perdido la confianza en él. El comandante del frente del norte, general Vladímir Cheremisov (1871-?) ordenó a sus tropas avanzar hacia Petrogrado. El general Piotr Krasnov (1869-1947) le ofreció la ayuda de 700 cosacos. El 28 de octubre, los cadetes iniciaron una insurrección que los bolcheviques aplastaron rápidamente. Durante la noche del 30 de octubre, la Guardia Roja –los «rojos»– detuvo el ataque de los cosacos en Púlkovo, ya en las afueras de Petrogrado. Unos días más tarde, las fuerzas de Cheremisov se pasaron a los bolcheviques, y Kérenski huyó de Rusia. La batalla por Moscú duró hasta el 2 de noviembre, cuando los bolcheviques tomaron el Kremlin. Para entonces, las mayores ciudades del país habían reconocido la autoridad de los sóviets.

13

La consolidación del poder bolchevique

La conquista del poder entre el 24 y 25 de octubre fue un éxito extraordinario, pero obviamente no era el final de la revolución. El nuevo régimen se enfrentaba a todos los problemas del antiguo régimen, a otros nuevos (la anarquía y destrucción de los inmuebles urbanos, que ellos mismos habían fomentado y les había posibilitado tomar el poder; la demanda por el sindicato del Ferrocarril de un gobierno de coalición de izquierda; las dudas de algunos miembros del Comité Central, entre ellos de Lev Kámenev, respecto a la viabilidad de un Gobierno bolchevique), y a dos cuestiones inéditas: cómo extender y consolidar el poder de los sóviets y cómo construir el primer Estado socialista del mundo. Lenin lo resumió de manera muy sencilla en 1917: «La cuestión clave en cualquier revolución es la cuestión del poder en el Estado». Para consolidar su poder, los bolcheviques crearon nuevas instituciones, usaron la propaganda y el terror como instrumentos políticos y se enfrentaron en la Guerra Civil y el comunismo de guerra (1918-1921) a los que se resistían a su poder (los partidos de izquierda, los campesinos y los conservadores).

LAS NUEVAS INSTITUCIONES

Rusia carecía de un orden después del golpe de Estado bolchevique. El problema no era meramente administrativo, sino también político. Los bolcheviques discutían sobre el proyecto de la transformación revolucionaria del zarismo. Había muchos desacuerdos, pero también consenso sobre cuestiones básicas. Estaban convencidos de que los elementos fundamentales del nuevo orden político que consolidaría su poder serían la dictadura del proletariado, la propiedad estatal y la economía planificada, la unión de toda la sociedad alrededor de un partido y la divulgación de las ideas marxistas.

La administración bolchevique se basaba en dos principios: la organización centralizada y la unidad ideológica. La primera consecuencia de ello fue la identificación de la estructura del partido con la estructura del Gobierno. Los sóviets se convirtieron en los principales órganos de la administración, controlados por el Partido Bolchevique (que cambio de nombre, en 1919, a Partido Comunista de Rusia). La Constitución aprobada a comienzos de 1918 fue el marco legal para la creación sistemática de nuevas instituciones de acuerdo con los principios definidos por la autoridad central, el Partido.

Entre las instituciones, por su importancia y repercusión política y social, destacaban el Sovnarkom (el Consejo de Comisarios del Pueblo), el Consejo de Defensa; la Gosplan (Comisión General Estatal de Planificación); la Vesenka (Consejo Supremo de Economía Nacional), la Vecheka (popularmente llamada «Cheka», el Servicio de Seguridad), el Ejército y la Armada Roja. Todas ellas cimentaron la más original y devastadora innovación bolchevique, el Estado soviético.

El Sovnarkom fue establecido el 26 de octubre, por la noche, con el objetivo de instaurar «el orden genuinamente revolucionario». Tenía quince miembros, con Lenin como presidente. Sin embargo, durante los primeros meses de la Revolución, no fue el Sovnarkom, sino el Comité Militar Revolucionario, el encargado de garantizar la supervivencia del nuevo orden. Por ello, muchos bolcheviques lo consideraban el «primer Gobierno proletario». En realidad el Sovnarkom fue sólo uno de los centros del nuevo poder revolucionario. El Comité Central del Partido Bolchevique, el Comité Central Ejecutivo de los sóviets y el Comité Militar Revolucionario eran los más importantes. Todos estos órganos estaban ubicados en el edificio del Instituto Smolni en Petrogrado (antes de mudarse al Kremlin en Moscú). Las figuras políticas más prominentes del Sovnarkom eran a la vez miembros importantes de otros organismos clave, así que sus funciones se superponían unas a otras. Hasta finales de 1917, el Sovnarkom se reunía diariamente, pero como el trabajo era enorme, aceptó la asistencia por delegación. Así se creó el «Pequeño Sovnarkom» (más tarde llamado «Comisión del Sovnarkom»), que se convirtió en el principal órgano de toma de decisiones del Estado.

El Partido Socialdemócrata siempre había sido un partido jerárquico. La lucha por el liderazgo se reflejaba en la lista de los miembros y los candidatos a miembros de su Comité Central. Éste fue el órgano clave en el VI (1917) y VII (1918) Congreso del partido. En el octavo Congreso (1919), el Politburó se convirtió en el órgano supremo.

La Gosplan (Comisión General Estatal de Planificación) fue establecida el 22 de febrero de 1921 para definir las prioridades del desarrollo económico del país, coordinar y reconciliar los planes de diversas agencias estatales (la Comisión de electrificación, por ejemplo) con un plan anual económico y los instrumentos y modos de realizarlo). La Vesenka (Consejo Supremo de Economía Nacional) fue establecida el 14 de diciembre de 1917. Su objetivo era regular la economía nacional y las finanzas estatales, uniformizar los comités de las diferentes industrias y coordinar y unificar las actividades económicas regionales y locales con las centrales.

Los órganos bolcheviques marginaron gradualmente a los sóviets en cuyo nombre llevaron a cabo la revolución y eliminaron todos los órganos corporativos y organizaciones sociales. Las instituciones clave en 1917 –comités de fábricas, sindicatos, asociaciones profesionales– se subordinaron una tras otra a la nueva burocracia soviética.

EL TERROR COMO INSTRUMENTO POLÍTICO

La Vecheka (Servicio de Seguridad, la Cheka) fue creada para combatir la contrarrevolución y el sabotaje, en virtud de la Resolución n.º 7 de 20 de diciembre de 1917, por el Sovnarkom, seis semanas después del golpe de Estado. Su predecesora zarista –la Ojrana, creada en 1866– había sido disuelta después de la Revolución de Febrero. El primer jefe de la Cheka fue un polaco, Félix Dzerdzhinski (1877-1926).

El principal propósito de Lenin antes de la revolución era reemplazar las instituciones gubernamentales –Ejército, policía regular y burocracia– por milicias populares compuestas por obreros y campesinos. Pero durante sus primeros años de poder, no sólo restauró las tres, sino que incrementó sus competencias y el poder de la policía secreta. Su intento de imponer el gobierno de un solo partido bajo el eslogan «dictadura del proletariado» se encontró con la resistencia de la oposición de burgueses, militares, de la mayor parte de la *intelligentsia* e incluso de una parte decepcionada del proletariado campesino. Así que a Lenin no le quedó otra opción que recurrir a los profesionales, a un Ejército centralizado y disciplinado y a una burocracia y policía regulares. La policía política era imprescindible para aplastar la resistencia interna y desatar el terror masivo necesario para la supervivencia y consolidación del régimen soviético. El *Pravda* de 22 de noviembre 1917 publicó una declaración de Lenin: «El Estado es un instrumento de coacción. [...] Nosotros deseamos transformar el Estado en una institución para forzar la voluntad del pueblo. Queremos organizar la violencia en nombre de los intereses de los obreros». Dzerdzhinski lo repitió a su modo el 9 de junio de 1918: «Estamos de acuerdo con el terror organizado [...]. El terror es absolutamente indispensable en las actuales condiciones revolucionarias. Nosotros aterrorizaremos a los enemigos del gobierno de los sóviets para extinguir el crimen en su misma cuna. El terror es una forma de disuasión». A finales de febrero de 1918, Lenin proclamó el estado de emergencia porque «la patria socialista está en peligro». A la Cheka se le atribuyó la competencia de sentenciar y ejecutar una justicia sumaria. En marzo de 1918, la Cheka estableció su cuartel general en Moscú, junto al Kremlin, en la Lubianka (un edificio neobarroco construido en 1897 para la Compañía Aseguradora de Rusia). A lo largo de 1918, la Cheka creó una red de chekas locales en los niveles provincial y de distrito. La primera conferencia de la Cheka se reunió en junio de 1918.

El terror comenzó la noche entre el 16 y 17 de julio de 1918, cuando el zar Nicolás II y su familia fueron asesinados sin ningún juicio previo por la Cheka local en el sótano de una casa confiscada a Nikolái Ipátiev en Ekaterimburgo. El terror masivo estalló tras el asesinato del jefe de la Cheka de Petrogrado, Moiséi Uritski (1873-1918) en el verano de 1918 y el atentado de Fanni Kaplán contra Lenin del 30 de agosto. El 5 de septiembre, el Sovnarkom emitió el Decreto del Terror Rojo, que autorizaba a la Cheka a aislar a los enemigos de clase en campos de trabajos forzados y asesinar a las personas involucradas en organizaciones contrarrevolucionarias. Los chekistas lo entendieron literalmente. Como afirmó Martin Latsis (1888-1938), jefe de la Cheka de Letonia: «Los prisioneros de la Cheka, no deberían ser juzgados por sus acciones, sino de acuerdo con sus orígenes sociales. Nosotros no estamos librando la guerra contra unas personas individuales. Queremos exterminar la burguesía como clase». Con el decreto de 15 de abril de 1919 se reguló el uso por los bolcheviques de los antiguos campos de concentración zaristas.

El Comité Central del Partido Bolchevique explicó en *Izvestia* el 8 de febrero de 1919 que la Cheka había sido fundada y trabajaba como un órgano directo del partido, bajo su dirección y su supervisión. Desde la creación del Politburó, uno de sus miembros (primero Nikolái Bujarin, y luego Iósif Stalin), lo era también «por oficio» del Colegium de la Cheka. Lenin fue su jefe supremo en su calidad dual de líder del Partido y presidente del Sovnarkom. La Cheka recogió la larga experiencia de la policía política zarista, pero difiriendo cualitativa y cuantitativamente de su predecesora, la Ojrana. Durante los últimos quince años del zarismo fueron ejecutadas 14.000 personas (la mayoría por haber participado en atentados después de 1905). En cualquier caso, la Ojrana estaba subordinada al Ministerio del Interior, tenía muy pocos poderes extrajudiciales, y no estaba autorizada a ejecutar. En cambio, la Cheka fue responsable de unas 140.000 ejecuciones y posiblemente de otras tantas muertes en la represión de focos insurreccionales. Ambas organizaciones estuvieron compuestas por profesionales de la infiltración: la Ojrana penetró y neutralizó a los partidos revolucionarios, que no tuvieron ningún papel en la Revolución de Febrero. La Cheka contribuyó decisivamente a la supervivencia del régimen soviético. Como dijo el propio Lenin, «la definición científica de la dictadura del proletariado no significa nada más que el poder sin límites, basado en la fuerza y no restringido por ninguna ley».

LOS PRIMEROS ENFRENTAMIENTOS CON
LOS PARTIDOS DE IZQUIERDA

Los socialrevolucionarios creían que los bolcheviques debían compartir su poder, por lo que propusieron una coalición de las fuerzas de izquierda. Celebraron el Congreso de Campesinos el 10 de noviembre, en el cual se materializó la ruptura del partido por el apoyo de su fracción izquierda a los bolcheviques. Lenin lo aprovechó para incluirlos en su Gobierno. Tres de ellos se convirtieron en comisarios del Sovnarkom y 108 campesinos, 100 representantes del Ejército y la Armada y 50 de los sindicatos formaron parte de su Comité Ejecutivo. Este aparente «gobierno de izquierdas» no mermó el predominio de los bolcheviques, pero los sindicatos del ferrocarril y muchos socialrevolucionarios se dieron por satisfechos y se comprometieron a obedecer las órdenes de Lenin.

Otro conflicto entre los partidos de izquierda se produjo a causa de la formación de la Asamblea Constituyente que había prometido el

Gobierno provisional y que Lenin quería evitar. Las elecciones para la Asamblea se celebraron entre el 14 y el 27 de noviembre de 1917. Los bolcheviques obtuvieron sólo 175 de los 707 escaños (nueve millones de votos); la facción izquierda de los socialrevolucionarios consiguió 40 escaños, los cadetes y mencheviques aún menos (véase los Anexos). La facción derecha de los socialrevolucionarios ganó las elecciones con 21 millones de votos (370 escaños). Para Lenin estaba claro que la Asamblea Constituyente era una amenaza para el poder bolchevique y que no debería permitir su supervivencia.

En la primera reunión de la Asamblea Constituyente (Palacio de Táuride, 5 de enero de 1918), Yákov Sverdlov (1885-1919) leyó una decisión del Comité Ejecutivo Central del Partido Bolchevique, según la cual la Asamblea debía subordinarse al Congreso de los sóviets y a los decretos del Sovnarkom. Cuando la decisión fue rechazada por 237 votos (en contra de 138), los bolcheviques y los socialrevolucionarios de izquierda se retiraron. El debate continuó hasta las cuatro de la mañana, cuando el comandante de la guardia anunció que la sesión se cerraba, porque «los guardias estaban cansados». Un día después, Lenin disolvió la Asamblea alegando que «los socialrevolucionarios de izquierda no estaban adecuadamente representados». Unos días después, el tercer Congreso de los Sóviets de Rusia, de mayoría bolchevique, aprobó formalmente la decisión de Lenin.

La ruptura definitiva entre los socialrevolucionarios y los bolcheviques se produjo por otras dos cuestiones: los planes de Lenin de colectivización y política industrial, y la «paz obscena» entre Alemania y Rusia (Tratado de Brest-Litovsk, de 3 de marzo de 1918).

COLECTIVIZACIÓN Y POLÍTICA INDUSTRIAL

La firma del Decreto sobre la Tierra (26 de octubre, 1917) por Lenin, que se atenía al plan de los sociarevolucionarios de repartir la tierra gratuitamente a los campesinos y convertirla en propiedad privada, no significaba que hubiera renunciado a la colectivización. Además, un grupo bolchevique, encabezado por Nikolái Bujarin (1888-1938), Karl Radek e Iván Smirnov (1881-1936), sostenía que el reparto de la tierra, según el decreto, equivalía a la privatización, lo que crearía campesinos ricos, un obstáculo para construir una sociedad socialista. En febrero de 1918 se propuso la Ley de Socialización de la Tierra, cuyo objetivo era conciliar la existencia de las granjas privadas con un «sistema colectivo de agricultura, por ser más económico y por servir como transición a la economía socialista». En 1918 fueron establecidas 3.100 granjas colectivas; en 1920, otras 4.400.

La difícil situación de la industria impuso a Lenin una serie de compromisos. Los bolcheviques no veían ninguna incompatibilidad entre la nacionalización de las empresas y el control de los obreros. Los comités de fábricas podrían hacerse cargo de la administración de la producción, todo dentro de un marco general presidido por el Comité Ejecutivo Central de los sóviets. El problema era que los obreros, como los campesinos, estaban mucho más interesados en convertirse en sus propios patronos y propietarios. El conflicto de intereses produjo anarquía en las fábricas. Antes de la revolución, los bolcheviques fomentaban ese comportamiento para erosionar el poder del Gobierno provisional. Sin embargo, una vez en el poder, Lenin necesitaba que los obreros se sometiesen a las necesidades del capitalismo de Estado, lo que era condición necesaria para la supervivencia del régimen bolchevique. La incompetencia de los comités de fábricas que controlaban la producción obligó a Lenin a nombrar directores, por lo general administradores o especialistas técnicos de la época zarista.

La colectivización y la política industrial de Lenin fueron anatema para los socialrevolucionarios. Los campesinos se quedaban de nuevo sin tierra y el recurso a los especialistas no comunistas menguaba el control obrero. Los socialrevolucionarios de izquierda predijeron que el establecimiento del capitalismo estatal llevaría al desarrollo de una administración ultracentralizada, en la que el poder de la nomenclatura sustituiría al de los obreros.

EL TRATADO DE BREST-LITOVSK

«Conseguir un armisticio ahora significa conquistar el mundo», afirmó Lenin en octubre de 1917. Después de tomar el poder, los bolcheviques ordenaron el alto el fuego y la desmovilización del Ejército, confiando en que el final de la guerra estuviese cerca. En los meses siguientes, delegados alemanes y rusos se reunieron en la fortaleza de Brest-Litovsk, justo detrás de las líneas alemanas. Los negociadores por parte de las Potencias Centrales eran el general Hoffmann y el ministro de Asuntos Exteriores alemán, barón Von Kühlmann. La delegación bolchevique estuvo encabezada primero por Adolf Joffe, y luego, a partir de 22 de diciembre, por Trotski.

Las dos principales expectativas de los bolcheviques respecto a la Gran Guerra se revelaron incompatibles: llegar rápidamente al acuerdo de paz que habían prometido, y ganar tiempo para que estallara una revolución socialista en Europa (en lo que basaban su esperanza de supervivencia).

Inicialmente, pensaban conseguir un acuerdo sin anexiones por parte de Alemania, ofreciendo la independencia a Finlandia, países bálticos, Polonia y Ucrania (aunque su propósito secreto era establecer allí repúblicas soviéticas). A finales de 1917, las Potencias Centrales anunciaron que proseguirían guerreando aunque los rusos se retirasen. Rechazaron la idea de abandonar los territorios que ya habían ocupado (Polonia, Lituania y parte de Ucrania, en la que los austriacos tenían un interés especial por ser una región de altísima producción de trigo). Trotski volvió a San Petersburgo el 7 de enero de 1918 y se encontró con que Lenin le ordenaba aceptar las condiciones alemanas. Todos los demás miembros del Comité Central rechazaban el acuerdo por ser humillante para Rusia, y estaban a favor de renovar las hostilidades. El 17 de enero de 1918, Trotski volvió a Brest-Litovsk para negociar la opción «ni guerra ni paz»: Rusia se retiraría de la guerra, pero sin firmar la paz con Alemania. En un primer momento, la propuesta confundió al general Hoffmann. Pero luego, Alemania siguió ocupando territorios. Tanto Trotski como los alemanes sabían que Rusia no era capaz de defenderse. Las Potencias Centrales tomaron Dorpat, Pskov, Revel (el Tallin actual); el 1 de marzo estaban en Gómel; el 2, sus bombas caían sobre Petrogrado. El 3 de marzo de 1918 los rusos firmaron el Tratado de Brest-Litovsk, a pesar de que la mayoría de los bolcheviques –Nikolái Bujarin, Félix Dzerzhinski, Adolf Joffe, Aleksandra Kolontái, Nikolái Krestinski, Nikolái Osinski, Yevgueni Preobrazhenski, Karl Radek– habían estado en contra. Lenin les había convencido con sus palabras: «No se bromea con la guerra; los alemanes lo van a tomar todo. El juego es tal que la quiebra de la revolución será inevitable si persistimos en esa política. [...] Si no firmáis las condiciones, firmaréis la muerte del poder soviético antes de tres semanas. Esas condiciones no afectan el poder de los sóviets. Ya no quiero más frases revolucionarias. La revolución alemana no está madura. Tardará meses. Hay que aceptar las condiciones». Después de varias votaciones, se aceptó su argumentación. Esto le dio una autoridad definitiva en el partido. La paz se entendió como un medio para reconstruir las fuerzas, una tregua entre las guerras. Brest-Litovsk demostró que para Lenin la prioridad era conservar el poder bolchevique y no la integridad territorial de Rusia. El tratado garantizaba la retirada de todas las tropas rusas de Lituania, Estonia, Finlandia y Ucrania. Rusia había perdido la mayor parte de sus regiones occidentales (750.000 kilómetros cuadrados), el 34 % de su población, el 32 % de su tierra de cultivo y el 54 % de su industria.

El 10 de marzo Lenin desplazó la capital de Petrogrado a Moscú, donde, en el cuarto Congreso de los Sóviets Rusos reunido en el Kremlin, la paz fue ratificada por 784 votos a favor y 261 en contra.

14

La Guerra Civil (1918-1921)

El tema de la guerra civil había sido recurrente en las declaraciones de Lenin y Trotski antes de la Revolución de Octubre, porque creían que sería una fase necesaria en la lucha de clases. Cuando hablaban de los derechos vulnerados de los obreros, los líderes bolcheviques acusaban a los burgueses de haber comenzado una guerra civil. Incluso después de octubre de 1917, usaban la lucha de clases y la guerra civil como términos intercambiables, definiendo la expropiación de fábricas y granjas como una parte del mismo gran proceso que incluía el aplastamiento militar de la contrarrevolución.

Pero después de los primeros conflictos entre los opositores al régimen bolchevique y el Ejército Rojo, los miembros del Comité Central comenzaron a usar el término «guerra civil» de manera más convencional, para referirse a unos enfrentamientos entre ejércitos. La creación del Ejército Rojo de Obreros y Campesinos, que comenzó en febrero de 1918, tenía una doble función: luchar contra los enemigos internos (que eran muchos) y ser enviado en un futuro próximo a Berlín para provocar la insurrección de la clase obrera alemana.

Entre 1918 y 1921, el Ejército Rojo derrotó a una serie de adversarios: al Ejército Blanco (desde la Revolución francesa, todos los ejércitos contrarrevolucionarios se llaman «blancos»), formado por antibolcheviques patriotas y prozaristas; a los liberales y los socialrevolucionarios; a los campesinos y los anarquistas urbanos; a los movimientos de las minorías nacionales; a las fuerzas intervencionistas de Francia, Gran Bretaña, Estados Unidos y Japón. Entre febrero de 1919 y marzo de 1921 se enredó en una guerra con Polonia a causa de las tentativas expansionistas de ambos gobiernos (Polonia quería recuperar los territorios que perdió a finales del siglo XVIII y Rusia quería reconquistar las zonas que pertenecieron al Imperio ruso antes de la Primera Guerra Mundial) y por el propósito del Ejército Rojo de invadir Alemania, a través de Polonia.

La Guerra Civil rusa tuvo dos partes y cada una de ellas, dos fases. La primera parte de la guerra (noviembre de 1917-noviembre de 1918) estuvo marcada por la «contrarrevolución democrática» de las fuerzas de izquierda. La segunda comenzó en 1919 con la sublevación del almirante Aleksandr Kolchak (1874-1920), antiguo comandante en jefe de la Flota del Báltico, y continuó con los combates entre «rojos» y «blancos» hasta finales de 1920.

PRIMERA PARTE DE LA GUERRA CIVIL

La primera fase (noviembre de 1917-abril de 1918) se caracterizó por la lucha de las fuerzas procomunistas contra todos los que intentaban impedir su expansión, y terminó con la imposición del poder bolchevique en la mayor parte del antiguo Imperio. Se la llamó «contrarrevolución democrática», «marcha triunfante del poder soviético» o «guerra del ferrocarril» (por haber consistido fundamentalmente en escaramuzas a lo largo de las vías férreas). La mayor dificultad residió en someter a los cosacos del Don y de Ucrania, regiones donde el poder soviético fue combatido por razones políticas o étnicas. Los rojos, liderados por el general Vladímir Antónov-Ovséyenko (1883-1936), derrotaron a los cosacos liderados por el general Alekséi Kaledín (1861-1918). La temprana Guerra Civil culminó con la ocupación del Don y de Kiev por el Ejército Rojo.

En la segunda fase (mayo-noviembre de 1918), los rojos lucharon contra la Legión checa, el Ejército Popular (creado por los socialrevolucionarios), el Ejército de Voluntarios (creado por los blancos) y fuerzas de los Aliados. Comenzó con la insurrección de la Legión checa en mayo de 1918. Estaba compuesta por 40.000 hombres reclutados por el zar para luchar en la Gran Guerra. Los bolcheviques los habían enviado a campos de trabajo, pero, gracias a las negociaciones de Tomás Masarik (primer presidente de Checoslovaquia), fueron liberados para que se unieran a las tropas aliadas en Francia. En mayo, durante su viaje a través de Siberia, atacaron a los bolcheviques locales y se hicieron enseguida con el control del ferrocarril transiberiano, de los Urales a Vladivostok. El 8 de junio, se unieron al Ejército Popular en Samara, donde los socialrevolucionarios habían establecido un Gobierno provisional, el Komuch (Comité de Miembros de la Asamblea Constituyente). En Manchuria obtuvieron el apoyo del general Horvat, administrador del ferrocarril chino. En julio, los checos tomaron Simbirsk y avanzaron hacia Ekaterimburgo. En agosto, el Partido Socialrevolucionario trasladó la sede de su Gobierno a Ufa y, tras la conquista de Kazán, se hizo con las reservas imperiales de oro. En octubre de 1918, los rojos iniciaron la conquista de estos territorios.

Los nacionalistas blancos de Finlandia, dirigidos por el general Carl Gustav Mannerheim, derrotaron a los bolcheviques locales. También los estonios resistían a los sóviets. En el norte, en abril de 1918, las fuerzas de los Aliados entraron en Murmansk para protegerlo de los alemanes (aunque estaban más motivados por la guerra mundial, que por el antibolchevismo). Parecía que el Kremlin estaba cercado por sus enemigos.

En el verano de 1918, la amenaza inminente venía desde el sur y el este de Moscú, donde estaban los tártaros. El Ejército de Voluntarios acaudillado por Antón Denikin (1872-1942), ex general del zar, cercó Tsaritsin (actual Volgograd) y casi consiguió cortar el suministro de alimentos a Moscú desde el Cáucaso norte cuando se unió a las fuerzas de la Legión checa y al Ejército Popular, que controlaban Kazán.

Los éxitos contrarrevolucionarios fueron interrumpidos por una decidida acción de Trotski. Después de que Lenin lo nombrara comisario de Asuntos Militares y líder del Consejo Militar Supremo (marzo de 1918), Trotski se dirigió al Volga en su tren blindado, inauguró un nuevo espíritu de lucha usando escuadrones de ejecución y, a finales de septiembre, recuperó Kazán y Simbirsk así como Samara y Ufa.

En la primera parte de la guerra, los cosacos y el Ejército de Voluntarios amenazaban mucho más a los poderes regionales que al poder soviético central. El frente del Volga abierto por los checos y los socialrevolucionarios representaba el mayor desafío. Sin embargo, no tuvieron éxito. Su fracaso se debió a la falta de apoyo popular y de dirigentes con una visión política además de una táctica militar.

La primera parte de la Guerra Civil aceleró la formación del Ejército Rojo. Estaba claro que la Guardia Roja y el Regimiento de fusileros letones que se unió a los bolcheviques no eran suficientes para enfrentarse a los contrarrevolucionarios. En mayo de 1918, un llamamiento para reclutar voluntarios tuvo escasa respuesta. El número de soldados aumentó gradualmente: en abril de 1919, el Ejército Rojo contaba con medio millón de hombres; en junio de 1920 tenía ya cinco millones. Trotski ejercía de comandante en jefe a través de todo el territorio soviético, se movía en el tren, que era su cuartel general, visitando todos los frentes. Su éxito se debió a dos factores: al uso del terror (recurrió a la supervisión de las unidades militares por los comisarios políticos y a la Cheka para evitar las deserciones) y a la reincorporación de 48.000 oficiales que habían servido al zar. La mayoría de los bolcheviques se oponía a ello, pero Trotski no se dejaba influir por la ideología mientras se estuviera perdiendo la guerra. Necesitaba usar a todos los expertos disponibles, e incluso hacer a uno de ellos, el coronel Vatzetis, comandante de todo el frente oriental. Se trataba de un riesgo calculado, dado que la Cheka los vigilaba, tanto a ellos como a sus familias.

SEGUNDA PARTE DE LA GUERRA CIVIL

En la primera fase de la segunda parte de la guerra (noviembre de 1918-abril de 1920), los blancos consiguieron unos éxitos indudables. La segunda fase (abril de 1920-diciembre de 1921) se desarrolló en Crimea y Transbaikalia.

Durante 1919, los blancos lanzaron tres ofensivas por separado. Cada una de ellas pareció que les iba a dar la victoria definitiva. En el frente oriental, en diciembre de 1918, el almirante Aleksandr Kolchak ocupó Perm, y en la primavera siguiente recuperó Ufa. En el sur, el general Denikin avanzó hasta Járkov y Tsaritsin en julio, a Polatava, en agosto, en septiembre a Kiev y en octubre a Chernigov y Orel. Llegó a 400 kilómetros de Moscú. Pero su ejército estaba agotado. Los rojos lanzaron un contraataque en Orel, y los blancos tuvieron que retirarse gradualmente de todas las posiciones conquistadas anteriormente. Mientras tanto, en el oeste, el general Nikolái Yudénich (1862-1933), avanzó desde Estonia hacia Petrogrado. La situación se puso tan seria que Lenin sugirió abandonar la ciudad en manos de los blancos, pero Trotski, que estaba decidido a resistir, se negó a ello y, tras tomar personalmente la defensa de la ciudad, obligó a Yudénich a retirarse en sólo una semana.

Los Aliados se involucraron mucho menos en la Guerra Civil rusa en 1919 que en 1918. Se limitaron a suministrar armas a los blancos (que llegaron tarde). En 1919, los rojos ganaron la campaña crítica, en parte por su superioridad numérica. La creación de las instituciones estatales les ayudó a mejorar el control sobre la mayor parte del territorio. A pesar del éxito inicial de Antón Denikin, los blancos fueron incapaces de coordinar sus operaciones, a causa de la mala comunicación entre ellos. En términos militares, los blancos estaban mucho mejor organizados que los rojos, pero tenían muy pocas posibilidades de ganarse la simpatía de la población. Su programa político suponía el restablecimiento del Imperio, lo que las minorías nacionales y los campesinos rechazaban rotundamente.

La segunda fase de la segunda parte de la guerra, en 1929, tuvo como escenario Crimea y Siberia. Se desarrolló entre los blancos, al mando del general Piotr Wránguel (1878-1928), y los rojos, que, sumergidos en la campaña de Polonia, calcularon mal sus posibilidades en Crimea. Kolchak, líder del Gobierno provisional, había perdido todos los territorios conquistados y fue ejecutado por la Cheka local cerca del lago Baikal en Siberia. Pocas de sus tropas llegaron a cruzar el lago y a refugiarse en las costas del Pacífico, donde sobrevivieron bajo la protección de los japoneses.

La Guerra Civil fue un fenómeno interno, de un alto coste: 800.000 combatientes muertos en los enfrentamientos y por las enfermedades. Pero el número total de muertos civiles entre 1918-1921 fue mucho más alto, entre siete y doce millones a causa de la guerra, la represión y las epidemias.

Hay muchos factores que explican la victoria de los rojos en la Guerra Civil. Lo que les puso por delante de sus enemigos fue el control del ferrocarril, una fanática convicción en su propósito, una feroz disciplina y cierta simpatía de la población. Los blancos, odiados por los campesinos, que los recordaban como terratenientes, estaban divididos políticamente y separados entre sí por grandes distancias que les impedían una acción conjunta y organizada. Los Aliados estaban demasiado preocupados por derrotar a Alemania, y la negativa de los blancos a reconocer la independencia de Finlandia, Estonia y Letonia, les privó de su apoyo.

La Guerra Civil y el comunismo de guerra crearon la base de una nueva sociedad y fueron una experiencia formativa para los bolcheviques. Constituyen la experiencia que marcó los hábitos políticos hasta 1941, cuando otra guerra los reemplazó. El modelo de éxito de la Guerra Civil integraba diversos elementos: culto por el sacrificio, estilo militar de gobierno (constantes «batallas», «campañas» y «frentes» en la lucha permanente contra enemigos internos y externos de la revolución), desconfianza en los campesinos, visión utópica del Estado y economía planificada con militarización de la producción.

15

El comunismo de guerra

El término «comunismo de guerra» describe y define las medidas adoptadas por el Gobierno soviético durante la Guerra Civil: requisas de la producción agrícola *(prodrasvertska)*, prohibición de todo comercio privado y nacionalización de los establecimientos industriales. El objetivo principal de estas medidas era lograr el control centralizado de la producción agrícola e industrial y reemplazar parcialmente el uso de dinero por intercambio de productos. Las medidas eran una mezcla de realismo político e ideología utópica. El comunismo de guerra fue la consecuencia de una serie de prejuicios ideológicos (hostilidad hacia el comercio, el dinero y la propiedad privada; creencia en la superioridad de la economía planificada, visión negativa del mercado) y de la Guerra Civil, que justificó sus manifestaciones más extremas.

La ocupación de grandes territorios por los blancos y la devastación bélica creó a los bolcheviques graves problemas de suministro de alimentos, productos industriales, hidrocarburos y transportes. Hasta 1920, no tuvieron acceso a la cuenca carbonífera del Don, al hierro de los Urales y de Ucrania ni al petróleo de Bakú. La producción industrial, que a finales de 1917 suponía un 75 % de la de 1913, cayó al 50 % en 1918 y al 15 % en 1920. La importación de alimentos no era viable debido a la imposición de las sanciones económicas internacionales. El derrumbe de la producción industrial aceleró la crisis alimentaria, que había afectado al régimen zarista en el invierno de 1916-1917. El hambre puso fin a la igualdad soviética porque para los bolcheviques el suministro de alimentos al Ejército, al Partido y al Estado (por ese orden) era una prioridad.

Lenin no tenía un claro proyecto económico. Sus ideas, expresadas anteriormente, no iban más allá de «socializar los medios de producción», «centralizar el crédito en manos del Estado», y de concebir la economía como «una sola gran máquina». Ni la Revolución francesa ni la Comuna de París, los prototipos que había tomado como ejemplo a seguir, ofrecían un modelo económico. En su ensayo «¿Pueden los bolcheviques retener el poder estatal?», que escribió en vísperas de la Revolución, Lenin sostenía que el capitalismo había simplificado el trabajo de control y reducido el trabajo de contabilidad, que ahora podían correr a cargo de cualquier trabajador alfabetizado. Su programa original era ambiguo. Los obreros podrían interpretar el «control» como mera contabilidad, pero también como «tomar el control de las fábricas». La nacionalización de los bancos en 1918 se hizo con el eslogan «control obrero».

El caso de los campesinos era más complicado. Las exigencias de la Primera Guerra Mundial obligaron al régimen zarista a introducir el monopolio del Estado en la compraventa de grano. El Gobierno provisional adoptó la misma política. La doctrina bolchevique no había planificado la confiscación del grano, sino un «intercambio de productos», ya que la venta libre se consideraba «mercado negro». El «intercambio de productos» era poco probable en las circunstancias suscitadas por la Revolución y la Guerra Civil y por el colapso de la economía.

La extensión del control del Estado sobre todos los aspectos de la actividad económica fue una respuesta a estas circunstancias desesperantes, aunque los comunistas ortodoxos veían en ello la realización de su ideal. En 1919 los bolcheviques tomaron medidas contra el mercado negro, con el plan de «reemplazar el comercio por la distribución planificada» y la abolición del dinero. El Estado tenía el monopolio sobre todas las formas de comercio y distribución de productos. Las grandes y medianas empresas industriales dependían del Glavki (Centro Superior de Gestión Económica), un órgano subordinado a la Vesenja (Consejo de Economía Estatal), mientras las pequeñas empresas eran supervisadas por los consejos económicos provinciales. Hasta 1920, 37.000 empresas que empleaban más de 1,5 millones de obreros habían sido nacionalizadas. La principal consecuencia fue el crecimiento acelerado de la burocracia, que Lenin intentaba combatir mediante una mayor centralización. Los comunistas ortodoxos se quejaban de que el poder de los sindicatos y comités de fábricas era erosionado por los miembros del Glavki (que provenían de la clase burguesa antigua, la única cualificada para la administración empresarial).

Lenin sustituyó el monopolio estatal de grano por el de suministro de alimentos. El Comisariado del Pueblo para el Suministro (Narcomprod) fue el responsable de llevar alimentos a las ciudades y al Ejército. En 1918, «suministrar» significó organizar comités de campesinos pobres en los pueblos y destacamentos de obreros armados de las ciudades para requisar el grano de los *kuláks*, los campesinos supuestamente ricos.

Lenin aplicó la cruda sociología marxista que dividía a los campesinos en una pequeña clase de «ricos explotadores» los *kuláks* (que en realidad eran los granjeros más competentes), los autosuficientes campesinos de clase media *(srednyaki)*, y los campesinos pobres, explotados *(bedniaki)*. El objetivo de esta división era fomentar la guerra de clases en el campo. Esta política enfrentó a los vecinos entre sí, y desató una violencia que poco tenía que ver con la clásica «lucha de clases». Sin embargo, los campesinos, que tenían una larga experiencia en la lucha contra el Estado, veían en los comisarios políticos y en los obreros armados un enemigo mucho peor que cualquier *kulák*. Por ello, organizaron una resistencia. El resultado fue una guerra civil entre los campesinos («verdes») y los rojos. El mayor conflicto ocurrió en Tambov (a 480 kilómetros de Moscú) en 1918. Aquí la Guerra Civil persistió después de la derrota de los blancos. La dureza de la represión fue de tal envergadura que el Ejército Rojo empezó a flaquear y la Cheka tuvo que encargarse de la tarea de limpieza final. Desde los primeros disturbios, los bolcheviques hablaron de una «*vendée*» rusa. Se comportaron con sus campesinos como los jacobinos franceses con los suyos durante la Revolución francesa.

La Guerra Civil entre los campesinos y los bolcheviques alteraba el plan de Lenin de crear una clase unida de obreros y campesinos. En 1919, la requisa del grano por pequeñas unidades rurales seguía el plan de cuotas estipuladas para cada región. La confiscación garantizó sólo una tercera parte del nivel del suministro de antes de la guerra, pero permitió alimentar al Ejército, que en 1920 contaba con cinco millones de hombres.

El comunismo de guerra cambió el orden social. La primera Constitución de julio de 1918 definía el trabajo como un deber universal que especificaba el estatus social. La clase obrera y los campesinos se superponían a los «ex» *(byvshii,* esto es, a los miembros de la antigua clase de explotadores –nobleza, burguesía, clero, etcétera). Todos los «ex» estaban privados de los derechos civiles, no tenían derecho al trabajo, pero podrían ser movilizados por el Estado para trabajos públicos.

En marzo de 1921 estalló la rebelión de Kronstadt coincidiendo con el X Congreso del Partido Comunista. La fortaleza de Kronstadt,

16

La propaganda

Durante la Revolución y la Guerra Civil, los bolcheviques fueron mucho más eficaces en la movilización de las masas que sus adversarios. Esta superioridad es una de las claves de su victoria final. Los líderes de los blancos estaban extraordinariamente preparados en términos militares. Entendían la vida y su oficio como un ejercicio donde los superiores ordenan y los inferiores obedecen. Por el contrario, los rojos eran revolucionarios. Durante años habían sido conspiradores y aprendieron que la clave del éxito estaba en convencer a otros de que sus opiniones eran las mejores. Sus convicciones marxistas les daban prestigio por ser capaces de interpretar la historia desde un punto de vista «científico». Propagar las ideas marxistas era para ellos una tarea necesaria y noble.

En sus escritos, Lenin siempre destacaba la importancia de la organización y la propaganda. En su ensayo «¿Por dónde empezar?» (1901), sostuvo que ambas son las dos caras de la misma moneda: una red bien organizada puede facilitar el trabajo de propaganda y la agitación puede mejorar la tarea de la organización. En «¿Qué hacer?» (1902) explicó que para neutralizar al enemigo y lograr un objetivo revolucionario cualquier medio es admisible: «seducción, chantaje, puños y plumeros o agua hervida». Ya entonces, quince años antes de la Revolución, Lenin proponía la censura como medio para neutralizar al enemigo.

En los meses previos a la Revolución los métodos propagandísticos de los bolcheviques no diferían de los de otros grupos políticos. Todos publicaban sus periódicos y enviaban agitadores a las fábricas. La historia de la propaganda bolchevique comienza con la Revolución de Octubre y con el propósito de consolidar su poder. La situación era novedosa, porque ningún gobierno en la historia había elegido transformar no sólo la sociedad, sino al hombre mismo.

El Gobierno desarrolló su política de propaganda de manera planificada. Consistía en fortalecer las instituciones locales con campañas de agitación. El principal instrumento de la propaganda eran las obras de arte, las películas, la literatura y la prensa.

La prensa soviética no tenía precedentes históricos, había sido creada y protegida por el Estado de un partido revolucionario. Este hecho determinó su carácter. La supresión de la prensa libre fue el punto de partida para su desarrollo. En marzo de 1917, antes de la Revolución, el Sóviet de Petrogrado ordenó la clausura de la prensa «reaccionaria zarista». Después de octubre, el Comité Militar Revolucionario clausuró la prensa «contrarrevolucionaria», es decir, los periódicos anti-bolcheviques. Lenin y sus seguidores sostenían que la prensa era un arma no muy diferente de las bombas, así que una de las tareas de los revolucionarios fue privar a sus enemigos de este arsenal de papel y tinta. Lenin estaba convencido de que cualquier signo de liberalismo podría ser fatal para la supervivencia de la Revolución. Sus oponentes, los socialrevolucionarios e incluso algunos bolcheviques, argumentaban que el objetivo de la Revolución era promover los valores morales supremos, por lo que la represión significaría su deshonor. Pero las ideas de Lenin de nuevo vencieron.

La prensa «contrarrevolucionaria» se apagó gradualmente. Primero fue despojada del derecho de publicar anuncios; luego denunciada ante los tribunales por los «artículos hostiles». La Guardia Roja confiscaba el papel de prensa, lo que no era baladí dada su escasez (en 1920, el país producía sólo el 6,7 % del total de 1913). Durante la Guerra Civil, la circulación de los periódicos dependía de la cantidad del papel disponible para la imprenta de cada día. Pero, independientemente de las dificultades técnicas, los periódicos bolcheviques no eran un instrumento primordial de la propaganda. Aunque casi todos los líderes revolucionarios eran periodistas y escritores, ahora tenían tareas más importantes que cumplir. En la Guerra Civil, y por falta de papel y periodistas cualificados, Lenin determinó que no existía necesidad de discutir asuntos de la política exterior o doméstica en los periódicos, ya que la principal tarea era la reconstrucción económica.

Dada la desintegración económica y política del país, los bolcheviques y sus oponentes se enfrentaban al problema de hacer llegar sus mensajes políticos al pueblo ruso. Ante este reto, los bolcheviques fueron mucho más ingeniosos que sus adversarios.

Su primer paso fue divulgar las ideas bolcheviques en los pueblos. Con este propósito, el partido organizó una red de agitadores (obreros o soldados que volvían de la guerra a sus aldeas) que debían informar a los campesinos acerca del Decreto sobre la tierra (de que podrían quitársela a los terratenientes y cultivarla para ellos mismos). En 1918 había aproximadamente 50.000 agitadores en activo. Estaban pobremente entrenados, entendían vagamente la ideología marxista y la estrategia bolchevique, pero ser de origen campesino les daba una ventaja. A comienzos de 1918, Iván Burov publicó un manual de instrucciones para los agitadores. Aconsejaba a éstos unos pasos sencillos: primero averiguar quiénes eran las personas influyentes en un pueblo, luego informarse sobre qué pensaban los campesinos, y de hasta qué punto entendían las políticas del Gobierno. Su tarea era ganar la confianza de las tres o cuatro personas más influyentes, reunir la asamblea del pueblo con su ayuda y poner el Sóviet local en manos probolcheviques.

El aparato gubernamental era muy débil en los pueblos, y era difícil mejorar rápidamente tal situación. La solución fue particularmente ingeniosa: se decidió mandar a los agitadores de viaje permanente en trenes y barcos para estar con los campesinos. Los trenes estaban equipados con pequeñas bibliotecas, sala de cine e imprentas pequeñas (para panfletos). Durante el viaje los agitadores daban charlas a los campesinos y recurrían a la conversación individual. Proyectaban películas que impresionaban mucho a su público, porque nunca antes habían visto cine. Se establecieron *agitpunkt* (puntos de agitación) en las estaciones de tren. En la época de la Guerra Civil, los pasajeros muchas veces tenían que esperar trenes durante varios días. Los *agitpunkts* les proporcionaban bibliotecas, salas de lectura y cine para «entretenerse».

La persuasión era la base de la propaganda de masas, el vínculo entre los políticos y la población. El mismo partido era una organización de este tipo, y su mayor tarea era adoctrinar. Las organizaciones más grandes que no se dedicaban a otra cosa que a la agitación dirigida a audiencias especiales eran el Komsomol (Unión Comunista de la Juventud) y el Zhenotdel (Sección femenina).

Los leninistas consideraban que el mayor obstáculo para construir el socialismo estaba en el retraso del pueblo ruso, cuyo principal síntoma era el analfabetismo. Por ello, y a pesar de los tiempos muy difíciles que corrían, el Gobierno organizó una campaña impresionante de alfabetización (y adoctrinamiento). El partido financiaba la publicación de los libros de texto para alfabetizar, que además explicaban la doctrina comunista de una manera muy simple. Los que aprendían a leer y escribir se encontraban con frases como «La defensa de la Revolución es el deber de la clase obrera», o «Estamos construyendo un nuevo mundo sin tiranos y sin esclavos».

Los bolcheviques estaban a favor de la cultura mientras la cultura significara alfabetización. Luego entendieron que necesitarían la colaboración de intelectuales y artistas para crear la sociedad socialista. Pero mientras el régimen financiaba a algunos artistas, no creaba un ambiente de libertad donde el arte pudiera florecer. Algunas ramas del arte eran más fáciles de explotar para la propaganda que otras. Por ejemplo, cantar las canciones revolucionarias en las reuniones del partido era una parte necesaria y obligatoria de todos los actos colectivos. En el congreso del Komsomol, Bujarin subrayó que una persona que desfilaba cantando canciones revolucionarias «se siente parte de un todo grande y poderoso». Bujarin recomendó cantar en los actos públicos como un medio ejemplar de agitación.

Lenin dijo que el cine era «la más importante de todas las artes». En un país donde la mayoría era analfabeta (en los pueblos casi el 60 % de la población) y donde se hablaba en más de cien lenguas con sus correspondientes dialectos, las artes visuales –carteles y películas– eran lo más idóneo para movilizar a las masas. Las películas tenían un aura de modernidad y ejercían, por lo tanto, una atracción especial. Por primera vez los campesinos soviéticos podrían ver cómo eran y qué ocurría en otras partes del país adonde nunca habían viajado. Los jóvenes directores desarrollaron un nuevo género –agitka– de películas muy cortas, muchas veces hechas sólo a base de imágenes de carteles. Los estudios estaban centrados en la producción de *agitki:* de 92 películas producidas entre 1918 y 1920, 63 eran *agitki.* Para muchos directores de cine, trabajar en las *agitki* era una experiencia formativa. De allí salieron los directores como Lev Kuleshov, Dziga Vertov, Esfir Shub, Eduard Tisse (el cámara de Serguéi Eisenstein). Hasta la Primera Guerra Mundial, el cine ruso estuvo dominado por las importaciones extranjeras, mayoritariamente de Francia. El primer paso hacia la nacionalización del cine para propósitos de propaganda se dio en el nivel local. En abril de 1918, Anatoli Lunacharski (1875-1933), comisario popular de Educación, anunció que en cada ciudad un cine y un teatro, cuando menos, serían nacionalizados.

17

La NEP: Nueva Política Económica

«Cometimos muchos errores y el crimen mayor sería no reconocerlo. [...] Sufrimos una derrota en el frente económico, una derrota muy dura [...] Nuestro intento por pasar inmediatamente al comunismo nos valió una derrota más seria que todas las que sufrimos a manos de Kolchak, Denikin y Pilsudski», afirmó Lenin para describir la situación catastrófica en la que se encontraba Rusia tras finalizar la Guerra Civil. La sequía del verano de 1921 provocó la hambruna de 1921-1922. La capacidad productiva de los campesinos disminuía año tras año. En 1921 la superficie cultivada representaba el 75 % de la de 1913, y los rendimientos habían caído en picado. Cinco millones de campesinos murieron de hambre, y otros doce millones fueron salvados de una muerte horrible por la ayuda internacional europea y estadounidense. El producto interior bruto en 1921 fue la tercera parte del de 1913, o sea, similar al de 1860. El número de habitantes urbanos bajó en relación con 1897, igual que el número de obreros. De los tres millones de obreros de 1916, quedaban 1,2 millones en 1921. Esa descomposición de la clase obrera amenazaba la producción y el poder. Rusia había retrocedido más de cincuenta años. Quedaba un gran Ejército, una masa campesina y un partido que gobernaba un país en ruinas. El colmo de los problemas económicos y políticos llegó con la rebelión de Kronstadt (1921). Lenin la definió como «un fogonazo que ilumina la realidad mejor que cualquier otra cosa». Esta comparación le sirvió para ningunear cualquier oposición a la Nueva Política Económica (NEP) que había preparado para exponer en el X Congreso del Partido Comunista como si fuera un repliegue temporal necesario para un posterior avance general.

La rebelión de los campesinos de Tambov y otras menores recordaban a las de Stenka Razin y Yemelián Pugachov, y revelaron la urgencia de un cambio de la política hacia los campesinos. Al mismo tiempo, la victoria en la Guerra Civil demandaba el cumplimiento de las promesas revolucionarias de un orden social y económico más igualitario.

El núcleo de la NEP era la sustitución de la confiscación del grano por el pago de impuestos, la introducción de la economía mixta –estatal y de empresas privadas–, y la reintroducción del mercado. Los objetivos de la NEP eran diversos: relajar el resentimiento público por las medidas adoptadas durante la Guerra Civil, regularizar el suministro y producción de alimentos y bienes industriales, fortalecer la base de la economía y generar capitales para la inversión en la industria, y, más en general, establecer las condiciones para la transición del socialismo al comunismo.

A pesar de que Lenin había definido la NEP como «construcción del socialismo con manos capitalistas», muchos bolcheviques sentían que se había traicionado la Revolución de Octubre con la decisión de sustituir el comunismo de guerra por el «capitalismo de Estado». La NEP había reintroducido algún nivel de capitalismo, pero éste era tan diferente de cualquier capitalismo previo en Rusia como de otro cualquiera del mundo exterior. Los banqueros, los industriales y los terratenientes eran cosa del pasado, y había muy pocos empresarios extranjeros en el país. El mayor beneficiario de la NEP era el *nepmen*, el comerciante, el vendedor ambulante. El primer *nepmen* lo había sido el campesino que vendía o cambiaba sus productos por otros que necesitaba, pero la NEP no sólo significaba la vuelta a la economía monetaria y al probable restablecimiento de los *kuláks*, sino también una libertad similar para el comercio de fábricas y empresas privadas. Según la teoría marxista, en estas circunstancias podría surgir una nueva clase de ricos que amenazaría el poder bolchevique. A pesar de la fragilidad de la NEP (la hiperinflación de 1922 y la «crisis de las tijeras» de 1923, la caída de los precios de los productos agrícolas y el alza de los de bienes industriales), el miedo al establecimiento de una nueva «burguesía» se generalizó.

Así que Lenin decidió (dando una vuelco al marxismo) que la base del Estado soviético sería la clase que dominaba la política y no la economía. Comenzó a crearse una dictadura del partido único (aunque llamada «dictadura del proletariado») que no permitía ningún desafío a su poder y que suponía una sistemática subordinación de la economía, la legitimidad y la legalidad a la conveniencia política. En el X Congreso del Partido Comunista, Lenin informó a sus camaradas que los debates internos tenían los días contados. El Comité Central expulsó a todos los que se opusieron a esta decisión, incluidos los que eran miembros del propio comité. Mártov emigró a Alemania en 1920 y otros mencheviques fueron empujados a abandonar el país en 1921. Los socialrevolucionarios tuvieron menos suerte: 34 de sus líderes fueron acusados de traición en 1922, y 12 de ellos condenados a muerte.

El Partido Comunista, para asegurar su permanencia en el poder, intensificó el papel del Estado en los asuntos de la sociedad. La vigilancia –abierta o encubierta– era la actividad de mayor envergadura. El partido desconfiaba de sus miembros y de la sociedad, lo que produjo instituciones de control como el Comisariado del Pueblo para la Inspección Obrera y Campesina o el Comisariado del Pueblo de Control Estatal. Los «inspectores» tenían derecho a entrar en cualquier institución e interrogar a los funcionarios o empleados y comprobar sus cuentas fiscales. Pero ¿quién controlaba a los controladores? Durante la NEP se introdujo el sistema de la nomenclatura. A mediados de 1923, este sistema se formalizó por la creación de 5.500 puestos del partido y el Gobierno cuyos jefes sólo podrían ser nombrados por los órganos superiores del partido. El Secretariado de Archivos y el Departamento de Distribución compiló la nómina de todos los altos funcionarios. Los secretarios de los partidos provinciales, que pertenecían a la nomenclatura central, eran instruidos en cómo gestionar la nomenclatura local. La regulación interna del Estado de partido único era inflexible. El sistema de nomenclatura servía para asegurar que las políticas del Politburó fueran llevadas a cabo por funcionarios en los que se podía confiar. Este sistema duró hasta finales de la década de 1980, es decir, hasta las reformas introducidas por Mijaíl Gorbachov.

La NEP puso de manifiesto la incompatibilidad entre el emprendimiento privado y la economía planificada, aumentó las tensiones sociales y no pudo encaminar el país hacia la industrialización. Stalin abandonó la NEP en 1928, para aplicar el principio marxista de que el socialismo sólo puede ser instaurado en un país industrialmente desarrollado, lo que se convirtió en clave de su poder.

18

La cuestión nacional y la creación de la Unión Soviética (1922)

Unos días después de iniciarse la Revolución, el 2 de noviembre de 1917, los bolcheviques publicaron la Declaración de los Derechos para los Pueblos de Rusia, que proclamaba la igualdad y la soberanía para los pueblos de Rusia, el derecho a la autodeterminación, incluyendo la secesión y la formación de un Estado independiente, el desarrollo libre de todas las minorías nacionales dentro de Rusia y la supresión de todos los privilegios y restricciones nacionales. Aunque Finlandia, Estonia, Letonia y Lituania habían conseguido su independencia y el imperio había perdido las provincias en Polonia, Rumanía y Turquía, nadie se hacía ilusiones sobre el derecho de autodeterminación tan demandado durante la Gran Guerra. Ya en marzo de 1921, cuando Georgia fue reconquistada, el Ejército Rojo restauró gran parte de las fronteras del Imperio zarista, convencidos los bolcheviques de que sólo un Estado centralizado garantizaría la supervivencia de la revolución. Los nacionalistas rusos aplaudieron, porque pensaban que los bolcheviques abandonaban sus ideas comunistas y comenzaban a tomar en cuenta los intereses geopolíticos de Rusia. Los bolcheviques respondieron que ellos habían realizado la Revolución de Octubre expresamente para establecer un Estado multinacional, en el cual cada grupo nacional o étnico estaría libre de la opresión de cualquier otro (de los rusos principalmente). Rechazaban la idea de ser imperialistas (como los zares), a pesar de que muchas naciones formaban parte del Estado común soviético contra su voluntad.

Stalin era el comisario del Pueblo para las Nacionalidades. Su intención era privar a las repúblicas de su independencia formal convirtiéndolas en repúblicas autonómicas de la República Soviética de Rusia (creada el 25 de enero de 1918 y rebautizada por la Constitución de julio de 1918 como República Socialista Federativa Soviética de Rusia, RSFSR). Desde mediados de 1920, Stalin intentó crear una Rusia ampliada, incorporando Ucrania, Bielorrusia, Armenia, Azerbaiyán y

Georgia. Lenin estaba en desacuerdo con este proyecto. Su propuesta era federalizar Rusia en términos de igualdad con otras repúblicas soviéticas y que cada pueblo tuviera derecho al uso de su lengua nativa. Stalin le acusó de implantar artificialmente las conciencias nacionales, sosteniendo a su vez que la prioridad era divulgar las ideas socialistas y no las nacionalistas. Los comunistas de otras repúblicas querían permanecer unidos con Rusia, porque su supervivencia dependía del Ejército Rojo.

En diciembre de 1922 fue aprobada la propuesta de Lenin (convaleciente del ictus que había sufrido en mayo de ese año). Todas las repúblicas, incluida Rusia, se unieron en una federación, la Unión de las Repúblicas Socialistas Soviéticas (URSS). Por primera vez Rusia, con sus propias fronteras, formaba parte de una entidad mayor. La Constitución de 1918 fue ratificada el 31 de diciembre de 1922 para incorporar la fundación de la URSS en el orden constitucional. El periódico *Izvestia* definió el evento como «el regalo del Año Nuevo a los obreros y campesinos de todo el mundo».

Las ideas de Lenin sobre la igualdad entre todas las naciones de la URSS comenzaron a cumplirse con la promoción de los oficiales de las nacionalidades locales. Esta política se denominó *korenizatsiya* («plantar raíces»). La tarea de encontrar líderes locales era difícil sobre todo en Asia Central, por falta de jóvenes de la clase obrera. Así que los nuevos líderes salieron de las élites tradicionales. La principal tarea encomendada al Comisariado Popular de Educación, al Departamento de Propaganda y al Comité de Agitación fue convencer a estas élites locales de que sus aspiraciones culturales y nacionales eran compatibles con los objetivos revolucionarios de los bolcheviques.

Otra de las medidas adoptadas por el Kremlin fue la demarcación administrativa del territorio según la demografía nacional y étnica. Eran las fronteras internas las que podrían favorecer el nacionalismo. La oportunidad de usar la lengua materna como idioma cooficial y la libertad de expresión cultural favorecieron el desarrollo de las identidades y conciencias nacionales. Lenin quiso resolver la cuestión nacional, pero, de hecho, la agravó.

19

La muerte de Lenin y la emergencia del poder de Stalin

El poder de Stalin surgió en el contexto de la lucha interna por la sucesión de Lenin después de su muerte y de los debates sobre qué forma de industrialización debería emprender la URSS para convertirse en un país socialista.

En mayo de 1922 (un mes después de la celebración del XV Congreso del Partido Comunista en el que Stalin fue nombrado secretario general para reformar el aparato del partido), Lenin tuvo un ictus que lo incapacitó parcialmente. La crisis de su sucesión se abrió después de otros dos infartos cerebrales en diciembre de 1922 y marzo de 1923. Su salud se deterioró rápidamente. Lenin murió el 21 de enero de 1924, a las 18.50 horas.

La lucha por la sucesión de Lenin había comenzado antes de su muerte y tuvo cuatro fases: durante la primera, a partir de marzo de 1923, cuando el ictus le paralizó la parte derecha del cuerpo y le quitó la capacidad de hablar, el partido fue liderado por un triunvirato formado por Iósif Stalin, Grigori Zinóviev y Lev Kámenev. Ya entonces los tres temían a Trotski y le acusaron de tener aspiraciones bonapartistas a instaurar un gobierno autocrático. La segunda fase comenzó a finales de 1924, cuando Stalin opuso su idea de «socialismo en un solo Estado» a la de Trotski sobre la «revolución permanente». La tercera fase (1926-1927) produjo una alianza incomprensible: «la oposición unida» de Trotski, Zinóviev y Kámenev contra Stalin. La última y cuarta fase (1929), y el acto final de consolidación del poder de Stalin, la constituyó su ataque a la «oposición de la derecha» en el debate sobre las vías de industrialización del país, que había comenzado en 1924.

EL TRIUNVIRATO DE STALIN, ZINÓVIEV Y KÁMENEV

La muerte de Lenin, aunque prevista, produjo gran incertidumbre en el aparato del partido, porque su poder sin precedentes era más personal que institucional. El partido consideró que era imposible nombrar un sucesor, porque nadie era como Lenin, así que optó por otro tipo de liderazgo, colectivo, de tres de los dirigentes más destacados, Stalin, Zinóviev y Kámenev.

El propio Lenin había contribuido a crear esta situación cuando dictó un documento conocido como su «testamento» en diciembre de 1922. En dicho documento, Lenin analizaba a seis figuras del partido. De Bujarin escribió que «era el favorito de todo el partido y el teórico más dotado, pero flojo en dialéctica y de alguna manera escolástico». Zinóviev y Kámenev «han vacilado en la época de la Revolución de Octubre, lo que no fue, obviamente, accidental». Sobre el joven Gueorgui Piatakov (1890-1937) afirmaba que estaba «demasiado preocupado por la administración para actuar en una seria situación política». Lenin temía especialmente la rivalidad entre Trotski y Stalin, porque podía dividir y romper el partido. Trotski era, sin duda, «el hombre más brillante del Comité Central actual», pero con demasiada «autoconfianza y preocupación por la legalidad de los asuntos». Stalin, como secretario general, concentraba en sus manos un poder inmenso. Lenin dudaba de que Stalin «sepa usar siempre este poder con cautela suficiente». En un post scriptum añadió que «Stalin era demasiado grosero» y recomendó a los camaradas que «deberían considerar destituirle de su puesto».

En la vida pública, la muerte de Lenin significó el comienzo de un culto casi religioso, cuando su cuerpo fue embalsamado y expuesto en el mausoleo en la Plaza Roja a pesar de las objeciones de su viuda, Nadezhda Krúpskaya (1869-1939). La ciudad de Petrogrado pasó a llamarse Leningrado. Se creó el Instituto del Cerebro con la primera donación para la investigación científica –los 30.000 trocitos del cerebro de Lenin– para descubrir los orígenes de su genialidad. Kámenev se ocupó de editar sus obras completas.

El culto a Lenin se definió como «leninismo». Pero ¿qué era el leninismo? El propio Lenin había evitado promoverlo afirmando que ser marxista requiere una constante adaptación a las nuevas circunstancias. Pero sus sucesores necesitaban definirlo, para explicar así qué proponían en su nombre. Los rivales que se disputaban la sucesión de

Lenin pronunciaron discursos y escribieron artículos y panfletos con este propósito durante 1923 y 1924. Así emergió un nuevo término, el «marxismo-leninismo». Trotski, Zinóviev, Bujarin, Kámenev y Stalin anunciaron su compromiso incondicional con todas las ideas asociadas con Lenin. Todos creían en el modelo de Estado dirigido por un solo partido, en la arbitrariedad legalizada y en la administración centralizada y aprobaban el terror como método para sustentar el régimen bolchevique. Stalin consideraba que el partido era el pilar institucional de la Revolución de Octubre. Ésta era la actitud de Lenin en la práctica, pero no lo había expresado así en sus trabajos teóricos. Stalin lo formalizó explícitamente en una serie de conferencias sobre «Los fundamentos del leninismo» a finales de 1924. Krúpskaya pidió entonces que se hiciera público el testamento de Lenin (sobre todo la parte sobre Stalin), pero su petición fue rechazada.

El triunvirato decidió buscar más legitimidad a su liderazgo y lanzó una campaña de «proletarización» del partido para incorporar a sus filas más obreros industriales. En mayo de 1924, en el XIII Congreso del Partido Comunista de la Unión Soviética (PCUS), hubo 128.000 nuevos afiliados.

Ya en 1924, Stalin había empleado su poder como secretario general para reemplazar en los puestos clave del partido a los seguidores de Zinóviev y Kámenev por los suyos propios. Esta rivalidad se intensificó cuando las discusiones sobre la NEP se convirtieron en un debate público. Zinóviev estaba alarmado por el «exceso de capitalismo» en el Estado socialista y atacó a Bujarin, aliado de Stalin y gran defensor de la NEP. En el XIV Congreso del PCUS (diciembre de 1925), los seguidores de Stalin y Bujarin eran mayoría y vencieron a los partidarios de Zinóviev y Kámenev en la supuesta defensa de la NEP.

REVOLUCIÓN PERMANENTE Y SOCIALISMO EN UN SOLO PAÍS

En diciembre de 1924, Stalin desafió a Trotski contraponiendo su idea del «socialismo en un solo país» a la de la «revolución permanente». El argumento de Stalin, a saber, que la Unión Soviética podría crear un Estado socialista sin una revolución proletaria internacional, era contrario a la posición de Trotski, que defendía que la victoria final del socialismo en la URSS dependía del éxito de la revolución en los países occidentales. El debate era antiguo.

El concepto de la «revolución permanente» siempre ha sido asociado con Trotski, pero no fue él quien lo usó por vez primera. La idea de una revolución continua, que transforma las vidas de los hombres y que eventualmente culminaría en una sociedad socialista, se originó en los círculos socialistas franceses, en la primera mitad del siglo XIX, posiblemente acuñada por Louis Auguste Blanqui (1805-1881). Incluso en *La idea de la revolución en el siglo XIX* (París, 1849), de Pierre-Joseph Proudhon (1809-1865) aparece el término «revolución permanente». Karl Marx lo usó por primera vez en 1843, en el artículo «Sobre la cuestión judía», y luego en el libro *La Sagrada Familia* (1844, del que fue coautor con Friedrich Engels). En 1850 le dio un significado más específico: primero refiriéndose a que los obreros alemanes habían adoptado el «grito de guerra» de la «revolución permanente», y después, en el contexto de los acontecimientos en Francia, donde el socialismo revolucionario de los obreros franceses se basaba en una «declaración de la permanencia de la revolución». Sin embargo, lo más probable es que Trotski no fuera influido por Marx, sino que su teoría de la «revolución permanente» se inspirara en los artículos de su amigo Alexander Parvus publicados en *Iskra* a lo largo de 1904. Parvus sugirió que «Rusia era el eslabón más débil en la cadena capitalista», pero, paradójicamente, por ello mismo podría destruir el mundo capitalista por entero. Al contrario que Marx, sostenía que el atraso de Rusia la hacía más apta para la transformación radical. Más tarde, Trotski, lo definió como la «revolución del atraso» y formuló su teoría en 1905-1906, refiriéndose a la «revolución ininterrumpida». Fue el menchevique Yuli Mártov quien por primera vez, en 1908, le aplicó el término «permanente», describiendo las opiniones de Trotski.

La idea de Trotski era más un análisis sociológico de las peculiaridades históricas de la Rusia del siglo XIX que una teoría revolucionaria. Según él, en Rusia la industrialización parcial había provocado la aparición de la clase obrera, los grandes centros urbanos, la inteligencia revolucionaria y las demandas políticas radicales. Pero, dado el carácter agrícola de Rusia, los campesinos tenían un poder desmesurado, lo que impedía una revolución burguesa. Sólo una revolución permanente, durante un largo periodo de tiempo, combinaría los objetivos democráticos de la burguesía con las aspiraciones avanzadas de los campesinos convertidos en proletariado.

Después del fracaso de la revolución en Alemania en 1919 y de la derrota en la guerra con Polonia en 1920, la idea de la revolución mundial se iba desmoronando. La del «socialismo en un solo país» combinaba la aceptación pública del fracaso bolchevique de contagiar a Europa con su Revolución con la necesidad del ajuste de cuentas con Trotski y el propósito de convencer a los soviéticos de que su sistema político podría sobrevivir sin el apoyo revolucionario exterior.

LA «OPOSICIÓN UNIDA»

La tercera fase en la lucha por la sucesión de Lenin produjo una alianza improbable, la llamada «oposición unida» de Trotski, Zinóviev y Kámenev en 1926-1927. Los antiguos enemigos recurrieron a la acción conjunta para destronar a Stalin. Durante septiembre de 1926, la «oposición unida» visitó a los obreros en las fábricas para incitarles a manifestarse en contra de Stalin. No tuvieron ningún éxito. Trotski, que había sido el vicepresidente del Sóviet de Petrogrado en la época prerrevolucionaria, había perdido su influencia entre los obreros de fábricas. Stalin, como secretario general del PCUS, les sancionó: Trotski y Zinóviev fueron expulsados del Politburó y Kámenev perdió su condición de candidato para éste. A finales de 1927, los tres fueron expulsados del partido. En 1928, Zinóviev y Kámenev fueron readmitidos, después de retractarse públicamente y de solicitarlo, pero Trotski, que se negó a hacerlo, fue deportado en 1929. Stalin estaba a un paso de la victoria final.

LA CUESTIÓN SOBRE LAS VÍAS DE INDUSTRIALIZACIÓN

La cuarta fase, y el acto final de la emergencia del poder de Stalin (1929), fue su ataque a la «oposición de derecha» en el debate sobre la industrialización del país, oposición encabezada por su amigo y aliado Nikolái Bujarin, Alekséi Rýkov (1881-1938), presidente del Sovnarkom, y el sindicalista Mijaíl Tomski (1880-1936).

En 1924, el cultivo de la tierra se acercaba a los niveles de 1913, y los beneficios del mercado agrícola crecieron un 64 % entre 1922 y 1925. La industria estaba destruida y las inversiones en ella eran insignificantes. Desde la Revolución, los bolcheviques habían considerado que debían crear las bases industriales del socialismo. Todos estaban de acuerdo en que la transformación industrial del país era necesaria, y en que los campesinos deberían asumir el mayor coste, crear el capital para «inyectarlo» en el sector industrial. Sin embargo, persistían las disensiones sobre tres asuntos fundamentales: cuánto tiempo habría que dedicar a ello, qué tipo de industria –pesada o ligera– debería ser prioritaria, y si el Estado debería tolerar las empresas privadas de los campesinos durante ese proceso (como lo había hecho durante la NEP).

La facción «izquierda» del partido –Trotski y el economista Yevgueni Preobrazhenski (1886-1937) y más tarde Zinóviev y Kámenev– abogaban por la industrialización rápida, por la industria pesada y por el mercado que sustituiría a la economía planificada. Preobrazhenski propuso en 1924 «la acumulación primitiva socialista», aludiendo a la idea de Marx sobre los estadios tempranos de la industrialización occidental, en los que los empresarios realizaron «la acumulación primitiva del capital» denegando a los obreros el valor entero de su trabajo y reinvirtiendo gran parte de sus beneficios. Preobrazhenski proponía, cambiando las reglas del comercio en contra de los campesinos, crear un beneficio análogo para la reinversión estatal en industrialización.

La facción «derecha» –Bujarin, Rýkov y Tomski–, estaban a favor del desarrollo gradual de la manufactura de bienes de consumo (industria ligera), y ante todo abogaban por una alianza *(smychka)* con los campesinos. Desde su punto de vista, el impuesto sobre los beneficios de los campesinos podría generar el capital suficiente para la inversión industrial. En 1925, Bujarin alegó que el plan de Preobrazhenski era arriesgado porque crearía rencor en los campesinos. En lugar de explotar a los campesinos, lo sensato sería gravar impuestos a sus beneficios. Bujarin sostenía que la industrialización podría ser la consecuencia de una economía sana y que la inversión en la industria pesada sería un suicidio para la economía soviética, dado que tardaría años en producir beneficios. Animaba a los campesinos a «enriquecerse a sí mismos».

Stalin jugó un papel oportunista. Primero apoyó a la facción «derecha», pero luego, cuando los de «izquierda» fueron derrotados políticamente en 1927, cambió de postura y aceptó las ideas de Trotski y de Preobrazhenski sobre la rápida expansión de la industria pesada. Para Stalin el éxito del «socialismo en un solo país» dependía directamente del desarrollo de la industria pesada. En 1925 se distanció de Bujarin y de su eslogan «enriquecerse a sí mismo», por reflejar simpatía hacia los *kuláks*. Era el anuncio de su campaña de *deskulakización*.

En diciembre de 1927, el XV Congreso del PCUS aprobó medidas de colectivización gradual y voluntaria de la agricultura con el objetivo de obtener inversiones para la industria pesada. El congreso no lo señaló como el final de la NEP, pero eso fue precisamente lo que significó. Tampoco señaló que se trataba del comienzo de una nueva guerra de clases, del gran terror y del régimen totalitario más duro conocido hasta entonces.

La sensación de que la revolución había fracasado en cumplir las expectativas de 1917 estaba aún muy presente en la sociedad soviética durante la NEP. La población estaba resentida por los privilegios que disfrutaban los bolcheviques. Stalin no había creado este estado anímico, no lo podría controlar, pero supo aprovecharse de él. Durante su visita a Siberia de tres semanas, en enero de 1928, acusó a los *kuláks* de esconder grano y a los oficiales locales de ser sus cómplices. No era un mero ejercicio del poder político, sino la manera de acusar, en la reunión del Politburó de febrero de 1929, a la «oposición de derecha» de «desviación», de falta de simpatía hacia el Estado socialista y de estar a favor del «desarrollo económico independiente». En noviembre de 1929 Bujarin fue expulsado del Politburó; Rýkov y Tomski lo fueron a comienzos de 1930.

La fórmula de Stalin de instaurar el socialismo en un solo país se concretó en el Primer Plan Quinquenal para la transformación acelerada de un país agrario en uno industrial, mediante el desarrollo de la industria pesada y la economía planificada. Su énfasis en la transformación acelerada suponía la inversión directa de la teoría de Bujarin sobre la transición gradual.

A finales de 1929, Stalin presionó para que se llevara a cabo una colectivización inmediata y la liquidación de los *kuláks* como clase; reemplazó a los empleados «gradualistas» (los que abogaban por la industrialización lenta) de las instituciones e inició una campaña para aumentar el número de afiliados del partido. En enero de 1917 el PCUS contaba con 23.600 afiliados; en 1921 con 750.000. A finales de la década de 1920 tenía 1,5 millones de afiliados. Los nuevos miembros eran hombres jóvenes, urbanos y pobremente educados. El Partido Comunista de finales de los años veinte se distinguía del Partido Bolchevique prerrevolucionario. Éste premiaba la lealtad y profesionalidad en los asuntos ideológicos (interpretaciones de Marx). Ahora, las nuevas circunstancias demandaban otro tipo de revolucionario. El partido de Stalin valoraba mucho más la habilidad en las cuestiones prácticas. La emergencia de Stalin como líder redefinió el concepto de liderazgo y de partido.

20

La cultura del proletariado

Los bolcheviques entendían la revolución, en un sentido muy amplio, como la transformación no sólo de la autoridad política y económica y de las instituciones sociales, sino también como metamorfosis de valores, mitos, normas, estética, imágenes populares y tradiciones. Para conseguir dicha mutación las autoridades centrales lanzaron varios proyectos, desde la erradicación del analfabetismo hasta la electrificación de todo el país (una de las definiciones leninistas del socialismo era «poder de los sóviets más electrificación»). Al final de la NEP, el régimen anunció un esfuerzo insólito, una mezcla de represión y educación para construir una cultura proletaria en el sentido estético y sociológico.

El debate sobre qué tipo de cultura debería representar a la clase obrera comenzó antes de 1914 y continuó después de 1917. Aleksandr Bogdánov (1873-1928), cofundador con Lenin de la facción bolchevique de los socialdemócratas, expuso sus ideas en 1909, en la plataforma del grupo *Vpered* («Adelante»), en el ensayo «La posición actual y tareas del partido» (1909) y más tarde en otros dos artículos: «La tarea cultural de nuestro tiempo» (1911) y «La ciencia de la conciencia social» (1913). Sus obras abogaban por conservar las bases de la «cultura burguesa» para construir sobre ellas la cultura proletaria.

En 1914, el menchevique Aleksandr Potrésov (1869-1934) escribió en *Nasha Zarya* («Nuestro Amanecer»), que la literatura más interesante para la revolución era la «decadente y burguesa». Identificando la cultura con la «alta cultura», o la cultura de élite, Potrésov afirmaba que en el sistema capitalista la clase obrera estaba fragmentada y se expresaba únicamente a través de la lucha de clases, sin ningún asomo del lujo que era el prerrequisito de la creación artística. De modo que la clase obrera no era capaz de crear ningún tipo de cultura propia. Valerian Pletnev rechazó las ideas de Potrésov, argumentando que la existencia, desde el siglo XIX, de los círculos para

estudios, escuelas gratuitas, librerías y bibliotecas, teatros, clubes de
deporte y actividades culturales obreras había cimentado una solidaridad entre obreros, creando un sistema alternativo de valores que
persistieron bajo el capitalismo industrial, y que, por lo tanto, los
obreros eran muy capaces de crear una cultura. El debate prosiguió
durante muchos años más, aunque no tuvo una influencia significativa en las decisiones tomadas por el régimen soviético sobre el desarrollo de la cultura del proletariado.

LA EDUCACIÓN

La creación del nuevo hombre soviético demandaba una revolución en
la educación, considerada como el motor del cambio social. La primera tarea que se asignó al Narkompros (Comisariado Popular de Educación) fue «limpiar» la sociedad soviética de los residuos de la sociedad burguesa. Para erradicar el elitismo, se ofreció educación pública
gratuita para todos. El Narkompros inventó una nueva pedagogía llamada «Método Complejo», que consistía en una mezcla de instruc-
ción académica, marxismo, laicismo y «vida» (prácticas laborales en
las fábricas).

La religión era uno de los principales enemigos a abatir por ser el
«opio del pueblo», superstición y obstáculo para el progreso y la sociedad científica que preconizaban Narkompros y el Estado bolchevique.
En 1918, el Partido Comunista decretó la separación del Estado y la
Iglesia y la confiscación de la tierra que pertenecía a esta última. Los
militantes antirreligiosos la desacreditaban y profanaron los monasterios y templos a lo largo de la Guerra Civil sin ninguna consecuencia
penal.

Durante la hambruna de 1921, el padre Tijon fundó un comité
para ayudar a las víctimas. El Gobierno lo disolvió por considerarlo
«ilegal». El 5 de febrero de 1922, el padre Tijon propuso una colecta
de todos los bienes de la Iglesia (menos la plata de los vasos sagrados)
para luchar contra el hambre, pero el 28 de ese mes el Gobierno decretó la confiscación de todos los bienes eclesiásticos (incluidos los vasos
sagrados). Cuando los bolcheviques intentaron llevarse la plata de los
templos se toparon con la resistencia popular. En los días siguientes
hubo 1.414 enfrentamientos violentos entre bolcheviques y creyentes.
Lenin aseguró en una carta: «Es precisamente ahora, y sólo ahora,

cuando en las carreteras yacen miles de cadáveres, que podemos (y por tanto debemos) realizar la confiscación de los bienes de la Iglesia con la energía más feroz, más implacable y no dudando en aplastar toda resistencia».

Se crearon varias organizaciones antirreligiosas. Entre ellas destacaba la Unión de Militantes Ateístas, que celebró su primer congreso en 1925. La propaganda antirreligiosa se convirtió en responsabilidad de los órganos del partido, que apoyaba la secularización total. Revistas como *Bezbozhnik* («Sin Dios») publicaban tratados antirreligiosos y caricaturas de curas, pero también artículos de divulgación científica, salud pública, y otros acerca de la erradicación del analfabetismo y de las mejoras de la higiene personal. En 1929, el Estado promulgó una nueva ley sobre asociaciones religiosas que restringía la actividad de éstas prácticamente a la nada.

El espontáneo anticlericalismo campesino (debido a la corrupción del clero) de antes de la revolución se convirtió en indiferencia durante la NEP. Pero el intento de aumentar la productividad prohibiendo las fiestas religiosas fracasó, mientras las imágenes apocalípticas tradicionales, como la llegada del Anticristo, volvieron a calar en la mentalidad de los campesinos con el comienzo de la colectivización. En 1937, el 57 % de la población se declaraba creyente.

Otros proyectos educativos se centraron en resolver problemas concretos como el abuso del alcohol (hasta 1925 se aplicó la ley seca zarista de 1914; luego se reintrodujo la producción estatal de vodka); la salud pública (desarrollo de la medicina preventiva, medidas contra infecciones y epidemias, mejoramiento de las condiciones sanitarias, vacunaciones obligatorias), y la cuestión de la familia («un modelo zarista»). La nueva Ley de Familia (1918) reconoció el matrimonio civil, el divorcio, el aborto y la legitimidad de los hijos nacidos fuera del matrimonio. La posibilidad de disolver el matrimonio rápidamente, algo impensable durante el zarismo, produjo una auténtica revolución social. Estas innovaciones llevaron la institución familiar a la inestabilidad. La introducción del aborto legal produjo una tensión añadida. A mediados de la década de 1920 había 55 abortos por cada 100 nacimientos. El Estado lo remedió con la nueva Ley de Familia en 1926, proporcionando apoyo económico para los recién nacidos.

La reintegración de los *bezprizorniki* (vándalos), niños huérfanos o abandonados que vagabundeaban por las calles de los centros urbanos, fue una de las tareas más difíciles del régimen. Durante los primeros años de la NEP se conculcó una declaración prerrevolucionaria de los sóviets –«no habrá tribunales ni prisiones para los niños»–, por lo que la mayoría de los *bezprizorniki* experimentó el sistema judicial para criminales y no la rehabilitación para los menores de edad.

EL ARTE POPULAR

La Proletkult (contracción de las palabras *Proletarskaya Kultura*, «cultura proletaria») fue creada por los seguidores de Aleksandr Bogdánov antes de octubre de 1917 con el propósito de unir las actividades culturales y educativas. Poco después de iniciarse la revolución, el 28 de noviembre, el Comité Central tomó la decisión de adoptar como suya la Proletkult. Su primer congreso se celebró entre el 15 y el 20 de septiembre de 1918. En 1920, durante el segundo congreso, se nombró un comité para coordinar las actividades culturales rusas en Francia, Alemania, Austria, Suiza, Italia, Checoslovaquia e Inglaterra. En 1918, un tercio de su presupuesto se invertía en actividades educativas generales (bibliotecas) y conferencias de escritores, artistas, diseñadores y directores de cine. En 1920, la Proletkult llegó a financiar la publicación de veinte revistas.

La Proletkult aspiraba e unir a todos los artistas para crear una cultura completamente nueva. Muchos de ellos se inspiraban en la expresión artística prerrevolucionaria de vanguardia (Simbolismo, Futurismo, Constructivismo, Cubismo). Los artistas rusos del cambio de siglo, como Kazimir Malévich y Vasili Kandinski, veían el arte como una actividad esencialmente espiritual y libre de ideología. Sus visiones chocaron con las de artistas como Vladímir Tatlin (1885-1953), Aleksandr Ródchenko (1891-1956) y Aleksandr Deineka (1899-1969), que sostenían que las obras de arte no sólo deben ser bellas sino también útiles. El Constructivismo se inspiró en eslóganes como «arte en la vida», y «el arte es tan peligroso como la religión, por ser una forma de evasión», pero también era una forma adecuada de idealizar los objetos ordinarios y representar a los obreros como los nuevos nobles. Por ello los constructivistas se ocuparon del diseño de jardines urbanos, muebles domésticos y edificios enormes para organizaciones de masas.

El especial énfasis en las artes visuales por necesidades propagandísticas produjo las innovaciones cinematográficas (en el montaje de películas) de directores de cine como Serguéi Eisenstein (1898-1948), Aleksandr Dovzhenko (1894-1956) y Vsévolod Pudovkin (1893-1953).

TEATRO, MÚSICA Y BALLET

La caída de la monarquía significó, al menos por un periodo breve, ausencia de censura. En otoño de 1917, el Teatro Marinskii inauguró la temporada con la opera *El príncipe Ígor* de Aleksandr Borodín y no, como hasta entonces se había hecho, con obras musicales de Mijaíl Glinka, famosas por su contenido nacionalista. El Teatro Aleksandrinski, en Petrogrado, lo hizo con *Filisteos*, de Maksim Gorki y el Teatro Mali de Moscú con *Los decembristas*. El 9 de noviembre de 1917, Lenin firmó la orden de que todos los teatros pasaran a ser competencia del Comisariado Popular de Educación y su actividad cultural dirigida desde entonces por el comisario Anatoli Lunacharski, que la dividió en tres secciones (teatro, arte y música). En 1919, se creó la categoría de «Teatro académico» al que se adscribieron los teatros Bolshói, Mali, el Teatro de Arte de Moscú, Aleksandrinski, Marinskii y Mijailkovski. En 1921 se abrieron el Teatro Camerino y el Teatro infantil de Moscú.

Los repertorios teatrales eran muy variados. Se habían hecho algunas adaptaciones «revolucionarias» de libretos de ópera: así, *Tosca*, de Giacomo Puccini, se convirtió en *La batalla de la Comuna de París; Les huguenots*, de Giacomo Meyerbeer, cambió su título por el de *Los decembristas; Carmen*, de Georges Bizet, por el de *Carmencita y el soldado*. La primera ópera revolucionaria fue *Para el Petrogrado rojo, año 1919*, compuesta en 1925 por Yevgueni Prusak (trataba de la defensa de Petrogrado contra los «blancos» del general Yudénich), que tuvo poco éxito. Más consiguió *La revuelta del águila* (1925), de Andréi Pashchenko, basada en la historia de la rebelión de Pugachov.

En mayo de 1918, la Proletkult abrió su propio teatro (Proletkult Arena) en Petrogrado y celebró el primer aniversario de la revolución con la producción *La toma de la Bastilla* de Romain Rolland (1866-1944). Más tarde el repertorio incluiría los sketchs de Vladímir Mayakovski en que se ridiculizaba a los «blancos».

En 1919, se fundó en Petrogrado el Teatro Estatal Judío –Goset– por actores de lengua yiddish. Se trasladó a Moscú en 1920. Hasta 1929, todas sus obras fueron dirigidas por Alekséi Granovski.

En 1921 tuvo un éxito extraordinario *Una noche con Sholem Aleijem*, que trataba sobre la vida judía en los *shtetel* antes de 1917, basada en las obras de Sholem Aleijem (1859-1916) y de Mendele Moicher-Sforim (1836-1917).

La influencia de la Revolución en la música no fue algo inesperado. Durante siglos las canciones populares rusas habían sido enseñadas por las niñeras campesinas a los hijos de la aristocracia, a los que cantaban baladas de las rebeliones de Stenka Razin y Pugachov. Compositores como Vladímir Stasov (1824-1906), Nikolái Rimski-Kórsakov (1844-1908), adorados por los populistas, se pusieron otra vez de moda. Sin duda el compositor Serguéi Prokófiev (1891-1953) fue el más popular dentro y fuera de la URSS. Y el jazz se abría camino.

En 1921 se fundaron dos centros de investigación musicológica, el Instituto Ruso de Historia de Artes en Petrogrado, y el Instituto Estatal de Ciencia Musical en Moscú. En 1922, la nueva ley sobre los conservatorios posibilitó el acceso de alumnos pobres de origen proletario a estos centros. Con el Decreto de 5 de diciembre de 1925, la enseñanza de la musicología fue transferida de Leningrado al Instituto Estatal de Ciencia Musical de Moscú, por considerarlo más competente «en cuestiones ideológicas».

El ballet fue también influenciado, como todas las artes, por la Revolución. El ballet ruso era ya algo extraordinario antes de 1917 gracias a las producciones de Serguéi Diáguilev, que dio a conocer al mundo a los compositores más importantes de Rusia (Modest Músorgski, Piotr Chaikovski, Aleksandr Borodín, Serguéi Prokófiev, Ígor Stravinski, Nikolái Rimski-Kórsakov, Antón Arenski, Nikolái Cherepnín, Maximilian Steinberg, Anatoli Liádov y Mili Balákirev). La Proletkult consideraba que el ballet era un mundo artificial creado bajo el zarismo. Entre los del periodo soviético destacan *Carmagnole*, de Borís Asafiev (1884-1949), que se representaba en las organizaciones obreras durante el invierno de 1917-1918 con música de un solo piano. En Moscú, Alexander Gorski (1871-1924) fue coreógrafo de una nueva versión del *Cisne negro* de Chaikovski. Pero hubo también nuevos ballets: *Razin* (1918) de Aleksandr Glazunov, *Flores inmortales* (1922) de Asafiev, *El guapo Iosef* (1924) de Kasian Goleyzovski.

TERCERA PARTE

LA SEGUNDA REVOLUCIÓN: LA CONSTRUCCIÓN DEL SOCIALISMO ESTALINISTA

A finales de la década de 1930, el término totalitarismo ya se usaba para describir el tipo de Estado y de sociedad que Stalin había diseñado. Benito Mussolini lo había aplicado en referencia a su propia Italia fascista casi dos décadas antes. A pesar de algunos contrastes ideológicos, fascismo, nazismo y comunismo compartían características básicas en sus métodos de gobierno: un líder dominante y un Estado controlado por un solo partido que monopoliza los instrumentos de coacción y los medios de comunicación; la persecución de cualquier individuo independiente, organización o institución capaz de desafiar la ideología oficial o de interponerse entre los órganos centrales estatales y los ciudadanos ordinarios; fin de la separación entre la vida privada y pública.

Hasta el colapso del comunismo, los historiadores soviéticos definían el periodo de estalinismo como el de la «construcción socialista». La construcción del socialismo era una mezcla de edificación eufórica de fábricas gigantescas, transformación de aldeas en granjas colectivas y conversión gradual del ciudadano en *homo sovieticus* (hombre soviético, *Sovietski cheloviek*), paradigma de la refundación de la condición humana para mejorarla. El elemento central del proceso de construcción del socialismo era el adoctrinamiento de la población en una nueva visión del mundo basada en principios científicos del desarrollo humano. Para conseguirlo, el régimen estalinista cultivó asiduamente la participación masiva de los ciudadanos, mediante la educación y propaganda, en el culto al líder, campañas electorales, discusiones públicas (por ejemplo sobre la Constitución), ceremonias y celebraciones públicas como la de 1937 del centenario de la muerte del poeta Aleksandr Pushkin (1799-1837), y tribunales y procesos públicos. El sistema estalinista fue mucho más que una serie de instituciones políticas formales.

El sistema del poder bolchevique fue creado por Lenin, consolidado por Iósif Stalin y mantenido por Nikita Jrushchov y Leonid Bréznev.

Cada uno de ellos introdujo características personales en el ejercicio del poder, pero sus diferencias fueron mucho menos importantes que los ingredientes constantes del sistema –la práctica de la dictadura política, el centralismo administrativo, la arbitrariedad jurídica, la represión de toda expresión nacionalista o religiosa, la uniformidad ideológica y la intervención estatal en economía. Bajo el estalinismo, se conservaron los elementos básicos del leninismo, pero otros elementos fueron alterados. Stalin cambió la política multinacional, fortaleció la centralización de la administración, y suprimió las empresas privadas y el comercio individual. Reteniendo el dogmatismo marxista-leninista, fundamentó la legitimidad política del régimen no sólo en la Revolución de Octubre, sino también en el nacionalismo ruso y en una glorificación del poder estatal que enfatizaba los valores de jerarquía y patriotismo y el culto a la personalidad.

El régimen estalinista, a pesar del terror desatado, obtuvo su máxima legitimidad con la victoria en la Segunda Guerra Mundial contra la Alemania nazi, lo que le permitiría afrontar después la Guerra Fría contra el Occidente capitalista y sus aliados en todo el mundo.

La historia de la Unión Soviética ha estado marcada por un dualismo, por una combinación de lo oficial con lo no oficial. En este sentido, el término «totalitarismo» se entiende aquí en un sentido muy preciso. Las características de la parte no oficial, no planificada e ilícita de la Unión Soviética no representan un lapso, error o aberración de la esencia de la sociedad y del Estado totalitarios, sino que son un elemento integral. La definición convencional del totalitarismo suele enfocarse exclusivamente en los efectos de la implacable imposición de las órdenes del Kremlin. Sin embargo, el totalitarismo estalinista gozó de apoyo y aceptación por parte de los ciudadanos soviéticos.

Los bolcheviques que acusaban a Stalin de «traicionar la Revolución» con su «segunda Revolución» se equivocaban. Stalin no sólo no traicionó la Revolución sino que lanzó a la URSS a la utopía revolucionaria más extrema, la del «triunfo de la voluntad» (paradójicamente, esta fórmula era de Pedro el Grande). La industrialización a marchas forzadas, la colectivización, la *deskulakización*, las purgas y el Gran Terror fueron los principales elementos de esta «segunda Revolución» de Stalin.

21

La economía estalinista: colectivización y planes quinquenales

«A veces nos preguntan si no se podría bajar un poco el ritmo, moderar el paso. No, camaradas, no se puede. ¡No se puede reducir el ritmo! Tanto como lo permitan las fuerzas y los medios, por el contrario, hay que acelerar [...] Frenar es retrasarse. Los que se retrasan son derrotados. No queremos ser derrotados. ¡No queremos! La historia de la antigua Rusia consiste, entre otras cosas, en que fue constantemente derrotada por su retraso. Derrotada por los kanes mongoles. Derrotada por los beyes turcos. Derrotada por los feudales suecos. Derrotada por los príncipes lituano-polacos. Derrotada por los capitalistas anglosajones. Derrotada por los barones japoneses. Derrotada por todos, por su retraso [...] No hay otra vía. Por eso Lenin decía en vísperas de octubre: "O la muerte, o alcanzar y rebasar a los países capitalistas más adelantados". Llevamos entre cincuenta y cien años de retraso. Tenemos que recorrer esa distancia en diez años. O lo hacemos o nos harán polvo», afirmó Stalin en su discurso en la Conferencia Federal de los Trabajadores Industriales, el 4 de febrero de 1931 (el día siguiente, el 5 de febrero, su discurso fue publicado en *Pravda*). Sus palabras resumen tanto la obsesión tradicional rusa con la necesaria modernización para recuperarse del retraso en relación con Occidente desde Pedro el Grande, como la ideología marxista-leninista, el patriotismo, pero, sobre todo, aluden al sentido y significado de sus planes quinquenales.

Después de la confusión de la NEP, que aspiraba a «construir el socialismo con manos capitalistas», y que fue vista por muchos bolcheviques como la reconstrucción del capitalismo mediante el repliegue del socialismo, las ideas de Stalin parecían extraordinarias. Dos años antes del famoso discurso «O lo hacemos o nos harán polvo», Stalin había publicado en *Pravda* (7 de noviembre de 1929) un artículo titulado «God velikova preloma» («El año de la gran ruptura»). Incomprensiblemente, la palabra rusa *prelom* ha sido traducida en el extranjero como «giro», «cambio» o «vuelta». La palabra *prelom* significa «ruptura» (*prelomiti*, «romper»). Además el artículo de Stalin trata de la ruptura con la anterior política, la de la NEP.

El estalinismo introdujo el modelo de planificación económica (economía centralizada) a finales de la década de 1920, a través de los planes de desarrollo económico quinquenales, que eran actos legislativos. Podían modificarse, pero, en general, especificaban la dirección de la economía nacional según objetivos numéricos. Cada plan tenía tres propósitos: coordinar varias ramas de producción; definir numéricamente los resultados esperados y especificar las inversiones, métodos tecnológicos y estrategias económicas para cumplirlos. En la economía clásica capitalista estos objetivos se alcanzan, más o menos, mediante el mercado regulado por los precios y ajustes entre oferta y demanda. La economía planificada sustituyó el mecanismo de precios por un sistema supuestamente más racional de la administración económica, que decidía por sí mismo cómo se debían usar los recursos, qué había que producir, y cuándo, dónde, cuánto y cómo. A finales de la década de 1930, casi todas las empresas eran estatales y estaban subordinadas a departamentos de una u otra rama de la industria del Comisariado Popular de Economía.

PRIMER PLAN QUINQUENAL:
PASIÓN POR LA CONSTRUCCIÓN (1929-1932)

El primer Plan Quinquenal para la Industrialización y la Construcción Socialista implicó el *prelom*, la ruptura radical con la NEP, por ser ésta «burguesa». El Plan adjudicó al Estado el papel de autoridad suprema en asuntos económicos, facultándolo para asignar recursos y fijar precios basándose en decisiones y necesidades políticas e ideológicas. La colectivización se planteó como un gran beneficio para los campesinos: en lugar de los 25 millones de parcelas individuales que existían en 1928, donde los campesinos producían con métodos primitivos y maquinaria inadecuada, el Estado les ayudaría a crear granjas colectivas, cultivar la tierra con fertilizantes y métodos científicos y revertir parte de sus ganancias al Estado como amortización de la maquinaria que se les había asignado. La industrialización, cuyas principales inversiones procederían de los beneficios de la colectivización, fue descrita como el mejor modo de crear millones de nuevos puestos de trabajo y de aumentar el tamaño del proletariado.

La colectivización

La colectivización del campo, «el asalto al último bastión del antiguo régimen», afectó sobre todo a las provincias productoras de grano, (región del Volga, Ucrania, estepas fértiles de Asia Central, y a las regiones de pesca y caza en el norte de Siberia). De acuerdo con el censo de 1926, allí vivía el 80 % de la población de la URSS (142 millones). Estas regiones representaban el mayor desafío para los líderes comunistas y su objetivo de construcción del socialismo. Entre los campesinos había pocos comunistas. En julio de 1928 eran 317.000 (un 22,7 % del número total de los miembros del partido). Como en todas las épocas anteriores, había un sentimiento mutuo de desconfianza entre los campesinos y el Gobierno central. Los campesinos prósperos *(kuláks)* se habían «enriquecido» durante la NEP. Se les definió como «pequeña burguesía» y como un obstáculo enorme para construir el socialismo. Stalin tuvo claro que era necesario exterminarlos, y lo justificó con las siguientes palabras: «La abolición de las clases no se puede obtener a través de la eliminación de la lucha de clases, sino a través de su reforzamiento».

La crisis de las requisas de grano de 1927-1928 fue el punto de partida de la nueva guerra de clases. Stalin supervisó personalmente la campaña de confiscación de grano y otros alimentos en los Urales y Siberia occidental (durante su ya mencionado viaje). Más tarde, afirmó que precisamente durante este viaje surgió la idea de colectivización de las granjas (a pesar de que desde siempre había formado parte de los planes de Lenin). La industrialización fue descrita con metáforas militares, pero la guerra real sólo se desató contra los campesinos durante la colectivización. Los propagandistas del partido la llamaban «el Octubre rural» o «segunda Revolución» y la comparaban con la toma del poder por los bolcheviques en 1917. Se estima que la colectivización y la resistencia de los campesinos provocaron más víctimas mortales que la Revolución de Octubre e incluso la Guerra Civil.

No todos los campesinos se oponían a la colectivización. Los más pobres –*bedniki*–, las familias sin tierra, posiblemente le dieron la bienvenida. Pero la gran mayoría de los *seredniaki* (la clase media campesina) no se dejó impresionar por la promesa de tractores y maquinaria a cambio de sus tierras. En abril de 1929, Stalin afirmó que los *kuláks* estaban en contra de la colectivización. Esta teoría ad hoc de la «intensificación de la lucha de clase» guió la política del partido en los años siguientes, como si fuera una verdad universal. El partido decidió acelerar la formación de granjas colectivas. En junio de 1929 se establecieron 57.000 granjas colectivas, que abarcaban un millón (de un total de 25 millones) de hogares campesinos.

La campaña de colectivización más intensa se realizó en el invierno de 1929-1930, después del artículo de Stalin publicado en *Pravda* («El año de la gran ruptura») en el decimotercero aniversario de la Revolución de Octubre, que llamaba a los campesinos a unirse a las granjas colectivas. El suministro de alimentos para las ciudades se solucionó así: entre 1928 y 1929 se confiscaron 10,8 miles de toneladas de grano y en 1931-1932, 22,8 toneladas. Entonces fue la población campesina y no la urbana la que padeció hambre.

La colectivización se desarrolló a través de la creación de dos tipos de granjas colectivas: *koljós* (granjas colectivas, comunes y cooperativas) y *sovjós* (granjas estatales donde los campesinos trabajaban por un sueldo pagado en dinero). Un típico *koljós* contaba con entre cincuenta y cien hogares. Sus miembros se dedicaban a cultivar la tierra colectiva para cumplir la cuota de producción asignada por el Plan del Gobierno central. Cada hogar podía tener una parcela propia (de un tamaño de hasta un acre), y animales domésticos.

La gran cuestión era qué hacer con los *kuláks*. El Decreto de enero de 1930 del Comité Central del PCUS establecía que los *kuláks* iban a ser expropiados y «liquidados como una clase». El proceso de *deskulakización* se desarrollaría en tres fases: los *kuláks* que menos se resistieran a la colectivización serían reubicados en una tierra menos fértil, fuera de los *koljós* pero en la misma región; los que se resistieran relativamente, serían deportados y reubicados en otros distritos en la misma o en otra región; los más resistentes serían enviados a las prisiones y campos de trabajo forzado en Siberia. En 1933, aproximadamente un millón y medio de personas fueron objeto de la segunda forma (deportación) de *deskulakización;* entre 850.000 y 900.000 fueron enviados a las prisiones o campos de trabajo. Todas las personas que poseían tierra y estaban contra la colectivización eran definidas como *kuláks;* a las que no tenían tierra pero estaban en desacuerdo con la colectivización se les denominó *subkuláks.*

En julio de 1931, estaba ya colectivizado el 53 % de los hogares campesinos; en 1932, el 61,5 %. En 1941, el 98 % de la tierra cultivada pertenecía a los *koljós* o los *sovjós*. Entre 1932 y 1933, probablemente de cuatro a cinco millones de personas murieron asesinadas en el proceso de *deskulakización* o de hambre después de quedarse sin grano a causa de la confiscación estatal. La colectivización incluyó el proceso de *desnomadización* de los pastores de Asia Central, en su mayoría kazajos. Entre 1931 y 1933, murió el 40 % de los kazajos por la pérdida de su ganado (ovejas) y por una epidemia de tifus. El Estado consiguió una victoria parcial sobre los campesinos. Es cierto que los puso bajo control administrativo y, a través de los tractores, los hizo depender de la tecnología estatal. Los *kuláks* habían sido aniquilados. Pero la resistencia de los campesinos también consiguió algunas concesiones, por ejemplo la legalización de las parcelas privadas y la posesión de animales domésticos.

La incompetencia administrativa, la inversión insuficiente y la expropiación de los campesinos fueron causa de la producción extremadamente baja de las granjas colectivas, lo que convirtió el sector agrícola más en un problema que en una solución para la inversión industrial. La primera consecuencia de ello fue la hambruna de 1932 y 1933. Era de dimensión equivalente a la gran hambruna de 1921 y 1922, pero, como no fue admitida por el Partido Comunista, la Unión Soviética no pidió ayuda internacional y el número de víctimas mortales fue mucho mayor.

La causa principal de la hambruna radicaba en la exigencia de cumplir con las cuotas de producción de grano impuestas por el Estado. Los análisis más recientes de los datos de la cosecha de 1932 revelan que ésta no fue de 69,9 millones de toneladas (como afirmó la estadística oficial), sino de 50 millones. La hambruna también fue causada por la escasez del grano para siembra. La población rural, no sólo en Ucrania (aunque la mayor parte de su población era rural), sino de toda la URSS sufrió desproporcionadamente. Incluso las cuotas obligatorias de grano para Ucrania cambiaron tres veces durante 1932, a la vista de la inanición campesina. Se estima que, en 1933, las víctimas ucranianas de la hambruna fueron 2,9 millones y 4,2 millones en otras partes de la URSS.

La industrialización

El objetivo del Primer Plan Quinquenal, en su versión «óptima», era aumentar la inversión en un 228 %, acrecentar la producción industrial en un 180 %, incrementar la generación eléctrica en un 335 %, y ampliar la mano de obra industrial en un 39 %.

Aunque estos objetivos estaban lejos de ser modestos, a finales de 1929 el lema oficial del Kremlin era «cinco por cuatro», eso es, el cumplimiento del Plan Quinquenal en cuatro años. Esta «sobredosis de ambición» del Primer Plan Quinquenal, y en un sentido más amplio de toda la segunda Revolución de Stalin, derivó de dos elementos del bolchevismo: del *prometeísmo* –la creencia en que el esfuerzo humano colectivo puede lograr milagros–, y de un maximalismo revolucionario que era una mezcla de psicología de igualdad, expropiación e incluso de fe en el papel creativo de la violencia (idea de los anarquistas del siglo XIX). Estos elementos mezclados componían una nueva cultura política y sirvieron de base a la industrialización. Su principal objetivo era «alcanzar y superar» a los países capitalistas avanzados.

Hay dificultades para encontrar datos exactos sobre el Primer Plan Quinquenal. El documento que se presentó en el XVI Congreso del PCUS, en la primavera de 1929, tenía dos versiones, la estándar y la «óptima». La óptima para tres industrias clave era la siguiente: En 1927 y 1928, la producción real en millones de toneladas de carbón era de 35; de petróleo, 12 y de hierro, tres. Para 1932 y 1933, la producción planificada de carbón era de 75 millones de toneladas; de petróleo, 22 y de hierro, 10. La producción real en 1932 fue de 64 millones de toneladas de carbón, 21 de petróleo y seis millones de toneladas de hierro. Así, a pesar de no haber cumplido el Plan Quinquenal en su totalidad, el régimen podía presumir de que en 1932 se había conseguido mucho. La producción bruta industrial, medida en los rublos de 1927, creció de 18.300 millones a 43.300 millones, sobrepasando el plan óptimo. Los bienes de producción estaban valorados en 1927 en 6.000 millones de rublos; en 1932 eran 23.100 millones (el valor de la maquinaria se cuadruplicó). Eran unos resultados impresionantes. Menos impactantes fueron, sin embargo, las cifras de producción de bienes de consumo: el crecimiento fue de 12.300 millones a 20.200 millones de rublos. Se registró un déficit significativo en la producción de carbón, electricidad y acero. El empleo en la construcción, el transporte y la industria sobrepasó lo planificado en el Plan, creciendo de 11,3 millones a 22,8 millones de nuevos puestos de trabajo. La mayoría de las industrias no había cumplido los objetivos, pero todas consiguieron un crecimiento importante.

El crecimiento de los empleos en las ciudades se debió a la inmigración campesina, como consecuencia de la colectivización y la hambruna. Se estima que entre 1928 y 1932, alrededor de diez millones de personas se unieron a la fuerza laboral remunerada. En general, la migración campesina adoptó tres formas: la deportación involuntaria (a causa de la *deskulakización*); la reubicación a través de las granjas colectivas y las empresas industriales (proceso eufemísticamente llamado *orgnabor* –«reclutamiento organizado») y la migración voluntaria independiente, oficialmente llamada *samotek* («deriva»). Estas categorías no captan toda la complejidad de las migraciones de la década de 1930. Hubo mucha presión para abandonar los pueblos, pero también mucha demanda de mano de obra en las ciudades.

El crecimiento de Magnitogorsk, «la ciudad socialista del acero», ubicada en la estepa occidental de Siberia, es un paradigma del crecimiento espectacular de los centros industriales: en marzo de 1929, Magnitogorsk contaba con 25 habitantes. En otoño de 1932, su población era de 250.000. La población de Moscú en 1929 era de 2,2 millones de habitantes, y en 1936 había crecido a 3,6 millones. En 1926, Leningrado tenía una población de 1,6 millones, y a finales de la década de 1930 contaba con 3,5 millones de habitantes. Donbáss (Ucrania) duplicó su población entre 1926 y 1937, alcanzando los 246.000 habitantes en 1937. Este crecimiento de la población urbana, en sí mismo, no significaba una «urbanización» de la población, un proceso que es a la vez cuantitativo y cualitativo. Más bien se trataba de una «ruralización» de las ciudades, la conquista de los espacios urbanos por un gran número de campesinos. Para controlar las migraciones, el Estado introdujo pasaportes internos en diciembre de 1932.

La construcción de las casas no se desarrolló a un ritmo tan rápido como la migración. Los obreros de Magnitogorsk, y los que llegaban a trabajar ahí, eran alojados en tiendas de campaña o en dormitorios colectivos de construcción improvisada donde el espacio por persona era muy reducido. Otra manera de alojar a los inmigrantes recién llegados a las ciudades era instalarlos en las casas de los «parásitos y de otros elementos no laborales» (la nobleza prerrevolucionaria, el clero, los jóvenes expulsados de las universidades por su origen noble, y los que habían sido expulsados del aparato del partido). Las estadísticas globales demuestran que el espacio vital por persona en la Unión Soviética declinó entre 1928 (5,65 metros cuadrados) y 1932 (4,66 metros cuadrados).

SEGUNDO PLAN QUINQUENAL:
LA PASIÓN POR EL DOMINIO DE LA TECNOLOGÍA (1933-1937)

En 1933, el borrador del Segundo Plan Quinquenal resultaba tan ambicioso como el del primero. Pero a finales de 1932, después de la gran hambruna, los objetivos del Segundo Plan Quinquenal cambiaron, porque la economía estaba debilitada. Por ejemplo, la inicialmente proyectada producción de 100.000 millones de kilovatios de electricidad para 1937, en la versión revisada (adoptada por el XVII Congreso del PCUS en febrero de 1934), bajó a 38.000 millones; la producción proyectada de hierro cayó de 22 millones a 14,5 millones de toneladas. La gran hambruna representó una especie de terapia de choque.

El Segundo Plan Quinquenal, aunque ambicioso en su objetivo de superar las cuotas de producción previa, se centró más en el dominio de la tecnología que en alcanzar la producción prevista. En enero de 1933, en la sesión plenaria del partido, Stalin afirmó que la «pasión por el dominio de la tecnología» exigía más entrega vocacional y una mayor disciplina laboral. La disciplina laboral fue el concepto clave de la década de 1930. La mano de obra industrial había absorbido a millones de campesinos poco cualificados y aún menos disciplinados. El control estricto sobre la organización de la producción se volvió obsesivo y llevó a la aniquilación de las innovaciones del Primer Plan Quinquenal, como la semana laboral continuada (cuatro días seguidos de trabajo y un día libre), el «sistema funcional de gestión» (establecimiento de autoridades paralelas para esquivar la responsabilidad personal), la producción y responsabilidad colectiva (unidades organizadas por los obreros para proteger sus derechos y eludir la responsabilidad individual). El Segundo Plan Quinquenal restauró un sistema más jerárquico de gestión e introdujo la responsabilidad que conllevaba el prestigio del personal técnico más cualificado, lo que acabó con el igualitarismo social. Era la época en la que los directores de fábricas que cumplían con éxito los planes de sus fábricas eran conocidos por todos. El país entero los celebraba, como en el tiempo de guerra a los líderes militares. La necesidad de personal cualificado, «inteligencia tecnológica», empujó al régimen a rehabilitar a los ingenieros «burgueses» (Decreto de 1931).

El paradigma del *homo sovieticus* y uno de los héroes principales del Segundo Plan Quinquenal fue Alekséi Stajánov (1906-1977), un minero de Donbáss. Durante una noche de 1935, Stajánov extrajo 102 toneladas de carbón en seis horas, catorce veces más de lo que preveía la norma laboral. El minero consiguió su récord gracias a una división del trabajo innovadora que le permitió centrarse sólo en extraer carbón, mientras otros obreros se ocuparon de las tareas auxiliares. *Pravda* publicó la noticia sobre su récord, y otros mineros de todo el país quisieron imitarle. El deseo de ser Stajánov y la imitación de sus logros se llamó «estajanovismo». Era un fenómeno complejo, una mezcla de dominio de tecnología, cultura de trabajo, movilidad social, reconocimiento público, condiciones adecuadas de trabajo y poder monetario de los que trabajaban para conseguir récords. El «estajanovismo» despertó algunas expectativas que no se podían cumplir (la gran mayoría de los obreros no tenía cualificación adecuada para conseguir el nuevo estatus deseado) y mucha envidia, porque no todos recibían el mismo reconocimiento público y económico por sus resultados laborales.

Los éxitos económicos de los dos primeros planes quinquenales fueron parciales. Se limitaron a la industria y no alcanzaron a la agricultura. El Estado reafirmó el poder de la enorme burocracia parasitaria –nomenclatura– que le acompañaría hasta el final. El proceso había empezado con el comunismo de guerra en tiempos de Lenin y siguió su lógica acelerada de bola de nieve. Había un burócrata *(chinovnik)* por cada dos obreros. Otro de los factores que explican tanto los éxitos como los fracasos de los planes quinquenales fue la inflexibilidad del régimen (el miedo a posibles consecuencias si no se cumplían los objetivos del plan) y el triunfo del voluntarismo utópico, que motivaba a los trabajadores pero destruía toda posibilidad de rectificación, corrección o innovación. La economía planificada, que estuvo vigente hasta finales de la década de 1980, produjo un fraude generalizado: los líderes locales, para conseguir inversiones del centro en sus respectivas regiones, solían prometer lo que no podían cumplir y exageraban la cantidad de los recursos naturales que se podrían obtener. De este modo, el clientelismo y la corrupción se apoderaron de la planificación económica.

La economía estalinista fue diseñada para industrializar aceleradamente un gran país atrasado sin tener en cuenta las necesidades sociales y el nivel de vida de los trabajadores. El país exportaba sus materias primas mientras la población pasaba hambre. El comunismo definido por Engels como «el ascenso del hombre desde el reino de la necesidad al reino de la libertad», no existía en el estalinismo, que no tenía en cuenta ni la «necesidad» ni la «libertad» de los obreros. Los decretos «terroristas» de finales de la década de 1930 regulaban los castigos por el absentismo laboral: por 20 minutos de retraso, que equivalían a absentismo, un hombre era castigado con seis meses de trabajos forzados. La reincidencia o el abandono del puesto de trabajo equivalía a vagabundaje (la pena era entre uno y tres años de trabajos forzados). La economía planificada habría sido completamente insostenible para la población si no hubiera existido la «economía negra», que suministraba bienes básicos de consumo, por precios más altos, lo que fomentó la corrupción y creó los «ricos del subsuelo», expresión inspirada en Dostoievski.

22

La revolución en la cultura y las purgas

«Camaradas, la vida se ha vuelto más alegre», afirmó Stalin en noviembre de 1935. De inmediato se compuso una canción que repetía el estribillo «La vida es alegría», y transmitía el mito de la gente alegre que alcanzaba grandes objetivos industriales y adoraba a su líder genial *(vozhd)*. Los éxitos del socialismo, oficialmente proclamados en la Constitución de 1936, eran responsables de esta nueva alegría vital. La gran transformación de la agricultura y la industria fue acompañada por la «revolución en la cultura», que dio un vuelco a los estándares científicos y valores estéticos previos y que supuso un asalto total a sus portadores. Tuvo tres aspectos: las purgas, la proletarización y la promoción de los obreros en los puestos clave de las instituciones culturales. Su objetivo principal era la sustitución de la *intelligentsia* de las élites culturales y científicas por obreros-proletarios. Esta revolución subrayó la incompatibilidad de la *intelligentsia* prerrevolucionaria (el único colectivo que sobrevivió más o menos a la revolución) y el Partido Comunista.

Las primeras tensiones se produjeron en la primavera de 1928, cuando 53 ingenieros (alemanes y rusos) de la instalación minera de Shajty (Cáucaso Norte) fueron acusados de demolición de infraestructuras y sabotaje de servicios. El proceso contra ellos no fue en sí mismo la novedad, sino la interpretación que dio Stalin al acontecimiento. A diferencia de los líderes locales del partido, que se preocuparon por superar rápidamente la disrupción del trabajo y lidiar con el resentimiento de los obreros no cualificados hacia el personal técnico que emergió, Stalin propuso otra solución, que denominó «vigilancia de clase». La vigilancia de clase era un instrumento preventivo en contra de «todos los casos como éste, que existen en todas las ramas de la industria» y que se tradujo en purgas no sólo en la administración industrial, sino en los sóviets, los sindicatos, el aparato del partido, las instituciones educativas y los órganos centrales económicos.

A finales de la década de 1920 había dos tipos de purgas: las «sociales», es decir, la exclusión de los individuos de «origen privilegiado» (nobles) de las instituciones y de la enseñanza superior. Las realizaban la organización juvenil Komsomol y los comités locales del partido. Este tipo de purga era «espontáneo» y a veces incluso condenado por las autoridades. El segundo tipo, más formal, era conducido por una comisión, el *Rabkrin*, especialmente constituida al efecto por inspectores obreros y campesinos y miembros del Comité Central del PCUS. Amparado por la decisión del XVI Congreso del PCUS, el *Rabkrin* expulsó a unos 164.000 empleados soviéticos entre 1929 y 1930. Las purgas en el partido, que expulsó al 11 % de sus miembros en 1929, se dirigieron contra los «carreristas» y corruptos; luego, contra los que cometían «ofensas criminales», y finalmente contra aquellos a los que se aplicaba un criterio exclusivamente político (y arbitrario). Las purgas fueron una parte sustancial de la revolución en la cultura.

La otra, no menos importante, fue la intensificación y politización de las luchas entre los profesionales de la *intelligentsia* prerrevolucionaria y la soviética (en su gran mayoría comunista). Los primeros denunciaban un asalto general contra la cultura misma, y los segundos lo veían como un proceso de proletarización. Los primeros creían que la *intelligentsia* debería educar a las masas, los segundos, que la *intelligentsia* debería aprender de las masas.

Uno de los conceptos clave para comprender de qué se acusaba exactamente a la *intelligentsia* prerrevolucionaria es el de «desviación». La palabra «desviación» fue acuñada en la década de 1920, para estigmatizar al grupo de Nikolái Bujarin en los debates sobre la industrialización por apartarse de la «opinión correcta». Sin embargo, su uso se generalizó más tarde para referirse a todos a los que había que expulsar de alguna parte. Los que clamaban que sabían la interpretación verdadera del marxismo-leninismo acusaban a otros de «seudociencia (burguesa)», «idealismo menchevique» o «desviación de derechas».

Posiblemente la lucha ideológica más intensa de la revolución en la cultura fue la desatada en los círculos literarios. Los escritores y los críticos afiliados a la Asociación Rusa de Escritores Proletarios (RAPP, en sus siglas en ruso), combatían agriamente a los escritores marxistas rivales del «Frente Literario» (Litfron). El 23 de abril de 1932, el Comité Central adoptó la resolución sobre «la Reforma de las Organizaciones Artísticas», abolió formalmente la RAPP y ordenó la formación de la Unión de Escritores Soviéticos. En 1932, la publicación de la novela *Tiempos avanzados* de Valentín Katáev (1897-1986) sobre la ruptura del récord de producción en Magnitogorsk supuso la aparición de un nuevo canon literario en la narrativa soviética. El 19 de junio de 1929, la *Literaturnaya Gazeta* («Revista de Literatura») proclamó: «Es esencial llevar a cabo una purga drástica [...] Los buenos escritores, los corifeos, son incomprensibles para las masas, su estilo es demasiado complicado [...] ¡Hay que prestar más atención a los escritores mediocres!». El mismo año empezó una gran campaña contra Borís Pilniák (1894-1938) por su novela *El cuento de la luna apagada*, que contaba la muerte misteriosa de un general del Ejército Rojo, y contra Yevgueni Zamiatin (1884-1937) por su gran novela *Nosotros*, escrita en 1920 como una profecía de la utopía soviética, y por su artículo *Ya boyus* («Temo», 1921) con su frase célebre: «Temo que la literatura rusa tenga un solo porvenir: su pasado». Pilniák se sometió, Zamiatin escribió a Stalin y éste le dejó emigrar. En 1930 Vladímir Mayakovski y Serguéi Yesenin se suicidaron. Otros fueron perseguidos. Como observó el poeta Ósip Mandelshtam (1891-1938), que murió en un campo de trabajos forzados en Siberia, «en ninguna parte del mundo aman tanto la poesía como en Rusia: ¡Hasta fusilan por un poema!». El vocabulario de los planes quinquenales se aplicó al arte: «un plan quinquenal de poesía», con «un Magnitogorsk en literatura», y con el propósito de «alcanzar y rebasar a Shakespeare».

El nuevo canon estético dominó la producción cinematográfica. El cineasta Aleksandr Dovzhenko declaró: «El verdadero artista no es el que tiene talento e incluso genio, ni el que se entrega a la causa de la Revolución, de la clase obrera o de la conquista socialista, es el que dice sí». Serguéi Eisenstein fue el mejor representante del talento envilecido. En sus películas *El prado de Bezhin* e *Iván el Terrible* se convirtió en el apologista incondicional de Stalin, de la dictadura y del terror. Dziga Vértov (1896-1954), seudónimo de Denis Kaufman, admirable documentalista, fue fiel a la causa comunista. Su documental *Entusiasmo* (1931) ilustra la vida de los obreros, campesinos y de los «intelectuales honestos». En su otro documental, *Tres cantos a Lenin*, que curiosamente vio la luz el mismo año, 1934, de *El triunfo de la voluntad* de Leni Reifenstahl (dedicado a Hitler), elogiaba la figura del líder soviético.

En música, Dmitri Shostakóvich sufrió la situación, y encontró su salida en la doble personalidad y una obra aparentemente contradictoria. Su segunda y tercera sinfonías y su ópera *Lady Macbeth de Minsk* habían sido condenadas como «formalistas, burguesas y decadentes». Su cuarta sinfonía nunca se interpretó. Pero muchas de sus otras obras fueron celebradas por el régimen.

Se prohibió exponer las obras de Kazimir Malévich a partir de 1927 (murió en la pobreza en 1935). Toda la ciencia cayó bajo el fuego de nuevos inquisidores: «Las ciencias filosóficas, naturales y matemáticas tienen el mismo carácter político que las ciencias históricas», constató la editorial de la revista *Marxismo y Ciencias Naturales*.

Otro aspecto de la revolución en la cultura fue la persecución del clero de la Iglesia ortodoxa. En 1932, en Rusia quedaban cuatro obispos de los 160 de la época prerrevolucionaria, y 4.200 parroquias de las 54.000 que existían entonces. El cristianismo fue sustituido por la dimensión sagrada del comunismo reflejada en el culto a la personalidad de Lenin y Stalin. El culto a la personalidad, sostenido durante el comunismo, era la repetición del arquetipo mesiánico del zar, llamado por los rusos «nuestro padre». Pero mientras el zar ruso era el representante humano en la Tierra del gran poder de Dios, los líderes soviéticos eran Dios mismo o la emanación directa de la verdad absoluta, mesías y salvadores.

La tercera dimensión de la revolución cultural estalinista fue la rápida promoción de obreros a puestos clave de la administración y las instituciones de enseñanza superior. La promoción de obreros, «la nueva burguesía plebeya», fue a la vez causa y consecuencia de la campaña contra la burguesía y las purgas sociales de la burocracia.

La revolución en la cultura, definida por el Kremlin como «revolución desde abajo» (donde lo «bajo» significaba tres cosas: acciones espontáneas de los funcionarios del partido y del Komsomol, rebelión de los jóvenes y los obreros contra los profesionales, y promoción del proletariado) no fue sino antiintelectualismo y radicalismo social en estado puro.

23

La Constitución de 1936

La primera Constitución soviética se aprobó en 1918, con el reconocimiento inmediato de que se trataba de un documento temporal. Fue adoptada porque se requería algún marco formal y porque todos los revolucionarios anteriores habían demandado una Constitución a lo largo del siglo XIX. La Constitución de 1924 fue más significativa, porque formalizaba la creación de la URSS. La Constitución de 1936, llamada «la Constitución de Stalin», fue escrita por Nikolái Bujarin y Karl Radek (último servicio importante que ambos prestaron al partido). Y sería descrita como «la más progresista de todos los tiempos», pero, en realidad, todos los artículos que garantizaban derechos y libertades no tenían sentido alguno, por el hecho de que el Politburó y el NKVD (Comisariado del Pueblo para Asuntos Internos), podían anular cualquier obstáculo legal para «realizar correctamente su trabajo». Fue el marco legal de la estructura territorial y de la pirámide organizativa del poder comunista en el Estado de partido único.

El capítulo primero de la Constitución exponía los conceptos fundamentales de la URSS. Entre ellos, destacaban que la URSS era un Estado socialista de obreros y campesinos; que la estructura política de la URSS estaba sustentada por los diputados del pueblo obrero soviético, que crecía continuamente convirtiéndose en una gran fuerza como consecuencia del derrocamiento de los terratenientes y los capitalistas por la dictadura del proletariado, y que todo el poder en la URSS pertenecía a los obreros de las ciudades y del campo, representados por los diputados del pueblo obrero soviético. Se establecía asimismo la propiedad socialista de los instrumentos y medios de producción, como resultado de la liquidación del sistema capitalista de economía, la abolición de la propiedad privada y la eliminación de la explotación del hombre por el hombre. Declaraba que el trabajo en la URSS era un deber y un asunto de honor para todos los ciudadanos capacitados físicamente para trabajar y en sintonía con el principio «quien no trabaja, no tiene derecho a comer».

El artículo 126 precisaba que se trataba de un Estado de partido único, porque «el Partido Comunista es la fuerza gubernamental real y más poderosa ya que forma parte del núcleo de todas las organizaciones públicas y estatales del pueblo obrero». La estructura territorial de la URSS se basaba en un sistema de repúblicas federales. Lenin fue un protector apasionado del Estado multinacional; despreciaba la arrogancia de los rusos y reconocía públicamente que otras nacionalidades sufrían por ello. Su debate con Stalin en 1923 sobre las minorías nacionales le dio la victoria. Pero en 1936 Stalin se sintió libre para hacer una Constitución a su medida. Según la Constitución de 1936, la URSS era una federación de las repúblicas soviéticas de Rusia, Ucrania, Bielorrusia, Georgia, Armenia, Azerbaiyán, Kazajistán, Kirguistán, Uzbekistán, Turkmenistán y Tayikistán. En 1939-1940, Letonia, Estonia, Lituania y Moldavia fueron incorporadas a la unión. El Gobierno federal en Moscú controlaba por completo los presupuestos generales y regionales, la política exterior y la de seguridad y defensa. En algunos otros campos las repúblicas tenían completa jurisdicción, principalmente en las cuestiones de educación. El conflicto entre el gobierno de la unión y de las repúblicas federales fue silenciado, porque los líderes del partido controlaban ambos. El derecho de autodeterminación y secesión fue aceptado sobre el supuesto tácito de que nadie se atrevería a invocarlo.

Algunas repúblicas estaban divididas internamente en repúblicas autónomas, y éstas, en regiones y áreas autonómicas que correspondían a grupos étnicos o pequeñas naciones demasiado pequeñas para «justificar» la existencia de una propia república. La República Socialista Federativa Soviética de Rusia (RSFSR), consistía en 14 repúblicas autónomas y varias regiones autónomas. Las fronteras administrativas trazadas en Asia Central a veces se correspondían muy poco con la composición étnica de la población (criterio que se respetaba más o menos en las otras partes de la URSS), porque definir una nación era difícil y delicado. El criterio lingüístico fue la base de tales definiciones. La época zarista produjo una nación artificialmente dividida entre la élite que hablaba francés y los campesinos-siervos que hablaban ruso. En la URSS había 192 lenguas y el ideal (nunca conseguido) fue publicar periódicos y libros en todos ellos. Se esperaba de los líderes locales que trabajaran en lenguas locales, lo que implicaba un papel menor de los rusos y del idioma ruso. A muchas personas se les asignó una nacionalidad que no querían y se les exigió aprender un idioma que no era el suyo. Por ejemplo, los chechenos y los ingushi o ingusetios fueron agrupados en una nación, contra su voluntad. El objetivo último de la Constitución de 1936 era «nacionalista en la forma», pero «socialista en el contenido», pues su finalidad real respecto a la cuestión nacional era conseguir el mismo nivel de desarrollo económico, político y social para todas las naciones que componían la URSS.

La República de Rusia carecía de muchas instituciones que tenían otras repúblicas –no tenía su propio Partido Comunista–, pero su capital, Moscú, era el centro donde estaban ubicadas las instituciones de la URSS, en todas las cuales Rusia tenía un papel dominante. Este hecho se convirtió en el «agravio histórico» que, a partir de la década de 1990, los nacionalistas rusos esgrimieron como prueba del «ninguneo» de los rusos durante el comunismo.

La Constitución de 1936 definió la pirámide organizacional del poder comunista. El derecho exclusivo de legislar lo detentaba el Sóviet Supremo a pesar del establecimiento de dos cámaras: el Sóviet de la Unión, compuesto por los miembros elegidos en los distritos electorales (un miembro por cada 300.000 habitantes) y el Sóviet de las Nacionalidades (compuesto por 25 miembros por cada una de las repúblicas de la Unión, 11 miembros por cada una de las repúblicas autónomas, cinco por cada una de las regiones autónomas, y uno por cada área nacional).

El Sóviet Supremo se reunía dos veces por año. Las reuniones duraban varios días. Sus miembros eran informados de las políticas del Gobierno que luego aprobaban. Así que no se trataba de un órgano legislativo en el sentido de la democracia liberal, sino de uno que tenía como función principal dar a sus miembros un sentido de participación en la política. La gran mayoría de sus miembros tenía otros empleos, no eran políticos profesionales (como los bolcheviques). Las elecciones, obviamente no eran competitivas, dado que sólo un candidato era nominado por cada distrito. El objetivo de las elecciones no era una democracia interna, sino demostrar el apoyo masivo del electorado a la causa comunista.

El Sóviet Supremo elegía un Presídium (nuevo nombre para el Politburó), cuyo presidente cumplía con el papel de presidente de la URSS, pero tenía muy poco poder político. El Sóviet Supremo elegía un Consejo de los Comisarios del Pueblo, cuyo presidente equivalía a un primer ministro (pero también con poco poder). En el nivel local, los gobiernos estaban estructurados de manera similar, aunque existía sólo un Sóviet Supremo. La URSS no se jactaba de ser una sociedad sin clases. En 1917, el sistema de clases que existía fue derogado, pero no significó el final de las distinciones entre clases. Excepto durante el comunismo de guerra, el igualitarismo fue rechazado. En 1931, Stalin se opuso a la igualdad reconociendo las diferencias entre obreros cualificados (profesionales) y no cualificados. La Constitución de 1936 sostenía que las antiguas clases que luchaban entre sí estaban neutralizadas, y que sólo existían dos clases: la de los obreros y la de los campesinos. Dado que, según Stalin, estas dos clases se relacionaban amistosamente, no había necesidad de un sistema pluripartidista, porque los partidos políticos representaban la lucha de clases. La *intelligentsia* fue descrita como «estrato», no como una clase, y como una *intelligentsia* de la clase obrera (no burguesa).

En realidad, en la URSS de Stalin (y en la posterior) había una clase alta, pero que según el análisis marxista no se concebía a sí misma como clase, porque no tenía propiedad privada. Esta clase era la clase comunista privilegiada, que se consideraba cultural, política e ideológicamente superior. Disfrutaba de lujos estatales como las *dachas* (casas de campo), coches, servicio doméstico y mejor educación para sus hijos. En el polo opuesto estaban los *bivshi ljudi* («ex hombres» o «ex personas»), las víctimas de las purgas sociales que poco a poco desaparecían de la sociedad, emigrando al extranjero o muriendo en los campos de trabajos forzados.

24

El Gran Terror (1934-1938)

«Un régimen dispuesto a ejercer un terror ilimitado no puede ser derribado», afirmó Lenin en 1917, homenajeando a Robespierre («hay que gobernar a los enemigos del pueblo con el terror»). Los rusos suelen usar la palabra *represia* («represión») para referirse al periodo de la historia soviética entre 1934 y 1938. Los historiadores occidentales lo describen como el de las «Grandes Purgas» o el «Gran Terror». La palabra «purga» significa una limpieza a fondo. Las purgas en la URSS eran muy frecuentes para la expulsión periódica de los miembros del partido o los empleados de otras instituciones estatales que se consideraban no aptos para el régimen por razones ideológicas o políticas. Con el tiempo las «Grandes Purgas» vinieron a describir un proceso monstruoso de detenciones arbitrarias, juicios falsos, confesiones obtenidas bajo tortura, ejecuciones en masa y envío masivo de personas a los campos de trabajo forzado. Sin embargo, y a pesar de la evolución de su significado, el concepto de «gran purga» no refleja toda la envergadura del uso del terror como instrumento político instituido por Lenin. La «limpieza» no es idéntica al terror. El Gran Terror fue la sistemática eliminación física de los posibles rivales políticos, pero también un instrumento disuasorio para impedir cualquier desafío al poder del PCUS y un medio para suscitar un estado mental de miedo en toda la población.

El Gran Terror fue el símbolo del régimen estalinista, que representa, junto al fascismo y al nazismo, la forma extrema del Estado totalitario, controlado por un solo partido, que ejerce el control completo de las esferas pública y privada de la vida de sus súbditos.

La apertura de los archivos del NKVD (Comisariado del Pueblo para Asuntos Internos) después del colapso del comunismo no ha sido todavía suficiente para conocer todas las causas del Gran Terror ni tampoco el número de sus víctimas. A pesar de que existieran otras posibles causas, su objetivo era asegurar el control total del Estado sobre la sociedad a través del más implacable instrumento leninista, el terror ilimitado.

Antes del periodo del Gran Terror, los soviéticos habían experimentado dos periodos de terror masivo. El primero, entre 1918 y 1921 fue el desatado por los bolcheviques contra todos sus adversarios. El segundo, entre 1929 y 1933, el ejercido por los comunistas contra los campesinos, la *intelligentsia* burguesa y los creyentes. Sin embargo, nunca antes el terror fue dirigido, como entre 1934 y 1938, contra los propios miembros del Partido Comunista. Hay que tener en cuenta que los «órganos de seguridad» existían desde el comienzo de la Revolución de Octubre: la Cheka, fundada a finales de 1917, contaba con 140.000 empleados en 1922. Durante 1922 y 1923 se llamó GPU (Administración Política del Estado) y luego, entre 1923 y 1934, su nombre fue OGPU (Administración Unificada Política del Estado). En 1934, la OGPU fue integrada en el NKVD. Durante el estalinismo sus directores fueron Guénrij Yagoda (1934-1936), Nikolái Yezhov (1936-1938) y Lavrenti Beria (1938-1953).

Las ideas de Lenin sobre la violencia, la dictadura, el terror, el centralismo, la jerarquía y el liderazgo eran elementos integrales del pensamiento de Stalin. Además, una parte importante del legado de Lenin la constituían instituciones que ejercían represión. La Cheka, el uso de los campos de trabajo forzado de la época zarista, el Estado de partido único, los medios de comunicación monoideológicos, las arbitrariedades administrativas, la prohibición de las elecciones libres y la proscripción de la disidencia dentro del partido no fueron impuestos por Stalin, sino por Lenin. Stalin se llamaba a sí mismo «discípulo de Lenin».

Aparentemente, el comienzo del Gran Terror se sitúa en la fecha del 1 de diciembre de 1934, cuando fue asesinado el secretario general del Partido Comunista de Leningrado, Serguéi Kírov (1886-1934), por un joven comunista llamado Leonid Nikoláev (1904-1934). El atentado nunca se aclaró del todo (el testigo principal sufrió un accidente mortal de coche). El régimen primero responsabilizó del crimen a las potencias extranjeras, luego a los zinovievistas (seguidores de Zinóviev), y finalmente a los trotskistas. El atentado fue seguido por una campaña de terror sin precedentes. Se aprobó un decreto que daba carta blanca para acusar a todas las personas que «preparaban actos terroristas», que podían ser investigadas y ejecutadas sin procedimiento judicial y sin derecho a defenderse. En el XX Congreso del PCUS (febrero de 1956), Nikita Jrushchov (1894-1971), secretario general del partido, afirmó que el atentado de Kírov fue una orden del mismo Stalin y que «el decreto se convirtió en la condición necesaria de los asesinatos masivos que abusaban de la legalidad socialista».

El supuesto motivo de Stalin para ordenar el asesinato del secretario general del Partido Comunista de Leningrado fue triple: vengarse de Kírov, que había recibido más votos que el propio Stalin en las elecciones para el Politburó en el XVII Congreso del PCUS, aprovechar la ocasión para eliminar a otros antiguos camaradas que habían discrepado públicamente con él sobre la NEP y los planes quinquenales (Trotski, Zinóviev, Kámenev, Bujarin, etcétera) y disuadir preventivamente a todos los rivales políticos y potenciales «enemigos del pueblo».

Pero posiblemente hubo otros factores. Entre ellos, el ascenso al poder de los nazis en Alemania y la perspectiva de una guerra mundial. La noche de los cuchillos largos –la eliminación del nazi Ernst Röhm y de sus seguidores por Hitler, del 30 de junio al 3 de julio de 1934– fue una inspiración para Stalin, que quedó profundamente impresionado por la forma drástica en que Hitler eliminó a su oposición, y estudió hasta en los detalles más insignificantes cada uno de los informes relacionados con los sucesos de aquella noche. Otras explicaciones «racionales» del Gran Terror suelen ser la naturaleza patológica de Stalin y su paranoia, o que derivó de los imperativos burocráticos asociados con el NKVD (Comisariado del Pueblo para Asuntos Internos) y su supervisión de los campos de trabajo forzado. Sin embargo, el Gran Terror fue, ante todo, una consecuencia lógica de la consolidación del poder bolchevique y el elemento intrínseco de su régimen.

PURGAS ENTRE LOS MIEMBROS DE LA CÚPULA MILITAR Y DEL PARTIDO COMUNISTA

La gran campaña de terror comenzó con las purgas en el partido mediante tres procesos públicos en los que fueron ejecutados o enviados al Gulag más de mil personas (delegados del Congreso del PCUS, miembros del Comité Central y otras instituciones).

En agosto de 1936, dieciséis antiguos «opositores de izquierda» que debatían sobre la industrialización, incluidos Zinóviev y Kámenev, fueron acusados públicamente de haber organizado el grupo terrorista que mató a Kírov, además de preparar el asesinato de Stalin y de otros miembros de la cúpula del PCUS. Todos, excepto uno, confesaron su culpa y fueron ejecutados. La muerte de los «viejos bolcheviques» como Zinóviev o Kámenev, escandalizó a muchos camaradas. A pesar de ello, en 1937 hubo otra oleada de acusaciones contra los integrantes de «la oposición de izquierda» en un segundo proceso público que incluyó a Karl Radek y a Gueorgui Piatakov, entre otros. Eran diecisiete en total, acusados de conspirar con Alemania y Japón para dividir la URSS entre estas dos potencias. Piatakov fue acusado de sabotaje, como comisario popular de la industria pesada, por no haber cumplido el programa de industrialización. Trece de los encausados fueron ejecutados y cuatro fueron deportados a campos (ninguno sobrevivió). Se arrestó a muchos otros miembros del partido, incluido el 70 % del Comité Central, y casi la mitad de los delegados (1.108 de 2.500) del XVII Congreso del PCUS.

Un año más tarde, la gran mayoría de los líderes locales del partido y varias personalidades de diferentes instituciones desaparecieron. Las víctimas eran tanto comunistas como no comunistas. Mientras tanto, los estalinistas tomaron el control de las organizaciones clave. Nikolái Yezhov se convirtió en el presidente de la Comisión del Control del Partido, Andréi Zhdánov heredó el puesto de Kírov como secretario general del Partido Comunista de Leningrado, mientras Nikita Jrushchov salió de Ucrania para unirse a la organización del partido en Moscú. Andréi Vyshinski se convirtió en el fiscal general del Estado, y Lavrenti Beria, en el líder del Partido Comunista de Georgia.

En marzo de 1938, se celebró el tercer proceso público, con 21 reos, entre ellos Bujarin, Alekséi Rýkov, Mijaíl Tomski y Guénrij Yagoda (el anterior jefe de la Cheka). Fueron acusados de sabotaje, conspiración contra Stalin y espionaje para Alemania y Japón. Yagoda fue acusado de envenenar a Maksim Gorki, y Bujarin, de conspirar para matar a Lenin en 1918. Excepto Nikolái Krestinski, todos se declararon culpables de lo que se les acusaba, incluido Bujarin, que al comienzo de la década de 1920 fue amigo y aliado de Stalin. Pero además de sus desacuerdos sobre la política de industrialización, Stalin y Bujarin habían discrepado sobre el papel de los partidos comunistas en la lucha contra los fascistas. Stalin propuso en la reunión de la Internacional Comunista (cuyo presidente era Bujarin) la movilización de los partidos comunistas de toda Europa contra los partidos de izquierda no comunista. Bujarin sostenía que los comunistas europeos deberían luchar, en alianza con otros partidos de izquierda, contra los partidos fascistas emergentes. Bujarin era uno de los pocos que todavía se oponía públicamente a Stalin, pero no por mucho tiempo. Fue ejecutado en 1938. Trotski, que había sido expulsado de la Unión Soviética en 1929, aunque no había sido sometido a ningún proceso público, fue asesinado por orden de Stalin en 1940. Durante sus años de exilio (estuvo en Turquía entre 1930 y 1933, en Francia entre 1933 y 1935, y en Noruega entre 1935 y 1937), se convirtió en una de las voces más críticas con el estalinismo, como lo demuestra su célebre libro *La Revolución traicionada* (1936). Cuando en 1936 recibió la invitación del Gobierno mexicano de Lázaro Cárdenas (gestionada por el pintor Diego Rivera) no dudó en aceptarla, ya que las autoridades noruegas le vigilaban en régimen de arresto domiciliario. El 21 de agosto de 1940, y tras un fallido intento de matarle en mayo del mismo año, Lev Trotski fue asesinado por un comunista español, Ramón Mercader (que usaba el seudónimo de Jacques Mornard). Ya no quedaba nadie de la vieja guardia bolchevique que pudiera hacer sombra a Stalin.

La purga en el Ejército Rojo fue algo especial. En junio de 1937 fue ejecutado el mariscal Mijaíl Tujachevski (el hombre que reprimió la rebelión de Krondstadt en 1921) y otros militares de alto rango fueron acusados de espiar para Alemania y Japón, y de planificar una organización trotskista contrarrevolucionaria. A finales de 1938, 35.000 oficiales del Ejército Rojo habían sido detenidos y encarcelados (nueve de cada diez generales, cuatro de cada cinco coroneles). Muy pocos oficiales de rangos más bajos se vieron afectados.

PURGAS ENTRE CIUDADANOS CORRIENTES

Los procesos públicos constituyeron la propaganda del «terror preventivo» para disuadir a los rivales potenciales, pero también para crear un ambiente de miedo entre los ciudadanos corrientes, que fueron objeto de purgas antes y después de 1937 y 1938. Las purgas entre la gente corriente eran «administrativas», diseñadas para deshacerse en las ciudades de los «no deseables» (desempleados, «parásitos», prostitutas, comerciantes del mercado negro, nobles y sus hijos y *kuláks* que habían huido a la ciudad por la colectivización). Su eliminación era necesaria porque «perjudicaban a la sociedad» y por ser considerados por el régimen como sus enemigos potenciales.

Entre las víctimas había también gerentes, administradores y empresarios que fracasaron en el cumplimiento de los objetivos de los planes quinquenales. Veteranos de la Guerra Civil, ex estalinistas, comunistas extranjeros (los líderes del Partido Comunista de Polonia que vivían en Rusia y el comunista húngaro Béla Kun), rusos que habían vuelto de la Guerra Civil española, antiguos mencheviques y socialrevolucionarios, antiguos miembros de la Gosplan (Comisión General Estatal de Planificación) y los seguidores de Kírov también fueron eliminados como «enemigos del pueblo». Prácticamente todos los que no eran estalinistas declarados e incondicionales podían convertirse en las víctimas del Gran Terror.

El NKVD funcionaba a través de *troikas* –tres hombres– que arrestaban, sentenciaban y ejecutaban a los acusados. Los cementerios estaban organizados para recibir cadáveres, y las ejecuciones a veces se realizaban allí mismo. A los familiares de los que iban a ser ejecutados se les decía que sus parientes iban «a prisión sin derecho a correspondencia». Las *troikas* animaban a los arrestados a denunciar a sus amigos y familiares. Muchos lo hicieron para ajustar cuentas por envidia o rencor, y no por asuntos políticos. Los obreros también podían ser arrestados. Por ejemplo, un conductor de locomotora de ferrocarril podría ser acusado de «sabotaje» si no conducía el tren a su potencia máxima y, si lo hacía, por «estropear» la locomotora o gastar demasiado combustible.

LOS CAMPOS DE TRABAJO

El NKVD se ocupaba también de la organización del Gulag, que en algunos sectores de economía era de importancia vital. En 1941, las unidades del NKVD eran responsables de un cuarto de los proyectos de construcción (incluidas minas, ferrocarril, caminos y algunas fábricas). En los lugares inhóspitos como Siberia, el NKVD era responsable de la extracción de oro y diamantes, así como de níquel. La mayoría de los campos estaba situada en la Siberia occidental, aunque el de Kolimá, el equivalente de Auschwitz, estaba ubicado en el lejano oriente de la frontera soviética, cerca de Vladivostok, al borde del Pacífico.

En 1940 existían 53 «campos de trabajo forzado» y 475 campos «menos duros», las «colonias de trabajo forzado», y más de cincuenta colonias para menores.

Es difícil averiguar con exactitud el número de víctimas del Gulag, porque las estadísticas oficiales soviéticas son poco fiables. Los archivos abiertos en 1985, demuestran que en 1941 los campos tenían 3.350.000 internados, de los que un tercio estaba en los campos y el resto en colonias. En 1953, cuando murió Stalin, el número oficial de las víctimas del Gulag era de 5.500.000.

Según el informe del KGB (Comité para la Seguridad del Estado) publicado en 1990 fueron ejecutados por «ofensas contrarrevolucionarias» el 12,6 % de los arrestados en 1936; el 86,7 % en 1937 y 1938, y el 33,1 % en 1940. Las estadísticas no desvelan el número de prisioneros en el que se basa el porcentaje, así como por qué tantos individuos fueron ejecutados entre 1937 y 1938, con la llegada al poder de Beria como jefe del NKVD.

En 1938, el Gran Terror de Stalin se detuvo, y el dictador acusó a Nikolái Yezhov y a sus subordinados de excederse en sus competencias. Los arrestos disminuyeron, pero no cesaron del todo hasta la muerte de Stalin en 1953. El propio NKVD perdió 20.000 operativos. El Gulag como rama del NKVD, que dirigió el sistema penal de los campos de trabajo forzado, fue disuelto el 13 de enero de 1960.

Los testimonios más conocidos de la época son las dos novelas de Aleksandr Solzhenitsyn –*Un día en la vida de Iván Denísovich*, publicada por vez primera en la época de Jrushchov, y *Archipiélago Gulag;* las memorias de Nadezhda Mandelshtam (esposa del poeta Ósip Mandelshtam) y de Anna Lárina (esposa de Bujarin) y *Relatos de Kolimá*, de Varlam Shalámov.

25

La Unión Soviética
en la Segunda Guerra Mundial (1939-1945)

La Segunda Guerra Mundial comenzó con la invasión de Polonia por la Alemania nazi el 1 de septiembre de 1939. Gran Bretaña y Francia respondieron con una declaración de guerra a Alemania. En junio de 1940, la Italia de Mussolini se sumó al conflicto como aliado de Alemania. El 22 de junio de 1941, Alemania invadió la Unión Soviética. El 7 de diciembre, Japón atacó a la flota norteamericana en Pearl Harbor y provocó así la entrada de Estados Unidos en la guerra. La Segunda Guerra Mundial se prolongó hasta mayo de 1945, y acabó definitivamente en agosto del mismo año con la capitulación de Japón tras los bombardeos nucleares de Hiroshima y Nagasaki.

Una semana antes del comienzo de la guerra, el 23 de agosto de 1939, Alemania y la Unión Soviética firmaron el pacto de no agresión, que supuso la culminación de otros acuerdos previos entre los dos países sobre colaboración militar (el de Rapallo en 1922 y el de Berlín de 1931 y de 1936). El pacto de 1939, también llamado «Ribbentrop-Mólotov» (por los apellidos de los respectivos ministros de Asuntos Exteriores), tenía dos partes principales, una pública y otra secreta. Oficialmente, ambas potencias se comprometían a prevenir la guerra incrementando el comercio bilateral (la URSS compraría la maquinaria alemana y los alemanes podrían adquirir carbón y petróleo soviéticos). Hitler tenía un gran interés en las relaciones comerciales con la URSS, porque sus vastos recursos naturales le garantizaban suministros necesarios para la guerra en toda Europa. La parte secreta del acuerdo se refería a la división del territorio entre Alemania y Rusia en dos «zonas de influencia»: la zona soviética comprendía Finlandia, Estonia y Letonia, y la alemana, el territorio de Lituania y Polonia. Un mes después de la firma del pacto, el 27 de septiembre, Alemania y la URSS firmaron un acuerdo amistoso más, que transfería Lituania a la esfera de interés soviético.

Los acuerdos del Tratado de Versalles de 1919, que no habían incluido en el sistema de seguridad y defensa europeas a la Alemania derrotada en la Gran Guerra, y la debilidad que mostraron Gran Bretaña y Francia durante la década de 1930 (aceptaron la anexión alemana de los Sudetes en 1938), fueron factores importantes del conflicto, pero la Alemania de Hitler fue la principal responsable de la guerra más brutal y destructiva de la historia.

La invasión de la Unión Soviética por Alemania (Operación Barbarroja) comenzó en la madrugada del 22 de junio de 1941, con 153 divisiones organizadas en tres ejércitos –Norte, Centro y Sur. El Grupo de Ejército Norte se movió por los países bálticos en dirección a Leningrado. El Grupo de Ejército Centro tenía el plan de destruir las unidades soviéticas en la parte occidental de Rusia. El objetivo del Grupo de Ejército Sur era ocupar Ucrania y aislarla del resto de la Unión Soviética.

Antes del 22 de junio, el Kremlin recibió nada menos que ochenta advertencias discretas (del Servicio de Inteligencia británico y del soviético) sobre el futuro ataque alemán. Aun así, la sorpresa fue total. La primera reacción de Stalin, que refleja su rechazo de la realidad, fue dar la orden a los comandantes de no disparar ni una sola bala, incluso si los alemanes entraran en el territorio soviético, para evitar así «provocaciones peligrosas».

En términos militares, la guerra en el territorio de la Unión Soviética tuvo dos fases: la primera entre junio y noviembre de 1941. Se caracterizó por las victorias de Alemania y sus aliados. La segunda fase comenzó en noviembre de 1941, con la contraofensiva del general Gueorgui Zhúkov en la batalla por Moscú, y supuso la retirada gradual de los nazis que culminaría el 9 de mayo de 1945.

LA PRIMERA FASE DE LA SEGUNDA GUERRA MUNDIAL EN EL TERRITORIO DE LA URSS

La primera fase de la guerra fue favorable a Alemania y a sus aliados de la región (Hungría, Eslovaquia, Rumanía y Finlandia), que conquistaron en una semana Letonia, Lituania, Bielorrusia y gran parte de Ucrania. En agosto de 1941, el Grupo de Ejército Norte alemán cercó Leningrado y capturó Smolensk; el Grupo de Ejército Sur conquistó los territorios de Odesa y los alrededores del mar Negro. Kiev cayó a mediados de septiembre. A mediados de octubre, los alemanes estaban a menos de cincuenta kilómetros de Moscú (Operación Tifón). Stalin trasladó la capital de Moscú a Kúibyshev (actual Samara).

Alemania y sus aliados conquistaron dos tercios de las infraestructuras industriales soviéticas de preguerra, y tierras que suministraban un tercio del total de la producción agrícola. A finales de 1941, los invasores habían destruido casi el 84 % de las Fuerzas Armadas soviéticas (un millón y medio de soldados murieron y otros tres millones se convirtieron en prisioneros de guerra). Las debilidades soviéticas en 1941 no se debían a la falta de capacidad operativa. A finales de la década de 1930, la Unión Soviética ya era un Estado militarizado y gastaba un 43 % del PIB en defensa: 2,8 millones de soldados se enfrentaron a tres millones de alemanes (apoyados por 12 divisiones finlandesas y seis rumanas). Los alemanes contaban con 2.800 tanques y 5.000 aviones de combate. Las Fuerzas Armadas soviéticas disponían de 20.000 tanques (1.862 de ellos eran los modernos T-34 o KV) y 10.000 aviones de combate.

La derrota de la URSS en la primera fase de la guerra se debió a la calidad y habilidad de su enemigo (en el nivel operativo y táctico, la *Wehrmacht* era el mejor ejército del mundo) y a las heridas autoinfligidas durante la década de 1930 (purgas políticas y militares). El impacto de las purgas en el Ejército ya se vio en la Guerra de Invierno (1939-1940) con Finlandia, que puso en evidencia las debilidades del Ejército Rojo. Ya entonces, un tercio de los oficiales fueron liberados y reintegrados al Ejército, entre ellos Konstantín Rokossovski (1896-1968), uno de sus mejores generales.

Otra debilidad de los soviéticos tiene que ver con la doctrina de la planificación, en la que fue determinante el pacto de no agresión firmado por Joachim von Ribbentrop y Viacheslav Mólotov. Los líderes soviéticos sabían que los alemanes iban a atacar la Unión Soviética, pero creían que el asalto no se produciría tan pronto y que tendrían tiempo para preparar la guerra, es decir, para rechazar el ataque alemán y luego invadir la Europa del Este.

El fracaso de la defensa ante la invasión alemana también se debió a la debilidad de las fortificaciones en las fronteras de la URSS. La anexión de los países bálticos, de Polonia y Besarabia, que le correspondió a la URSS según el pacto Ribbentrop-Mólotov, movió la frontera del Estado hacia occidente entre unos 150 y 300 kilómetros. Los nuevos territorios anexionados carecían de la mínima defensa, aunque se comenzó a construir una en 1940. Pero sólo dio tiempo a finalizar una cuarta parte del plan de construcción de nuevas fortificaciones fronterizas.

Finalmente, la mayor responsabilidad de la derrota soviética en la primera fase de la guerra recae en Stalin. En primer lugar, basó su política exterior en el pacto Ribbentrop-Mólotov, firmado con los nazis, por creer que posponía el conflicto, y mientras tanto Alemania, en su lucha contra Francia y Gran Bretaña, se debilitaría. Cuando Francia cayó en 1940, seguía creyendo que el conflicto entre la URSS y Alemania era inevitable, pero que Moscú podría decidir cuándo empezar las hostilidades. En fin, confiaba ciegamente en la inteligencia militar de Hitler, que le impediría abrir un segundo frente antes de derrotar a Gran Bretaña. Pero se equivocó.

SEGUNDA FASE DE LA SEGUNDA GUERRA MUNDIAL EN EL TERRITORIO DE LA URSS

A pesar de las primeras derrotas, la moral y la organización del Ejército Rojo mejoraron. La batalla de Moscú en noviembre de 1941 fue el punto de inflexión y del comienzo de la segunda fase de la guerra en el territorio soviético. El contraataque del general Gueorgui Zhúkov (1896-1974) obligó la retirada de los alemanes hasta unos 250 kilómetros al sur de Moscú. Entonces Stalin ordenó el ataque, a lo largo de 2.000 kilómetros de la línea de frente, desde el mar Báltico hasta el mar Negro. No era un buen plan, por ser demasiado ambicioso. En Ucrania falló por completo y los alemanes conquistaron toda la península de Crimea.

En abril de 1942, los alemanes atacaron por el sureste hacia las regiones del Don, Kubán y el Volga (Operación Azul) para penetrar, a través de Stalingrado, en el territorio transcaucásico (rico en petróleo). El general alemán Friedrich von Paulus (1890-1957) pensaba tomar Stalingrado en dos semanas, pero los soviéticos no se rindieron. Por el contrario, contraatacaron (Operación Urano), cercando el ejército de von Paulus por el norte y por el sur. La batalla de Stalingrado, que se desarrolló «puerta por puerta», duró entre julio de 1942 y febrero de 1943; es el símbolo de la resistencia heroica, la no rendición y la victoria soviética en la Segunda Guerra Mundial.

El Ejército Rojo, fortalecido por su victoria en Stalingrado, lanzó una serie de ataques a comienzos de 1943, y consiguió tres resultados importantes: en abril logró aliviar el sitio de Leningrado y destruir las posiciones alemanas en el norte del Cáucaso. En febrero, derrotaron a los nazis cerca de Vorónezh, obligándoles a retirarse. De este modo, rompieron las filas alemanas en lo que se conoce como «el arco de Kursk». Para paliarlo, Hitler lanzó otro plan (Operación Ciudadela), con dos ataques simultáneos hacia Kursk –uno por el sur, desde Orel, y otro por el norte, desde Járkov. La batalla de Kursk fue el combate de tanques más grande en la historia mundial (hasta la guerra árabe-israelí de 1967), con 6.000 tanques involucrados en cada lado y con el resultado de la victoria soviética. A finales de julio, los alemanes habían perdido medio millón de soldados. En la batalla de Kursk cambió el curso de la Segunda Guerra Mundial.

En enero de 1944, el Ejército Rojo rompió el sitio de Leningrado y cruzó la antigua frontera soviética de 1939. En mayo liberó Ucrania de los nazis, y entró en Polonia y Rumanía. Con la Operación Bagration se expulsó a los alemanes de Lituania y Bielorrusia. Hasta el término del verano de 1944, los soviéticos destruyeron 17 divisiones alemanas. A finales de 1944, cruzaron la frontera de Rumanía y avanzaron hacia Hungría. El 25 de abril, Berlín estaba sitiado, y dos días después los soviéticos entraron en la ciudad, donde Hitler se suicidó. Los emisarios alemanes firmaron la capitulación el 9 de mayo de 1945, en el cuartel general de Zhúkov. En los tres meses siguientes, decenas de miles de soldados soviéticos se trasladaron a Extremo Oriente para luchar contra Japón. El 9 de agosto, cuando fue arrojada la bomba nuclear en Nagasaki, los soviéticos pulverizaron al Ejército japonés de Manchuria. El 2 de septiembre, Japón firmó su capitulación en el acorazado americano *Missouri*.

La derrota de los nazis en la URSS se debió en gran parte a la información errónea de la inteligencia alemana, que sostenía que el Ejército Rojo sólo tenía 200 divisiones cuando en realidad tenía 360; a la ideología racista (que sostenía que los eslavos no eran capaces de luchar contra la raza superior aria) y a la conclusión errónea de que la parte europea de la URSS (hasta los Urales), caería en poder alemán en sólo tres meses.

Los alemanes pretendían erradicar el comunismo y anexionar todo el territorio soviético posible, por sus extraordinarios recursos naturales. En el curso de la guerra, las «poblaciones no deseables» (judíos, gitanos) deberían ser exterminadas y los eslavos esclavizados y condenados al tribalismo, sin posibilidad de construir un Estado propio. La deportación de cinco millones de campesinos rusos a Alemania para servir de mano de obra, la requisa de comida y ropa, la violencia y tortura ejercidas por el Ejército alemán despertó el rechazo de la población local e influyó en la creación de la resistencia partisana. En 1943, había 200.000 voluntarios campesinos que luchaban contra los nazis.

La Unión Soviética ganó la guerra tanto por el régimen estalinista como a pesar de él. El mismo Stalin afirmó, en septiembre de 1941, que «cualquier otro país que hubiera perdido tanto territorio como la URSS, habría colapsado». El Gran Terror de la década de 1930 había entrenado a los ciudadanos soviéticos a respetar la autoridad excesivamente. El monopolio de información (el régimen había confiscado todos los aparatos de radio ya a finales de junio de 1941) dio capacidad al régimen para privar a la población de la información sobre el debacle del principio de la guerra, y evitó el pánico.

La extrema centralización de la dictadura estalinista permitió al Estado movilizar eficazmente a los reservistas y reclutar a todos los nacidos después de 1905. La nueva ley laboral empleó a hombres y mujeres en labores vinculadas a la guerra. El absentismo laboral era un delito, y la mayoría de las fábricas y los ferrocarriles estuvo gestionada bajo la ley marcial. El Comité de Defensa Estatal (GKO, en sus siglas en ruso), creado en junio de 1941 para coordinar la defensa del país, aceleró la evacuación de las empresas industriales desde las fronteras occidentales del país a los Urales, Siberia y Asia Central. Hasta noviembre de 1941, el régimen había desmantelado y trasladado 1.523 plantas hacia el este, y ya a mediados de 1942, 1.200 de ellas estaban operativas. La puesta en libertad de los prisioneros del Gulag (un millón) sustituyó la mano de obra de los hombres reclutados. Las mujeres y los niños también ocuparon los puestos de trabajo de los soldados. A finales de 1941, las mujeres componían ya el 70 % de la fuerza laboral en las fábricas de Moscú. En el campo, la situación era dramática por las hambrunas, por la falta de mano de obra y de animales domésticos (400.000 caballos fueron confiscados por el Ejército). La producción agrícola de 1943 cayó a un 50 % menos que antes de la guerra.

El factor determinante de la victoria soviética fue su triunfo en la guerra industrial, alcanzado ya en 1942. En las nuevas plantas industriales se trabajaba 24 horas al día. La fábrica de tanques de Cheliábinsk, una de las más grandes, contaba con 64 cintas separadas de producción. Entre 1943 y 1945, las fábricas produjeron 73.000 tanques, 82.000 aeronaves y 324.000 piezas de artillería. La capacidad de los generales soviéticos no debe ser subestimada. El régimen promovió a generales de mucho talento y visión estratégica como Gueorgui Zhúkov, Iván Kónev, Konstantín Rokossovski, Alekséi Vatutin, Aleksandr Vasilevski, y Borís Sháposhnikov. El Terror tuvo su papel: algunos generales fueron ejecutados como traidores por no haber logrado defender a la URSS en junio de 1941. Entre 1941 y 1942, otros 29 generales fueron ejecutados por sus errores en el campo de batalla. El Decreto 270 de 16 de agosto de 1941 prohibía a los soldados del Ejército Rojo ser capturados. En el caso de que esto se produjera, serían declarados traidores a la patria.

Stalin se convirtió en el símbolo de la unidad nacional y encarnó el espíritu de resistencia, a pesar de su negligencia al comienzo de la guerra. Su discurso de 3 de julio de 1941, y su famoso «ni un paso atrás», refiriéndose a la ocupación alemana, reconfortó la moral de los soviéticos. A diferencia de Hitler, curiosamente, Stalin aceptaba los consejos de sus generales, como, por ejemplo, los de Zhúkov, que era su favorito.

El sistema totalitario ayudó a ganar la guerra al imponer una disciplina feroz. Pero sin la contribución de los Aliados occidentales, la victoria no se habría alcanzado tan rápidamente. La ayuda de los Aliados fue significativa: el 10 % de todos los tanques soviéticos y el 12 % de los aviones de combate eran de los Aliados. Además, éstos cedieron a los soviéticos 427.000 vehículos de motor, más un millón de kilómetros de cable telefónico, 250.000 aparatos de teléfono y 15 millones de botas para los soldados. Es de especial importancia el suministro de comida (12 millones de soldados rusos fueron alimentados por la ayuda de los Aliados). El valor total de la ayuda británica fue de 420 millones de libras, y de 11.000 millones de dólares el de la contribución de Estados Unidos.

En términos militares, los Aliados prestaron un servicio muy valioso a los soviéticos (incluso antes del desembarco en Normandía), inmovilizando 105 divisiones alemanas en operaciones en Oriente Próximo, Sicilia e Italia, donde drenaron las fuerzas del Eje. Los bombardeos británicos y americanos contra Alemania fueron en sí mismos una especie de segundo frente. Finalmente, después de noviembre de 1943, la estrategia de Hitler en Europa consistió en retirarse del frente oriental y recuperar fuerzas para rechazar el ataque de los Aliados que había comenzado en Normandía. Esta decisión alivió la presión sobre la Unión Soviética.

Sin duda, el mayor mérito de la victoria de la URSS en la Segunda Guerra Mundial corresponde a la población soviética, que luchó con heroísmo y soportando sufrimientos y privaciones indescriptibles. La Gran Guerra Patriótica (como la llaman los rusos), fue el segundo mito fundacional de la URSS, tras la Revolución de Octubre, y supuso la reafirmación del valor del sacrificio colectivo introducido durante la Guerra Civil y el comunismo de guerra. La Unión Soviética tuvo más víctimas (25 millones) que cualquier otro país beligerante. Sólo en el sitio de Leningrado murió un millón de personas; más que todas las bajas mortales de combate británicas y norteamericanas juntas. La guerra fue una lucha nacional que mantuvo unidos a los soviéticos y los llevó a la victoria final. Para millones de personas, se luchaba por la supervivencia de Rusia, y no necesariamente en defensa del comunismo. El régimen utilizó las imágenes y la propaganda de la Rusia prerrevolucionaria, no las de la Rusia socialista. Stalin relajó los controles ideológicos y la actividad del NKVD, e incluso permitió restablecer el patriarcado de la Iglesia ortodoxa, consciente de que sin su ayuda no podría ganar la guerra.

No todos los gobiernos de la Europa del Este fueron víctimas del pacto nazi-soviético. Rumanía y Hungría participaron voluntariamente en la invasión de la Unión Soviética. Croacia era otro Estado satélite alemán, y los nazis fomentaron la formación de unidades de las SS (*Schutzstaffel* o «Escuadras de Defensa») en Estonia, Lituania, Letonia y Ucrania (e incluso entre los cosacos rusos).

Las víctimas mortales soviéticas durante la Segunda Guerra Mundial alcanzaron los 8,6 millones de militares y 17 millones de civiles. Veinticinco millones de supervivientes quedaron sin hogar. La guerra había destruido por completo 1.700 ciudades, 70.000 pueblos, 30.000 fábricas y 65.000 kilómetros de ferrocarril. El PIB en 1945 era sólo el 60% del de 1940.

El régimen estalinista, a pesar del terror desatado, obtuvo su máxima legitimidad en la victoria en la Segunda Guerra Mundial, lo que le permitiría afrontar la Guerra Fría contra el Occidente capitalista. Esta victoria y los grandes logros de la industrialización suavizaron el juicio general de los soviéticos sobre la tiranía de su régimen.

26

La Guerra Fría y la exportación de la revolución

Cuando acabó la Segunda Guerra Mundial, el Ejército Rojo era el más poderoso del mundo; había ganado respeto y popularidad durante la guerra y ocupado la mayor parte de la Europa Central y del Este. A pesar de ello, la clave del equilibrio de poder estratégico la tenía Estados Unidos, que había emergido de la guerra como la principal potencia mundial, que además poseía armas nucleares. La «liberación» de la Europa Central y del Este por la URSS abrió la posibilidad de imponer regímenes al estilo soviético en dichos territorios. Las sucesivas conferencias de paz entre los «Tres Grandes» (Estados Unidos, Reino Unido y la Unión Soviética), en Teherán (1943), Yalta (febrero de 1945), Potsdam (julio-agosto de 1945) y Londres (septiembre de 1945) confirieron legitimidad a las aspiraciones soviéticas, pero también pusieron de relieve que Estados Unidos y el Reino Unido no estaban dispuestos a renunciar a sus propias zonas de influencia, cuenca del Pacífico y Mediterráneo y Oriente Próximo, respectivamente. Las conferencias demostraron que organizar la paz era mucho más difícil, por la incompatibilidad ideológica entre los antiguos aliados, que luchar juntos durante la guerra.

Los comunistas soviéticos consideraban que la Gran Guerra había creado condiciones para llevar a cabo la Revolución bolchevique y que la Segunda Guerra Mundial era una extraordinaria oportunidad para exportarla. Lenin había fracasado en provocar una revolución mundial, pero Stalin no titubeaba a la hora de definir sus planes. Como lo explicó el ministro de Asuntos Exteriores ruso, Viacheslav Mólotov (1890-1986) a su homólogo lituano en 1940, «el objetivo de la URSS es tomar el poder en toda Europa». Stalin consideraba que era justo que se le pagara con territorios por la victoria de la URSS en la Segunda Guerra Mundial. «Quien ocupa un territorio, también impone su propio sistema social. Cada uno impone su sistema social tan lejos como lleguen sus ejércitos. No podría ser de otro modo», dijo Stalin al comunista yugoslavo Milovan Djilas.

Las alianzas que se crean durante una guerra suelen desaparecer una vez superada la amenaza que las construyó. La alianza entre los occidentales y la URSS no fue una excepción en este sentido. La profunda brecha ideológica que separaba a la Unión Soviética de los otros aliados era previa a la guerra y, junto a la desconfianza mutua a raíz de determinadas acciones soviéticas (sovietización de la Europa Central y Oriental; presión sobre Turquía por los Dardanelos, apoyo a la insurrección comunista en Grecia, establecimiento de los regímenes azerí y kurdo en Irán), fue la causa principal de la Guerra Fría. A diferencia de la guerra convencional, «caliente», las batallas de la Guerra Fría se libraban en «mentes y corazones» entre dos ideologías incompatibles, la democracia liberal y la comunista, a la sombra del «equilibrio del terror» de las armas nucleares. La Guerra Fría representa la evolución de las relaciones entre la URSS y Occidente, desde la cooperación durante la Segunda Guerra Mundial a la confrontación y, más tarde, a la hostilidad abierta.

Aparentemente, la Guerra Fría comenzó con dos discursos: el 9 de febrero de 1946, Stalin habló de la incompatibilidad de las ideologías y acusó a los países occidentales, por su condición de capitalistas e imperialistas, de ser anticomunistas. Un mes después, el 5 de marzo de 1946, Winston Churchill denunció las aspiraciones expansionistas de Stalin en un discurso en la Universidad de Fulton (Misuri), y pronosticó la existencia de una Cortina de Hierro del Báltico al Adriático.

Los antiguos aliados se dividieron en dos bloques enfrentados: el de las democracias liberales (Estados Unidos y Europa Occidental) y el de las dictaduras comunistas dominado por la URSS. La Guerra Fría comenzó en Europa con la imposición gradual de los regímenes comunistas en la Europa Central y del Este –en Rumanía (noviembre de 1946), Polonia (enero de 1947), Hungría (agosto de 1947) y Checoslovaquia (febrero de 1948)– y la división de Alemania (las fuerzas de ocupación de Estados Unidos, Francia y Reino Unido establecieron la República Federal de Alemania, y la URSS estableció la República Democrática Alemana) y la partición de Berlín, que se convirtió en el principal teatro de las tensiones entre los antiguos aliados (el bloqueo de Berlín por los soviéticos en 1948 y la construcción del muro en 1961) y el símbolo de la Guerra Fría. La seguridad y la defensa de Europa, por vez primera en su historia, dependían del equilibrio de poder entre dos fuerzas ajenas al continente, Estados Unidos y la URSS. Pero la Guerra Fría pronto se convirtió en una contienda global que marcó el proceso de descolonización y provocó varias guerras locales (Corea, 1951-1953; Vietnam, 1955-1975; Afganistán, 1979-1988, y entre árabes e israelíes, 1948, 1956, 1973).

La Guerra Fría duró entre 1946 y 1991 y tuvo seis fases. La primera etapa se desarrolló entre 1947 y 1953, y estuvo marcada por la expansión soviética y la estrategia occidental de contención. La «Doctrina de la contención» fue elaborada en 1947, por el diplomático norteamericano George Kennan en su famoso «largo telegrama» (9.000 palabras), que analizaba con agudeza las características del régimen soviético al que definió como uno «impermeable a la lógica de la razón y altamente sensible a la lógica de la fuerza». El meollo de la doctrina de la contención era salvaguardar las zonas industriales de Europa Occidental de la divulgación de las ideas comunistas y el avance del comunismo soviético a expensas del capitalismo y el sistema político de la democracia liberal. Para cumplir con este objetivo, Estados Unidos financió la reconstrucción económica de la Europa Occidental (Plan Marshall, 1948-1952), y fundó, el 4 de abril de 1949, la Organización del Tratado del Atlántico Norte (la OTAN).

Los soviéticos respondieron con la fundación de la Cominform y el Comecon. La Cominform (Oficina de Información de los Partidos Comunistas y Obreros) fue establecida en 1947 en Belgrado. Sustituyó a la Tercera Internacional Comunista, que Stalin había disuelto durante la Segunda Guerra Mundial. Su objetivo era intercambiar información y experiencia entre los partidos comunistas del mundo, aunque reflejaba el dominio soviético de ellos. Después de la ruptura entre Stalin y el presidente de Yugoslavia, Josip Broz Tito, en 1948, por la negativa de Tito a subordinarse a Stalin, el líder soviético comenzó con la campaña de purgas «antinacionalista» para prevenir cualquier rebelión al estilo de Tito en otras democracias populares. Líderes comunistas como Rudolf Slanski, de Checoslovaquia, Traichko Kostov, de Bulgaria, Vladislav Gomulka, de Polonia, o Lázló Rak, de Hungría, fueron encarcelados o ejecutados. El terror desatado disuadió a los que simpatizaban sinceramente con las ideas comunistas y confirmó las sospechas de los occidentales sobre Stalin.

El Comecon (Consejo de Ayuda Mutua Económica) fue creado en 1949 como respuesta al Plan Marshall. En realidad, fue un instrumento soviético para imponer el modelo de la economía planificada, controlar el mercado único de los países comunistas y explotar sistemáticamente sus recursos naturales en nombre de «la indemnización por la guerra». La segunda fase de la Guerra Fría se desarrolló entre 1953 y 1962. Fue el periodo más agresivo de la contienda y estuvo marcado por la creación del Pacto de Varsovia, el lanzamiento del *Sputnik* en 1957, la construcción del Muro de Berlín en 1961, y la crisis de los misiles de Cuba en 1962.

El Tratado de Amistad, Colaboración y Asistencia Mutua, más conocido como Pacto de Varsovia, se firmó en esta ciudad en 1955 por la URSS, Albania, Bulgaria, Checoslovaquia, Alemania Oriental, Hungría, Polonia y Rumanía. Su principal objetivo era contrarrestar la amenaza que representaba la OTAN e impedir el rearme de la Alemania Occidental. La invasión soviética de Hungría en 1956, para suprimir las manifestaciones en contra del poder comunista, no era contra un país de la OTAN, tampoco era amistosa, pero sí era «asistencia mutua», ya que conservó el régimen comunista húngaro.

El lanzamiento del *Sputnik*, el primer satélite artificial de la historia, tenía el objetivo de demostrar que la URSS, un país comunista, era capaz de competir con los capitalistas no sólo militarmente, sino también en el campo científico. El objetivo se cumplió, ya que Estados Unidos interpretó el éxito de los soviéticos como el comienzo del propio declive.

La crisis de los misiles de Cuba (octubre de 1962) puso de relieve que la lucha entre la democracia y el comunismo puede llegar a ser una guerra nuclear. La crisis de los misiles fue un punto de inflexión de la Guerra Fría. A partir de entonces, Estados Unidos y la URSS buscaron fórmulas (desarme, tratados y acuerdos nucleares, distensión) de un «equilibrio de terror» para evitar la guerra «caliente», ya que ésta inevitablemente sería nuclear.

La tercera fase de la Guerra Fría, entre 1963 y 1972, estuvo marcada por las primeras señales de la distensión, que no era un intento de restaurar la alianza sino de construir una relación estratégica entre los dos adversarios (visita del presidente francés Charles de Gaulle a Moscú y la *Ostpolitik* de Willy Brandt, que supuso la relajación de relaciones entre las dos Alemanias) y por la «Doctrina Brézhnev» (según la cual los países socialistas tienen derecho de intervenir en cualquier otro país socialista si éste está amenazado por las fuerzas capitalistas), que justificó la invasión soviética de Checoslovaquia en 1968. La distensión se reflejó en una serie de acuerdos importantes firmados por Estados Unidos y la URSS: Tratado de Prohibición de Pruebas Nucleares (1963), Tratado Sobre el Espacio (1967), Tratado de No Proliferación Nuclear (1968) y Tratado de Control de Armas de los Fondos Marinos (1971). En 1969 comenzaron las Conversaciones para la Limitación de Armas Estratégicas (SALT I, en sus siglas en inglés). La cuarta fase, entre 1973 y 1980, era de la *Détente*, comenzó con una cierta descongelación en las relaciones entre Estados Unidos y la URSS (Cumbre de Moscú en 1972 entre Richard Nixon y Leonid Brézhnev, conferencias de la Organización para la Seguridad y la Cooperación en Europa (OSCE) en 1976 y 1977) y la aceptación de la coexistencia pacífica. Pero en la quinta fase, llamada «Segunda Guerra Fría» (1980-1985), se volvió a una mayor confrontación por la guerra de Yom Kipur en 1973 (Egipto respaldado por la URSS fue derrotado por Israel) y por la intervención de la URSS en Afganistán en 1979. El año 1983 fue clave en la «Segunda Guerra Fría»: la OTAN desplegó los misiles nucleares de alcance intermedio (Pershing II) en la República Federal de Alemania como medida de disuasión contra soviéticos. El mismo año, el presidente norteamericano Ronald Reagan se refirió a la URSS como «Imperio del mal», suspendió todas las conversaciones sobre el desarme y proclamó su propia doctrina (que Estados Unidos debe apoyar a todos sus aliados democráticos y a «los luchadores por la libertad» –en esta categoría entraban los talibanes de Afganistán, los futuros miembros de Al-Qaeda). Pero fue la decisión de la administración Reagan de apoyar a los disidentes de la Europa Central y del Este y el desarrollo del Programa Star Wars (para impedir un posible ataque nuclear soviético), el comienzo del fin de la Guerra Fría, ya que los soviéticos no eran capaces de competir con Estados Unidos en la tecnología militar y de afrontar económicamente una nueva carrera armamentística.

La sexta fase (1985-1991) llevó a cabo el final de la Guerra Fría a través de una serie de reuniones entre Mijaíl Gorbachov y Ronald Reagan (Ginebra, 1985; Reikiavik, 1986; Washington, 1987, y Malta, 1989) y de tratados militares que garantizaron el desenlace pacífico de la confrontación que duró más de cuarenta años. El final de la Guerra Fría estuvo marcado por el colapso de los sistemas comunistas en la Europa Central y del Este (1989) y en la Unión Soviética (1991), y por la reunificación de Alemania (1991). La derrota soviética en la Guerra Fría y el colapso general del sistema comunista supuso el descrédito definitivo de la idea bolchevique de exportar la revolución comunista.

27

Los últimos años del estalinismo (1946-1953)

Para la URSS, la reconstrucción económica del país era la tarea más importante en el periodo de posguerra. La reconstrucción comenzó con la rápida desmovilización de las tropas y las inversiones extranjeras, que procedían de los créditos de los Aliados y de la explotación de los recursos naturales de los territorios «liberados» por los soviéticos en la Europa Central y del Este. En agosto de 1945, el presidente norteamericano Harry S. Truman (1884-1972) suspendió el Préstamo y Arriendo *(Lend-Lease)* a la Unión Soviética, un programa en virtud del cual Estados Unidos suministró a las naciones aliadas grandes cantidades de material de guerra entre 1941 y 1945. Las expectativas soviéticas de recibir dinero de Alemania por reparaciones de guerra quedaron frustradas, a pesar de que así se les había prometido en la Conferencia de Potsdam. En los territorios bajo control soviético, la situación era diferente. Los recursos naturales y el equipamiento industrial, propiedad de los estados satélite de la URSS (Alemania Oriental, Polonia, Bulgaria, Rumanía y Hungría), se usaban abiertamente como «reparaciones de guerra», y su valor en 1946 representaba entre el 3 % y el 4 % de los presupuestos generales soviéticos. Pero esto era insuficiente para la recuperación económica, por lo que el Gobierno acudió a su receta tradicional: exprimir a los campesinos para financiar la expansión económica. En septiembre de 1946, Stalin firmó un decreto para «la liquidación de los abusos del estatuto de las granjas colectivas», que suponía la reducción significativa del tamaño de la parcela privada. Las cuotas estatales se imponían de nuevo y el pago del Estado a los *koljós* era tan bajo que no cubría los costes de la producción. El resultado fue una nueva migración de los campesinos a la ciudad. El objetivo del Cuarto Plan Quinquenal (1946-1951) era reconstruir la base industrial del país y llegar al nivel de producción de antes de la guerra. El plan se cumplió con creces: el producto industrial bruto en 1950 superaba en un 40 % el de 1940.

Aunque la reconstrucción económica era una prioridad, también lo era la imposición de los controles políticos estrictos. La primera señal de ello fue la deportación masiva de un millón de personas de Crimea, del Cáucaso y de la estepa de la depresión cáspica (la región en torno a las costas septentrionales del mar Caspio en Rusia y Kazajistán) a Siberia por su supuesta colaboración con los nazis. Se produjo una nueva oleada de afiliaciones al partido. En 1941, el Partido Comunista contaba con 3,8 millones de miembros; en 1945 eran 5,7 millones.

El Kremlin se enfrentaba a una guerra civil en las fronteras occidentales de la URSS (apoyada y financiada por la inteligencia británica y norteamericana). La Organización de Nacionalistas Ucranianos y el Ejército de Insurrección de Ucrania luchaban para impedir la reintegración de Ucrania en la Unión Soviética. A finales de 1945, el Ejército Rojo tenía medio millón de efectivos en la zona. La resistencia persistió hasta la década de 1950.

Las guerrillas antisoviéticas eran activas también en los países bálticos, particularmente en Lituania, anexionada por Moscú en 1940, ocupada por los alemanes durante la guerra, y de nuevo «liberada» por los soviéticos en 1945. Stalin les «pacificó» con la fórmula habitual: el intercambio de población. Como resultado, en 1949, un cuarto de la población era reubicada en Rusia y reemplazada por los rusos étnicos. Los prisioneros de guerra y los que habían sido enviados a Alemania como mano de obra fueron acusados de traición, y la mayoría de ellos acabó en el Gulag.

El objetivo del régimen era recuperar el control estricto y la disciplina política del periodo anterior a la Segunda Guerra Mundial. Las revistas *Zvezda* («Estrella») y *Leningrado* marcaron un nuevo periodo de campaña *zhdanovshchina* (derivada del nombre de su organizador, Andréi Zhdánov (1896-1946) para «purificar» la vida intelectual de los soviéticos y limpiarla de las influencias burguesas. El debate sobre la construcción de la cultura proletaria continuó en la década de 1940. Zhdánov insistió en que el formalismo, la neutralidad política y el esteticismo puro no deberían tener lugar en la literatura soviética, porque las novelas debían adoctrinar con «el argumento genuinamente ideológico». El nuevo canon literario era la glorificación de la victoria en la Gran Guerra Patriótica, la hostilidad hacia Occidente y la promoción de los valores profesionales.

Por lo que respecta a la industria cinematográfica, el Comité Central atacó, en 1946, a varias películas recientes, incluida la segunda parte de *Iván el Terrible* de Serguéi Eisenstein, que presentaba al zar con dudas, enloquecido por el terror que había desatado. Eisenstein tuvo que pedir perdón públicamente por todos «sus errores». En febrero de 1948, el PCUS censuró a varios compositores muy distinguidos –Dmitri Shostakóvich, Serguéi Prokófiev y Aram Jachaturián– por su formalismo y el uso insuficiente de los temas folclóricos. Incluso las ciencias naturales no eran inmunes a la persecución. Doce personas fueron expulsadas de la Academia de las Ciencias Agrícolas en agosto de 1948 por oponerse a la teoría insostenible del ingeniero agrónomo Trofim Lysenko (1898-1976), que «demostraba» que las características adquiridas por un organismo en una generación pueden ser transmitidas genéticamente a la siguiente generación.

En diciembre de 1949, Stalin celebró su setenta cumpleaños (aunque en realidad era su 71 aniversario, pero sus documentos oficiales llevaban como año de nacimiento 1879). Era una ocasión para el júbilo nacional y se bajó el precio de algunos bienes de consumo. A lo largo y ancho del país se expresaba apoyo y lealtad al dictador. Se inauguró la exposición «Stalin en el arte representativo, una inagotable fuente de inspiración creativa», como la culminación del culto a la personalidad de Stalin, «padre de la nación», comandante en jefe del Ejército Rojo, héroe de canciones folclóricas, novelas y películas.

En enero de 1953, dos meses antes de la muerte de Stalin, la prensa anunció el arresto de nueve médicos que supuestamente conspiraban para asesinar a los líderes de la cúpula del PCUS con un tratamiento médico tóxico. El motivo de la acusación era el antisemitismo, que se acentuó después del final de la guerra, ya que la mayoría de los médicos eran judíos. Constituyó un primer paso del terror hacia los judíos, a los que se había propuesto instalarse en Birobidzhán, en Siberia. Pero antes de que pudiera desarrollarse, Stalin murió el 5 de marzo de 1953. Incluso el mismo día de su funeral, Stalin produjo más muertes: 500 personas fueron arrestadas y ejecutadas por «no garantizar una seguridad eficaz el día del funeral del camarada Stalin».

CUARTA PARTE

EL IMPERIO EN MUTACIÓN (1953-1991)

Entre 1953 y 1991, tres líderes del Partido Comunista de la Unión Soviética, Nikita Jrushchov (1894-1971), Leonid Brézhnev (1906-1982) y Mijaíl Gorbachov (1931), intentaron desesperadamente salvar y conservar los legados leninista y estalinista. Los tres simbolizan diferentes tipos de enfoque reformista: Jrushchov estableció el «totalitarismo moderado» a través de la desestalinización (que llamó «democratización») y la descentralización del Estado y del partido; Brézhnev sólo aspiró a conservar el régimen, por lo que su periodo de gobierno suele definirse como de estagnación o estancamiento *(zastoi);* Gorbachov introdujo la *Glásnost* y la *Perestroika* para democratizar el comunismo. La desintegración de la Unión Soviética en 1991 demostró que ninguno de estos arreglos había funcionado. Los tres líderes eran producto de un sistema paralizado. Los tres criticaron su ineficacia, pero ninguno de ellos puso en duda sus principios. Al contrario, querían reformar la práctica para salvar los fundamentos ideológicos. Sus reformas no podrían tener éxito porque el sistema comunista no era reformable. Además, el intento de Gorbachov de «democratizar el comunismo» demostró la profunda incompatibilidad entre la democracia y el comunismo.

28

Desestalinización y descentralización (1953-1964)

La muerte de Stalin puso de relieve muchos problemas desalentadores. La estructura del poder personalizado había atrofiado el poder de las instituciones y de los órganos del partido. El modelo económico enfocado exclusivamente en la industria pesada produjo el déficit de productos básicos de consumo (Jrushchov llegó a preguntarse en público: «¿Qué tipo de comunismo es éste en el cual no hay dulces ni mantequilla?»). Otro legado, mucho más espeluznante, era el de las víctimas y los supervivientes de las purgas y del Gran Terror. Aparte de las rehabilitaciones póstumas, la cuestión urgente era qué hacer con cerca de tres millones de prisioneros políticos y delincuentes comunes que estaban en el Gulag y con un número de personas aún más grande de exiliados y desterrados.

La muerte de Stalin provocó una lucha interna en el partido por su sucesión y abrió el camino para llevar a cabo una serie de reformas de todos los aspectos de la vida soviética. La emergencia del poder de Jrushchov era un tanto sorprendente. Después de la muerte de Stalin, sus colaboradores más cercanos se reunieron para asignarse sus esferas de poder. Gueorgui Malenkov (1902-1988), como presidente del Consejo de Ministros, aparentaba ser el heredero «natural» de Stalin. Lavrenti Beria, ministro del Interior, y Viacheslav Mólotov, ministro de Asuntos Exteriores, eran otros dos posibles candidatos para suceder a Stalin. El 14 de marzo, Malenkov dimitió como primer secretario del Comité Central y asumió el liderazgo del aparato estatal. Jrushchov, que aparentemente no tenía ninguna ambición de más poder (no había hablado en el funeral de Stalin, un honor que había sido reservado sólo para los otros tres), le sustituyó en el Comité Central. Jrushchov era un *apparátchik* (un hombre de la nomenclatura con buenas conexiones en el aparato del partido), seguro de sí mismo, con capacidad de relacionarse con el pueblo llano e incansable visitante de fábricas y *koljós*.

Beria era el candidato más poderoso, por tener a su disposición las fuerzas del Ministerio del Interior y la policía secreta. La reciente apertura de los archivos soviéticos desvela unos hechos sorprendentes sobre Beria. Es imposible averiguar sus motivos (¿mala conciencia, miedo o astucia?), pero después de la muerte de Stalin, Beria se había vuelto un reformista «liberal». Comenzó a hablar de la necesidad de «proteger los derechos civiles», y ya el 27 de marzo había ordenado una amnistía para liberar a prisioneros (según Jrushchov, había demasiados delincuentes comunes), incluidas personas que estaban vinculadas a la élite del partido (por ejemplo la mujer de Mólotov y la nuera de Jrushchov fueron liberadas). Propuso la liquidación total del Gulag, por su «ineficiencia económica y falta de perspectivas», y que se permitiera la vuelta a la URSS a los 58.000 «contrarrevolucionarios» que se encontraban en exilio permanente. El 12 de junio de 1953 planteó sustituir a los líderes locales que no hablaran el idioma local, y de esta manera quiso corregir la rusificación previa realizada por Stalin. En la política exterior, propuso permitir la reunificación de Alemania a cambio de que permaneciera neutral, y buscar un acercamiento con la Yugoslavia de Tito. Sus adversarios, unidos por el miedo y la confusión, convocaron una reunión del Presídium (26 de junio de 1953) y, delante del propio Beria, votaron unánimemente por su arresto y destitución, acusándole de varios delitos: «actividad criminal contra el partido y contra el Estado», haber estado en contra de la Guerra Civil y haber sido espía británico. Malenkov dijo que Beria había puesto el Ministerio del Interior «por encima del partido y del Gobierno»; Jrushchov le acusó de liberalismo y de «fabricación de muchos casos». Seis meses más tarde, Beria y cinco de sus colaboradores más cercanos fueron detenidos y ejecutados. Paradójicamente, el proceso de reformar el sistema estalinista había empezado con la práctica más estalinista: acusación falsa y ejecución.

La cuestión sobre si se debía continuar expandiendo la industria pesada o desarrollar la industria ligera y la política agrícola enfrentó a Malenkov y Jrushchov. Malenkov propuso la política «liberal» y el desarrollo de la industria ligera, principalmente a través del desvío de los fondos de agricultura. Desde su punto de vista, el régimen ya había solucionado el problema agrícola y sólo le quedaba por intensificar la producción campesina a través de la mecanización, la electrificación y los fertilizantes. Jrushchov respondió que la cuestión agraria no estaba solucionada y propuso aumentar la inversión en el sector a través de un programa llamado «Tierras vírgenes» (un plan de convertir grandes tramos de tierra de pastos en el sur de Siberia y Kazajistán en tierra cultivable). Si la producción de grano aumentase en las tierras vírgenes, Ucrania se podría dedicar a cultivar maíz y así proveer más comida para animales, y, en consecuencia, habría más carne y leche. La propuesta de Jrushchov de invertir en agricultura era la ruptura radical con todas las políticas anteriores de los bolcheviques. La mayoría de los miembros del Comité Central se oponían. Sin embargo, las ideas del primer secretario prevalecieron en agosto de 1954. Un decreto conjunto del Sóviet Supremo y del PCUS aprobó el programa de Tierras vírgenes y aumentó la tierra cultivable de 13 a 30 millones de hectáreas en 1956. Inicialmente, entre 1954 y 1958 y por las buenas condiciones climáticas, el programa Tierras vírgenes trajo un incremento extraordinario de la cosecha de grano, del 35,3 %. La victoria de Jrushchov sobre Malenkov era obvia. Este último fue destituido por Nikolái Bulganin (1895-1975) como presidente del Consejo de Ministros de la URSS, con las mismas competencias que Jrushchov (primer secretario del PCUS). Jrushchov intentó transformar el Estado y el PCUS a través de dos grandes reformas: desestalinización y descentralización.

EL PROCESO DE DESESTALINIZACIÓN

La desestalinización es el proceso de revelación de los abusos de poder cometidos por el régimen de Stalin, una campaña en contra del culto a su personalidad, y disminución de la represión política y del poder de la nomenclatura.

El 24 de febrero de 1956, durante la celebración del XX Congreso del PCUS, en una reunión por la noche no prevista, Jrushchov pronunció un discurso de cuatro horas a puerta cerrada, sobre «el culto a la personalidad y sus consecuencias». Acusó a Stalin del asesinato de Kírov en diciembre de 1934, de las derrotas en la primera fase de la guerra contra los nazis en 1941 y presentó estadísticas impactantes sobre el número de afiliados, delegados y líderes que padecieron «las violaciones masivas de la legalidad socialista». Jrushchov subrayó la diferencia entre los crímenes de Stalin y sus éxitos (industrialización y victoria en la Gran Guerra Patriótica). El 15 de junio de 1956, el régimen puso en libertad a 51.439 prisioneros (incluidos 26.155 políticos), y redujo las sentencias para otros 19.093. La puesta en libertad de los prisioneros se definió como «legalidad socialista». El 30 de junio de 1956, el Comité Central aprobó la Resolución «sobre la superación del culto a la personal y sus consecuencias». El régimen de Jrushchov comenzó a desmantelar el sistema estalinista de represión y secretismo. En 1953, se abrió el Kremlin al público (en tres años, ocho millones de personas lo visitaron). Se relajó la censura. El símbolo del cambio en las publicaciones era el ensayo de Vladímir Pomerantsev, «De la sinceridad en la literatura» (diciembre de 1953), que atacaba los cánones del realismo social de las décadas de 1930 y 1940. La liberalización gradual en la cultura se denominó «deshielo», en homenaje a la novela del mismo nombre de Ilyá Ehrenburg, publicada en 1954 (en realidad, Ehrenburg se inspiró en la definición de Fiódor Tiútchev, que denominó el periodo después de la muerte del zar Nicolás I como «deshielo»). Jrushchov autorizó (aunque luego se arrepintió) la publicación de la novela *Un día en la vida de Iván Denísovich* de Aleksandr Solzhenitsyn, que describía la vida en el Gulag. Pero se prohibió a Borís Pasternak viajar para recoger el premio Nobel de Literatura por su novela *Doctor Zhivago*, en 1958 (se publicó por vez primera en Italia en 1957; en Rusia fue publicada en 1988). En 1964, Iósif Brodsky (1940-1996), premio Nobel de Literatura en 1987, fue acusado de «parasitismo», por no ser miembro de la Unión de Escritores de la URSS y posiblemente por ser judío. Era evidente que el «deshielo» no era sinónimo de libertad.

Uno de los cambios más importantes era el rechazo del culto a Stalin. El régimen declinó organizar homenajes en memoria de Stalin y convertir su *dacha* en museo; prohibió que *Pravda* citase sus frases en la portada, como lo hizo diariamente durante su vida. Se condenó el culto a la personalidad, pero a ninguna persona en particular. La mayoría de los que promovían la desestalinización había formado parte del régimen de Stalin (empezando por Jrushchov) y había sufrido su tiranía, ya que sus familiares cercanos y sus amigos estaban entre las víctimas.

El proceso de desestalinización se identificaba con «democratización» para connotar la aspiración del régimen de crear un sistema del *sovietski narod* («pueblo soviético»), de una mayor participación de los ciudadanos en la vida pública y política a expensas de la nomenclatura. *Sovietski narod* era un sujeto inédito hasta entonces, que supuestamente era el principal héroe tanto de la Revolución bolchevique como de la industrialización y la victoria en la Segunda Guerra Mundial. La «democratización» de Jrushchov era un proceso opuesto a las ideas de Lenin sobre el partido, que debería ser liderado por una pequeña élite de profesionales revolucionarios. La Resolución de 21 de mayo de 1957 subrayaba que las organizaciones del partido se duplicaron, mientras el número de funcionarios asalariados se quintuplicó desde 1940. Entre 1955 y 1960 se puso límite al número de secretarias regionales y al número de personas que formaban parte de órganos del partido (el Comité Central del PCUS se redujo a la mitad). Se suprimió la mitad de los ministerios de la Unión (a partir de 1946, por orden de Stalin, los «comisariados» pasaron a llamarse «ministerios»), de 55 a 25, y se despidió al 11,5 % de los empleados del Estado. El objetivo, como lo explicaba la Resolución de 1957, era «erradicar el culto a la personalidad y asegurar una participación amplia de las masas obreras en la gestión del Estado». Los afiliados al partido también crecieron de 6,9 millones a 11 millones entre 1954 y 1964 (el 60 % de los nuevos eran obreros y campesinos).

El proceso de desestalinización abrió las puertas a las exigencias de los pueblos deportados a Siberia y Asia Central por su supuesta colaboración con los nazis (tártaros, karacháis, chechenos, ingusetios, karabajianos (habitantes de Nagorno Karabaj –Azerbaiyán) y balkarios) para volver a sus antiguas tierras con la restitución de sus propiedades. Se inició un proceso de rehabilitación de las víctimas y el desmantelamiento parcial del Gulag. El imperio de las cárceles –el archipiélago–, se convirtió en el epicentro de frecuentes desórdenes violentos. En 1953, tuvo que intervenir el Ejército en Norilsk, dejando más de mil prisioneros muertos. Estallaron insurrecciones en Steplag (1954), Kolimá (1955) y Ozerlag (1956). El 1 de enero de 1953, la población de los campos era de 2,4 millones de prisioneros. En 1956, había 1,6 millones de prisioneros en el Gulag.

En octubre de 1956, la revista *Vaprosi istorii* («Cuestiones históricas»), reveló el papel de Stalin en la Revolución de Octubre y la subsiguiente falsificación de la historiografía soviética. El régimen, para demostrar que la desestalinización tenía límites, destituyó al editor de la revista. Se condenaba el culto a la personalidad, pero se elogiaban los éxitos de Stalin en la industrialización y en la Gran Guerra Patriótica. Las novelas que se publicaron –*La ciudad natal* (1956) de Vladímir Nekrásov y *No sólo de pan vive el hombre* (1956) de Vladímir Dudíntsev– criticaban el estilo de vida durante el estalinismo.

En la política exterior, el proceso de desestalinización tuvo varias repercusiones. El discurso «secreto» de Jrushchov en el XX Congreso del PCUS, se publicó en Polonia, y, en abril de 1956, *Pravda* incluyó en sus páginas un artículo de su corresponsal en Bonn sobre la reacción positiva de los comunistas de Alemania Occidental, aunque se preguntaban si había alguna garantía de que este tipo de gobierno no se iba a repetir. Otra de las consecuencias del deshielo fueron las rebeliones en Polonia y Hungría de 1956. En ambos países, los líderes anteriormente encarcelados por los estalinistas, Vladislav Gomulka e Imre Nagy, fueron liberados de prisión. Pero los obreros de Poznań en Polonia, y los estudiantes y obreros en Budapest, exigían verdaderas reformas. En Polonia la crisis se solucionó con el nombramiento de Gomulka como secretario general del Partido Comunista de Polonia. Sin embargo, en Hungría, donde los estudiantes seguían con la rebelión, el 4 de noviembre de 1956, el Ejército soviético invadió Budapest. Fueron arrestadas 3.773 personas, y confiscadas 90.000 armas. La OTAN rechazó involucrarse en el conflicto (estaban mucho más preocupados por la crisis del Canal de Suez, y el ataque conjunto de británicos, franceses e israelíes a Egipto en la misma época).

La represión de los manifestantes en Hungría consternó a los países comunistas del mundo. La intervención soviética demostró que a la gente de las «democracias populares» no se le iba a permitir ir en la dirección de mayores libertades políticas que las que existían en la propia Unión Soviética. La crisis de Hungría abrió la cuestión sobre el doble papel de la URSS, como país de la construcción nacional del socialismo, y de la revolución mundial. En 1964, todos los partidos comunistas subrayaban que querían tener su propio camino hacia el comunismo y que el comunismo no significaba *sovietismo*. El líder del Partido Comunista italiano, Palmiro Togliatti (1893-1964), definió el nuevo concepto de relaciones entre los partidos comunistas como «policentrismo». No existía ningún centro mundial del comunismo en Moscú, sino muchos centros, tantos como había partidos comunistas.

EL PROCESO DE DESCENTRALIZACIÓN

La «descentralización» era una serie de reformas impulsadas por Jrushchov para aumentar las competencias de las repúblicas federales a expensas del poder central estatal.

Jrushchov, el antiguo jefe del Partido Comunista local de Ucrania, reconocía que había que descentralizar el poder y entregar más responsabilidades a las repúblicas. En 1950, las repúblicas disponían de un tercio del PIB regional; en 1956, se quedaban con el 56 % del PIB regional. El cambio era especialmente visible en Ucrania, el antiguo feudo de Jrushchov, donde el control del PIB cambio del 36 % al 76 % a favor de Ucrania. En 1954, Jrushchov ordenó que Crimea (que el Imperio ruso había conquistado en la guerra ruso-turca (1768-1774) y a la que anexionó unos años más trade, en 1783, convirtiéndola en la base naval del mar Negro y del mar de Azov), pasara a formar parte de la república de Ucrania.

Hasta 1955, se transfirió del poder central al control de las repúblicas la competencia de planificación y financiación de 11.000 empresas. En 1956, las labores de doce ministerios de la Unión pasaron a ser la competencia exclusiva de las repúblicas. En 1957 se establecieron los *sovnarkhozy*, 105 consejos económicos regionales.

El XXII Congreso del PCUS (octubre de 1961) era ordinario y extraordinario. Ordinario por celebrarse después del XXI Congreso (1959) y por dedicarse a las cuestiones económicas (reestructuración del plan quinquenal en uno de siete años). Lo extraordinario de este congreso era la aprobación de un nuevo programa político del partido, el primero desde 1919. El programa presentó la Revolución de Octubre como una revolución popular de todos los soviéticos. Esta interpretación tenía un doble propósito: marcar las diferencias con Stalin, pero, y sobre todo, fortalecer la unidad de la URSS, que liberada del terror estalinista, empezaba a mostrar los primeros síntomas de nacionalismo, tanto en Rusia como en las repúblicas caucásicas. Además, el programa precisó que la URSS rebasaría a los Estados Unidos hacia 1970, y que completaría la construcción del comunismo hasta 1980. Se decidió intensificar la campaña para animar a los ciudadanos a participar activamente como voluntarios «en la administración del Estado, en la gestión de economía, el desarrollo cultural, y el mejoramiento del aparato gubernamental».

A pesar del aparente triunfo de Jrushchov en el congreso de 1961, tres años después, en 1964, fue destituido por una conspiración interna del partido. Las causas de su caída eran varias: la descentralización y la desestalinización crearon mucha oposición en el partido. Las humillaciones en la política exterior eran de peso (la ruptura de las relaciones chino-soviéticas, la crisis de Berlín de 1961 que acabó con la construcción del muro para impedir la emigración de los alemanes del Este a la parte de Berlín Occidental, la crisis de los misiles de Cuba), así como su política cultural, que gradualmente alejó aún más a la *intelligentsia* del poder y provocó el descontento de la población por la reforma de la educación. Pero la razón principal de su caída era económica y por atacar la *partitocracia* (las élites centrales y locales del PCUS veían en Jrushchov el impedimento para desarrollar sus carreras de *apparátchik*).

La tasa de crecimiento económico declinó; a pesar de que los datos oficiales negaban la existencia de desempleados, el 8 % lo era en 1960. Las inversiones cayeron del 16 % en 1958 al 4 % entre 1961 y 1963. Los problemas económicos más graves eran los agrícolas: la producción de grano en 1953-1956 era de 98,8 millones de toneladas; entre 1961-1964 era de 132 millones de toneladas. La demanda habitual del grano en la URSS era de 160 millones de toneladas. La URSS tenía que importar cereales de los países occidentales.

La descentralización debilitó el control administrativo, invitó a la evasión, a la ineficacia y a malversaciones de todo tipo. Los colegas de Jrushchov percibían su gobierno como un nuevo culto a la personalidad del líder, que tomaba decisiones impetuosamente, ignorando la opinión colectiva. Lo cierto es que nadie expresó nunca su opinión sobre Jrushchov públicamente. Stalin había muerto, pero el culto al líder no había expirado.

La conspiración para sustituirle fue iniciada en febrero de 1964 por Nikolái Podgorni (1903-1983) y Leonid Brézhnev. En octubre, cuando Jrushchov estaba de vacaciones en Crimea, los conspiradores le convocaron a una reunión de la sesión extraordinaria del Comité Central donde fue objeto de unas críticas devastadoras. Le destituyeron y nombraron a Leonid Brézhnev primer secretario del partido, y a Alekséi Kosygin (1904-1980) presidente del Consejo de Ministros. La versión oficial de lo ocurrido era que Jrushchov se retiraba por razones de salud. Nikita Jrushchov afirmó que era una «victoria del partido sobre las ilegalidades estalinistas», aludiendo al hecho de que los adversarios políticos durante el estalinismo fueron condenados a trabajos forzados o a muerte, y no destituidos como él. Falleció por causas naturales el 11 de septiembre de 1971.

29

De la reforma al estancamiento (1964-1982)

Desde 1917, el sistema político soviético había desarrollado pocos procedimientos respecto a la elección del líder del partido. Cuando murió Lenin, los comunistas creían que nadie podría estar a su altura, y no se suponía que sólo un sucesor podría ser elegido. Lo mismo ocurrió después de la muerte de Stalin. El caso de Jrushchov era aún más complejo, dado que no murió, sino que fue destituido. El largo periodo del gobierno de Leonid Brézhnev entre 1964 y 1981 suele presentarse como un liderazgo colectivo, dado que Jrushchov fue acusado de infringir este principio. Lo cierto es que Brézhnev supo conservar su poder personal y aumentar el de la nomenclatura. Era mucho menos culto que cualquier otro líder soviético, y tenía una debilidad confesa por el reconocimiento público y las medallas (sólo en 1967 fue premiado con el rango de mariscal de la Unión Soviética, con su quinta medalla de la Orden de Lenin, y con su segunda medalla de héroe de la Unión Soviética).

«La salvación de Rusia se encuentra en una tiranía moderada», escribió Andréi Amalrik (1938-1980) en su libro *¿Sobrevivirá la URSS hasta 1984?* (1969). Con la eliminación de Jrushchov, «la vieja guardia» –la mayoría de ellos servía bajo las órdenes de Stalin– buscaba el modelo de la tiranía moderada que proporcionaría la estabilidad y el orden del sistema político. La tiranía moderada de Brézhnev tuvo dos fases: durante la primera, la de estancamiento *(zastoi)*, entre 1964 y 1970, se restauraron a través de la recentralización y la re-estalinización algunos elementos del régimen previo a Jrushchov. La segunda fase, la del socialismo desarrollado, entre 1971 y 1982, fue negligente con los signos del declive económico. En la política interior, el régimen de Brézhnev supuso la represión de los movimientos de derechos humanos y la persecución de los disidentes en Rusia. En la política exterior llevó a la URSS primero a la *Détente* pero, luego, a causa de la invasión soviética de Afganistán en 1979, la distensión de las relaciones con Occidente mutó en la Segunda Guerra Fría.

EL ESTANCAMIENTO

El primer paso del régimen de Brézhnev era desmantelar las reformas de Jrushchov. Para cumplir con este objetivo, en 1964 se abolió la Ley de mandatos limitados como medida para asegurar «la estabilidad en el liderazgo del partido», y se reintrodujo el principio de centralización, y por extensión el poder de la *partitocracia*. Brézhnev tenía confianza en los cuadros del partido, por lo que puso fin a la «remodelación y frecuente reemplazamiento de sus cuadros».

El tema principal del XXIII Congreso del PCUS (marzo de 1966) era la restauración y el restablecimiento de antiguas instituciones: desapareció el Presídium, y en su lugar volvió el Politburó. El primer secretario del partido volvió a ser el secretario general. Se restableció el Consejo de Ministros de la URSS, con la correspondiente reducción de las competencias de las repúblicas y regiones.

El número de afiliados del PCUS disminuyó después de 1964, pero los nombramientos de altos cargos no cesaron: en 1966, el partido contaba con 12,5 millones de altos cargos; en 1981, eran 17,5 millones. Brézhnev, a diferencia de Jrushchov, no sustituía a los funcionarios del partido hasta su muerte. Así, la edad media de los miembros del Politburó era sesenta y ocho años entre 1966 y 1981. La *partitocracia* se convirtió en *gerontocracia*. El Politburó solucionó el «problema de edad», estableciendo los límites de las horas laborales para los miembros que no podrían trabajar por ser muy mayores. Eso influyó en una corrupción galopante. Periódicamente, el partido hacía purgas de corruptos (entre 1971 y 1981 fueron expulsados por esa razón 650.000 miembros del partido). El sistema de clientelismo se había instalado como un patrón social.

En la primera fase de su régimen, Brézhnev demostró un interés en las reformas económicas. Alekséi Kosygin (1904-1980) quería cambiar la propia economía, no sólo la manera en la que ésta era administrada. Los reformadores querían cambiar el criterio cuantitativo de la producción bruta como señal del cumplimento de los planes quinquenales, porque la calidad de la producción era pésima. La reforma proponía las medidas del éxito real económico, con un enfoque especial en las ventas y los beneficios. En septiembre de 1965, el régimen aprobó el plan de racionalizar la planificación e introducir los ordenadores para mejorar el poder de los gestores, fusionar las plantas de fabricación *(obedinenie)*, y lo más importante, sustituir el criterio de producción bruta por el de ventas brutas. La nueva estrategia incluía los controles más estrictos, y la compra de tecnologías modernas de Occidente (en 1966, Fiat firmó un contrato para construir una planta en Stávropol).

Las reformas obtuvieron algunos éxitos, pero pusieron de relieve muchos obstáculos: el Comité Estatal de Precios, y no el mercado, todavía decidía los costes, el valor y las ganancias. Los gestores no tenían autoridad para despedir a los obreros no productivos.

El control feroz de la nomenclatura de Moscú, restablecido por Brézhnev, era el mayor impedimento de cualquier innovación o cambio. La Unión Soviética no tuvo la revolución de ordenadores. A finales de la década de 1960, el régimen abandonó la idea de una reforma económica y se asentó en un compromiso imperturbable al statu quo.

El primer blanco de la tiranía moderada era la disidencia. Según un informe de 1965 del Comité de Seguridad del Estado (KGB en sus siglas en ruso), hubo 9.697 casos de divulgación de propaganda antisoviética (panfletos y carteles) por 1.292 «delincuentes». Dos tercios de ellos fueron identificados: 206 obreros, 189 escolares, 36 estudiantes, 169 empleados estatales, 95 prisioneros, 612 granjeros y 111 miembros del partido. Los disidentes fueron tratados «profilácticamente» (eufemismo del KGB para la intimidación).

El régimen supervisaba las ediciones de todas las publicaciones, sobre todo las de historiografía. Mijaíl Súslov, miembro del Politburó, era censor oficial. Llegó a decir a Vasili Grossman sobre su manuscrito de *Vida y destino* (en el que relataba tanto la esencia de la dictadura de Lenin como el antisemitismo de Stalin) que no sería publicado ni en los próximos trecientos años (finalmente, se publicó en 1989). En febrero de 1966 comenzó el proceso contra dos escritores disidentes –Andréi Sinavsky (1925-1997) y Yuli Daniel– por la publicación de trabajos satíricos en el extranjero, sin el permiso oficial. Se les acusaba de «actividad antisoviética» y se les sentenció a siete años (Sinavsky) y cinco años (Daniel) de trabajos forzados. Otro ataque simultáneo fue dirigido contra el historiador Aleksandr Nekrich (1920-1993) por usar «fuentes militares e históricas de los países capitalistas» en la escritura de la monografía *22 de junio de 1941*, que culpaba a Stalin de las derrotas soviéticas en 1941. La represión era dura, pero ineficaz. Muchos ciudadanos pidieron públicamente la reapertura del proceso a estos tres intelectuales. El régimen carecía de credibilidad política, intelectual y moral.

El antisemitismo fue aprobado por Stalin poco antes de su muerte, pero durante el mandato de Jrushchov y Brézhnev se convirtió en la política semioficial del Estado. En 1963, se permitió al escritor ucraniano Trofim Kichko publicar su libro *Iudaizm bez prikras* («Judaísmo sin embellecimiento»), un tratado antijudío, con dibujos al estilo de los nazis durante la década de 1930, que influyó en la decisión de abandonar la URSS de muchos judíos. Unos 250.000 judíos fueron «animados» a salir de la URSS durante el régimen de Brézhnev. El régimen ahogó cualquier intento de cambio en los estados satélites. El primero de estos intentos fue en 1968, en la Primavera de Praga, cuando el comunista checo Alexander Dubcek quiso crear el «socialismo de rostro humano», definiéndose a sí mismo como un leninista. Dubcek reclamaba un mayor poder de los sindicatos, que querían ser responsables de los derechos de los trabajadores. El Kremlin lo vio como una amenaza para el sistema del Estado de partido único y la economía planificada, y por lo tanto para la supervivencia de Europa del Este como una zona exclusivamente comunista. Durante la noche del 20 y 21 de agosto de 1968, los tanques del Pacto de Varsovia entraron en Praga basándose en la «Doctrina Brézhnev», que defendía que los estados socialistas tenían el derecho y el deber de defender a cualquier Estado del Pacto de Varsovia del intento de introducir el capitalismo en él. La intervención estremeció de nuevo a todos los partidos comunistas del mundo.

Unos días después de la invasión de Checoslovaquia hubo una pequeña manifestación en la Plaza Roja con pancartas que decían «Para vuestra y nuestra libertad» y «Abajo los ocupantes». Las minorías nacionales eran las más dispuestas a protestar. Los tártaros de Crimea, sin repatriación ni restitución, organizaron manifestaciones en abril de 1968 que acabaron con arrestos masivos.

A pesar de todo ello, Brézhnev consolidó su poder. Ya en 1969, Brézhnev y la gran mayoría de los miembros del Politburó propusieron la rehabilitación del estalinismo, la re-estalinización. Su propuesta no contemplaba la revisión del terror de las décadas de 1930 y 1940, sino destacar su papel personal en la extraordinaria industrialización, gracias a la cual se ganó la Gran Guerra Patriótica. La tiranía moderada significó el estancamiento, pero garantizó cierta estabilidad a la sociedad, algo de lo que los ciudadanos soviéticos no habían disfrutado anteriormente.

EL SOCIALISMO DESARROLLADO (1971-1982)

Desde 1966, la propaganda del partido definía el régimen de Brézhnev como «socialismo que verdaderamente existe», «socialismo real», «socialismo maduro» y «socialismo desarrollado». El mismo Brézhnev usó el término «socialismo desarrollado» en su informe en el XXIV Congreso del PCUS (marzo de 1971). Paradójicamente, el «socialismo desarrollado» había traído un declive económico agudo, más represión contra los disidentes y una nueva confrontación con Occidente por la invasión de Afganistán en 1979. El declive económico se debió no sólo a las decisiones poco acertadas del régimen de Brézhnev, sino a la acumulación de los problemas económicos mal gestionados desde 1917. El PIB creció un 6 % en la década de 1950, un 4 % entre 1960 y 1978, y sólo un 2 % en los años siguientes. El resultado fue la disminución del capital de inversión: de un 7,6 % del PIB entre 1966 y 1970 a un 3,4 % en 1976-1980, e incluso un 0,6 % en 1979.

La agricultura seguía siendo el talón de Aquiles de la URSS. La producción agrícola primero creció entre 1966 y 1970, sus beneficios representaban el 21 % del PIB (eran del 12 % en 1961-1965); pero luego declinaron, para ser sólo el 6 % del PIB en 1978. La cosecha de 1975 fue de 140 millones de toneladas de grano (la peor desde 1963). El Gobierno tuvo que importar 76 millones de toneladas para cubrir las necesidades de la URSS.

La agricultura arrastró a toda la economía. Exceptuando la construcción de 3.000 kilómetros de ferrocarril que unía Siberia oriental con el Pacífico, toda la producción estaba disminuyendo. Esto se debía a varios factores: el PCUS quería solucionar los problemas económicos con los decretos administrativos (se emitieron más de 200.000 a finales de la década de 1970). Gradualmente, el objetivo principal de reformar la economía se transformó en la exigencia de controlarla. El primer paso del control era la formación de asociaciones industriales para asegurar la subordinación y la integración vertical a las ramas específicas de la industria. Otras causas del declive económico eran inherentes al sistema de la economía planificada, entre las que destacaba la incompetencia de los líderes políticos para tomar decisiones que afectaban a la producción económica. La inflación en el sistema de precios animó a los gestores a ignorar la productividad y evitar la renovación del equipamiento, que tenía costes adicionales y riesgos enormes.

Mientras el Estado proveyera el mercado garantizado y estableciera los precios, no tenía sentido intentar disminuir los costes de la producción y aumentar la eficiencia. La mano de obra fue uno de los problemas más graves en la década de 1970. Una parte del problema era cuantitativa: entre 1960 y 1970, la mano de obra creció hasta 23,2 millones de trabajadores y luego cayó a 17,8 millones entre 1970 y 1980, para ser sólo de 9,5 millones entre 1980 y 1990. Para la economía, que dependía de la mano de obra, era devastador. La mano de obra también estaba mal distribuida, no en las áreas industriales, sino en las regiones atrasadas de Asia Central, donde la voluntad de trasladarse era mínima o inexistente.

Otra de las paradojas del «socialismo desarrollado» era que los ciudadanos soviéticos percibían la década de 1970 como de bienestar sin precedentes. Esto se debió a la decisión tomada en el XXIV Congreso del PCUS de seguir invirtiendo en la industria pesada y militar, pero la novedad fue que puso énfasis en los bienes de consumo. El Noveno Plan Quinquenal (1971-1975), proyectaba un mayor incremento del consumo de bienes que del capital invertido en ellos. Aunque no se había cumplido este objetivo, la decisión reflejaba la intención de cambiar el mercado. En 1970, el 32 % de la población tenía frigoríficos; en 1980, el 86 % disponía de ellos. Los propietarios de televisores en la misma época era el 51 % y, a finales de la década de 1980, ascendía al 74 %. Brézhnev quería mejorar el bienestar de los obreros. Se introdujo la pensión para los trabajadores de las granjas (1964), y en 1974 se entregó el pasaporte interno *(Propiska)* a todos los ciudadanos de la Unión Soviética. (La *Propiska* era el sistema de control estatal de migración establecido en 1922 en la URSS. Aunque ninguna de las tres constituciones soviéticas prohibiese la libre circulación de ciudadanos dentro del país, el sistema de la *Propiska* imponía restricciones a la movilidad de la población. El derecho a la *Propiska* se extendía gradualmente a los ciudadanos, y los trabajadores de los *koljós* y *sovjós* fueron los últimos en obtener este derecho, en 1974.)

La salvación de la economía soviética estaba en los mercados extranjeros, donde la URSS vendía su petróleo con beneficios extraordinarios. El aumento de los precios del oro (su precio subió un 75 % en 1979) era otra de las fuentes para el erario estatal. La deuda pública era enorme, de 17.000 millones de dólares.

Paralelamente a la ineficaz economía estatal, existía otra economía («negra») que emergió para satisfacer la demanda de bienes y servicios. Se estima que unos veinte millones de personas trabajaban en el mercado negro para satisfacer diferentes demandas del 83 % de la población. La corrupción era generalizada, y el mismo Brézhnev afirmó: «Todos sabemos que nadie vive sólo de su sueldo». Su hija, Galina Brézhneva, era una de las personas más corruptas del régimen. El resultado de todo ello era la emergencia de los «millonarios subterráneos», cuyas ganancias ilícitas eran la fuente principal de la inversión privada que comenzó después de 1985.

El socialismo desarrollado conllevó el apogeo de la nomenclatura. Se estima que, en 1970, esta élite contaba con 700.000 individuos en los puestos del partido, 300.000 miembros en el sector económico, y otros 150.000 en la investigación y la ciencia. En 1982, este grupo se incrementó en 800.000 personas y, junto con sus familiares, ascendían a unos tres millones (el 1,2 % de la población total soviética).

La «edad de oro» no era sólo para la nomenclatura, sino también para la población general. Los salarios crecieron un 50 % entre 1967 y 1977; se estableció la semana laboral de cinco días, las vacaciones obligatorias de dos semanas, y aumentó el subsidio para los pobres. El sueldo de los granjeros era sólo un 10 % más bajo que el de los obreros en la ciudad.

A pesar de que el «socialismo desarrollado» pretendía garantizar a sus ciudadanos el bienestar, la sociedad soviética demostraba signos de estrés agudo. Uno de ellos era el hiperalcoholismo. Sólo en la década de 1970 la venta de alcohol aumentó un 75 %. Otro dato preocupante era el aumento de la tasa de mortalidad infantil: de 22,9 muertes por cada mil nacimientos en 1971 se pasó a 31,6 en 1976. La tasa de natalidad bajó de 2,9 hijos por familia en 1970 a 2,4 en 1978 (en las regiones de la población musulmana de Asia Central era de alrededor de seis hijos por familia). En la década de 1970, la esperanza de vida para los varones era de sesenta y tres años (mientras que en Estados Unidos era de sesenta y nueve años) y para las mujeres de setenta y cuatro años (setenta y seis en Estados Unidos).

El marco legal del socialismo desarrollado era la Constitución de 1977 que se basaba en el texto de la Constitución de Stalin, pero con algunas diferencias significativas: El artículo 1 describía la Unión Soviética como «un Estado socialista de todo el pueblo» (la anterior lo definía como de «obreros y campesinos»). La *intelligentsia* fue reconocida no como un mero «estrato», sino como un grupo igual a los obreros y los campesinos. La URSS era descrita como una sociedad de socialismo desarrollado, un Estado que eventualmente evolucionaría hacia la sociedad comunista. El «centralismo democrático» (el papel central del partido) recibió el reconocimiento constitucional en el artículo 6, que definía el papel del Partido Comunista de la URSS como «el que lidera y guía la sociedad soviética y el núcleo de su sistema político, su organización estatal y organizaciones públicas». La Constitución de Stalin de 1936 mencionó la autoridad del partido, y la URSS siempre fue el Estado de partido único, pero el artículo 6 de la Constitución de 1977 era la más formal validación de esta realidad hasta entonces. La nueva Constitución no mencionaba al Politburó. A las repúblicas constituyentes no se les permitía mantener fuerzas armadas propias, pero se mantenía su derecho de autodeterminación y secesión. Se garantizaba el servicio de salud gratuito, casas baratas y la participación pública de los ciudadanos en el proceso de toma de decisiones.

LOS DISIDENTES

La década de 1970 marcó la emergencia de dos grandes movimientos de disidentes: uno defendía los derechos humanos y otro, los derechos de la nacionalidades (en esta época los derechos individuales no estaban identificados con los derechos colectivos de una nación o un grupo étnico, como por ejemplo en la época poscomunista en las guerras de la antigua Yugoslavia). El KGB informó en diciembre de 1976 de miles de incidentes, que dividía en varios grupos: el 35 % era de «revisionismo y reformismo», el 33,7 % de «nacionalismo», el 17,5 % de «sionistas», el 8,2 % de signo religioso, y el 6,5 % de signo neofascista.

Los instrumentos represivos del KGB estaban siempre preparados. El socialismo desarrollado contaba con la «ayuda de la medicina». En 1970, el biólogo y disidente Zhores Medvédev (1925) fue ingresado en un sanatorio psiquiátrico. Su hermano gemelo, Roy Medvédev, que escribió un libro sobre el Gran Terror y reveló detalles poco conocidos sobre el estalinismo (fue una de las fuentes más valiosas del historiador británico Robert Conquest), y otros disidentes, incluidos Andréi Sájarov (1921-1989) y Aleksandr Solzhenitsyn, lucharon por su puesta en libertad. El poeta Iósif Brodsky fue acusado de «parasitismo» y deportado en 1972, y lo mismo le ocurrió a Solzhenitsyn en 1974. Vladímir Bukovski fue deportado en 1975. Sájarov fue enviado a Gorki, ciudad en la que era ilegal cualquier visita de un extranjero.

Las tres figuras más prominentes –Sájarov, Solzhenitsyn y Roy Medvédev– simbolizan a los tres tipos de disidentes soviéticos. Ninguno de ellos era rebelde en principio, sino que, por el contrario, fueron promovidos por el régimen. Ninguno sucumbió ante la presión material y psicológica que ejercieron sobre ellos; poseían una fuerza espiritual que se nutría de su aceptación de sus condiciones laborales y vitales precarias, creían en lo que decían o escribían, y estaban dispuestos a soportar el castigo que el régimen les impusiera por ello. Los tres detestaban el legado de Stalin, y sabían que el Politburó de Brézhnev no lo había abandonado. Pero también tenían grandes diferencias que envenenaban su relación personal.

A finales de la década de 1960, Sájarov sostenía que el sistema comunista y el capitalista convergían en un sistema híbrido, mezcla de ambos. La democratización y el respeto a los derechos humanos era el primer paso hacia esa convergencia. Esta opinión no coincidía con la de Medvédev, que era un comunista radical reformista, que afirmaba que no había nada malo en lo que Lenin había dicho o escrito. Solzhenitsyn basaba su disidencia en los valores cristianos y la tradición nacionalista rusa. Era un feroz antileninista y atacaba no sólo al comunismo, sino incluso al socialismo y al liberalismo. Esto enfurecía a Medvédev y a Sájarov. De los tres, Medvédev fue el menos perseguido por el régimen.

En noviembre de 1970, Sájarov (miembro de la prestigiosa Academia de Ciencias y figura líder del desarrollo nuclear soviético) y otros fundaron el Comité de Derechos Humanos. En 1974 el KGB le acusó de antisovietismo abierto. Pero su labor y la de otros disidentes fue reconocida por los Acuerdos de Helsinki (1975), que incluyeron la cuestión de los derechos humanos como fundamental (junto con las cuestiones de seguridad, economía y cooperación entre Occidente y la URSS).

En general, la coordinación entre los disidentes era mala. Los grupos de Moscú tenían algunos contactos con los judíos, pero pocos con las organizaciones nacionalistas de Ucrania, o con los países bálticos. Las ideas sobre la libertad se divulgaron por otros medios: La *samizdat* (la copia y distribución ilegal de literatura clandestina) ya no sólo publicaba novelas y poesía, sino también materiales políticos. La revista *Crónica de los eventos actuales*, apareció por primera vez en 1968, y se publicó bimensualmente (excepto 18 meses entre 1972-1974) hasta 1982 sin interrupción, todo un récord para la *samizdat* en un régimen represivo. El número de las publicaciones de la *samizdat* crecía, y en 1979 llegó a las 4.000. Otra manera de divulgar las ideas políticas era la Radio Libertad, la BBC o la Voz de América, que algunos podían oír en secreto. En Estonia podían sintonizar la televisión finlandesa. A pesar de la aureola de los luchadores por la libertad, los disidentes probablemente tenían poca influencia en la mayoría de los ciudadanos. Es difícil, si no imposible, hacer una valoración de este tipo. Pero hubo otras influencias que representaban cierta alternativa al régimen, aunque no eran disidentes: Vladímir Sorokin y Valentín Rasputín escribieron sobre la destrucción de la vida en los pueblos por la colectivización. Los directores de cine Andréi Tarkovski y Tengiz Abuladze, los escritores de ciencia ficción Arkadi y Boris Strugatski, el compositor Alfred Schnittke y el escultor Ernest Neizvestny, ofrecieron en sus obras otros criterios, más críticos, para valorar la realidad soviética.

Las historias sobre las prácticas de corrupción de Brézhnev y sus familiares, lanzadas por Yuri Andrópov (1914-1984) y sus subordinados, circulaban entre la élite del partido. Andrópov intentaba crear en el Politburó un clima contrario a que Brézhnev, tras su muerte, fuera sucedido por uno de sus más estrechos colaboradores. La última aparición pública de Brézhnev fue en la Plaza Roja con motivo del 65 aniversario de la Revolución de Octubre. Murió el 10 de noviembre de 1982, y enterraron su cuerpo fuera de las murallas del Kremlin. Los más altos dignatarios de todo el mundo asistieron al funeral de Estado, y los familiares de Brézhnev estuvieron acompañados por los líderes del partido. El socialismo desarrollado era el comienzo del declive final del comunismo soviético.

30

Perfeccionando el socialismo desarrollado (1982-1985)

«Todos debemos someternos a una reconstrucción. Todo el mundo debe adoptar nuevos enfoques y comprender que no hay otro camino disponible para nosotros», dijo Mijaíl Gorbachov en una reunión del Partido Comunista de Leningrado en mayo de 1985. La idea de la necesidad de un cambio había surgido tres años antes, cuando Yuri Andrópov, el jefe del KGB de sesenta y ocho años, sucedió a Leonid Brézhnev contra las expectativas del Comité Central, cuyo candidato favorito era Konstantín Chernenko (1911-1985).

La aguda crisis económica (a pesar de los precios de los hidrocarburos y la mejora del bienestar de los ciudadanos) puso de relieve que el régimen no tenía recursos para reestructurar la industria y la economía. Andrópov centró su atención en la ley y el orden con la explicación de que «un buen orden no exige inversión de capital alguna, pero puede producir grandes resultados». Comenzó con una gran campaña pública contra la corrupción, sin compartir la veneración de Brézhnev por la «estabilidad de los cuadros». Reemplazó a una cuarta parte de los ministros de las repúblicas y los secretarios regionales del partido, con la idea de revitalizar el sistema. El eslogan «socialismo desarrollado» se conservó. Sin embargo, a diferencia de su predecesor, Andrópov admitía que los líderes del partido necesitaban «adquirir una comprensión de la sociedad en la que viven».

Andrópov era un hombre cauteloso. Quería cambios, pero insistía en que éstos no deberían poner en peligro el orden estatal. La política nacional debería ser revisada gradualmente. Como todos los anteriores secretarios generales, su objetivo era conservar el poder de la élite del partido.

La primera tarea de Andrópov era cambiar las medidas del Politburó y abrir camino para la regeneración económica. Ya en julio de 1983 se decretó una mayor autonomía de la planificación central para las asociaciones industriales. En 1983, la producción industrial era un 5 % más alta que en los años previos, y la agrícola casi un 7 %.

Lo más destacable del breve gobierno de Andrópov (1982-1984) fue la elección de sus asesores, que eran, según los criterios de la época, «pensadores libres». Entre ellos destacaban Mijaíl Gorbachov, Nikolái Ryzhkov (1929) e Ígor Ligachov. Los tres eran los secretarios más jóvenes del Comité Central (tenían menos de cincuenta años). Gorbachov fue nombrado secretario de Agricultura, Ryzhkov de Industria, y Lugachov del Departamento de Organización. Andrópov encargó a Gorbachov y a Ryzhkov que llevaran en su nombre una investigación detallada y confidencial sobre la situación económica del país y que hicieran las recomendaciones pertinentes.

Independientemente de Gorbachov y Ryzhkov, un grupo de sociólogos y economistas de Novosibirsk, encabezados por Tatiana Zaslávskaya (1927-2013), prepararon su propio informe sobre la necesidad de la *Perestroika* (una palabra que se usaba en el siglo XIX para connotar la reforma, arreglo de un edificio o piso) y lo presentaron en un seminario secreto, en abril de 1983. Los autores argumentaron que las arbitrariedades administrativas eran el meollo de las dificultades de la sociedad soviética y de su economía. Además, el informe demostraba que la calidad de vida de los soviéticos había caído estrepitosamente.

En la política exterior, Andrópov propuso a Ronald Reagan un acuerdo sobre un nuevo control de armas y prohibición de pruebas nucleares, y comprometerse a que ninguno de los dos países atacara un país de la zona de influencia del otro. Sin embargo, Reagan rechazó cualquier tipo de negociación. El 23 de marzo de 1983, el presidente de Estados Unidos anunció su gran inversión en la investigación científica de la Iniciativa de Defensa Estratégica (Programa Star Wars). El Politburó tomó la decisión de hacer una investigación paralela propia. La competición en la tecnología militar había comenzado y sería uno de los factores decisivos del colapso económico de la URSS.

Las tensiones entre Estados Unidos y la Unión Soviética aumentaron cuando el 1 de septiembre de 1983 fue derribado, cerca de la isla de Sajalín, un Boeing 747 de la aerolínea surcoreana Korean Air (vuelo KAL 007), que había sido confundido con un avión espía norteamericano (RC-135). La tragedia causó 269 víctimas. La confusión se produjo porque el Boeing se había alejado muchísimo de su plan de vuelo. Por un error, el mundo estaba de nuevo al borde de la Tercera Guerra Mundial, porque el KGB recomendó a Andrópov que había que prepararse para un ataque nuclear. Las fuerzas nucleares de la URSS se pusieron en situación de máxima alerta. Andrópov era un hombre enfermo. Sus apariciones públicas eran escasas. En su ausencia, Chernenko presidía el Politburó, y Gorbachov lo hacía cuando faltaban ambos. Sólo quince meses después de asumir el poder, Andrópov murió el 9 de febrero de 1984. Había dejado una nota en la que decía que Gorbachov debería sucederle, pero no sirvió de nada. Chernenko, de setenta y tres años y ya debilitado por un enfisema, se convirtió en el nuevo secretario general. Gorbachov y Ryzhkov seguían con la elaboración del informe sobre las medidas para la regeneración económica que les había encargado Andrópov. Cuando murió Chernenko, el 11 de marzo de 1985, Mijaíl Gorbachov fue nombrado nuevo secretario general del PCUS, no sin oposición interna, pero con el apoyo decisivo del KGB, de los hombres de confianza de Andrópov.

Cuatro meses antes, en diciembre de 1984, Gorbachov, sin saber que iba a ser elegido nuevo secretario general con sólo cincuenta y cuatro años, pronunció varias palabras en un discurso en el partido que resumían y simbolizaban sus futuras reformas: aceleración (como oposición a «estancamiento»), factor humano, *Glásnost*, *Perestroika* y democratización.

Una vez elegido, su primera tarea fue asegurarse un grupo de partidarios influyentes. En la primera reunión del Comité Central que presidió (23 de abril de 1985), hizo varios nombramientos para promover a los protegidos de Andrópov: Ryzhkov, Ligachov y el jefe del KGB Víktor Chebrikov (1923-1999) fueron elegidos miembros de pleno derecho del Politburó. En la reunión de julio, dos líderes regionales –Lev Zaikov, de Leningrado, y Borís Yeltsin (1931-2007), de Sverdlovsk– eran nombrados secretarios del Politburó. Eduard Shevardnadze (1928-2014), amigo personal de Gorbachov y líder del Partido Comunista de Georgia, se convirtió en miembro de pleno derecho del Politburó (más tarde sustituiría a Andréi Gromyko como ministro de Asuntos Exteriores). Estas personas eran las que compartían con Gorbachov un sentido de urgencia de reformas. En los próximos meses, Gorbachov cesó en sus cargos a todos los compinches de Brézhnev. El promedio de edad de los miembros del Politburó bajó de sesenta y nueve años en 1980 a sesenta y cuatro en 1985. Otro aspecto de este cambio fue que los nuevos miembros habían finalizado por lo menos su educación secundaria (no era el caso de los anteriores miembros del Politburó).

La mayoría de ellos venía de las regiones, lo que posibilitó a Gorbachov estar muy bien informado de los problemas locales. Sus primeros pasos en las reformas seguían las indicaciones de Andrópov y se centraron en la economía. En noviembre de 1985 se creó el Comité Estatal del Complejo Agro-Industrial (Gosagroprom), con Vsévolod Murakovski como su presidente. Era una antigua propuesta de Gorbachov en la época de Brézhnev, pero que no tuvo éxito entonces. El objetivo era renovar la agricultura soviética a través de la reorganización de las instituciones del Gobierno central. Gorbachov sabía que los cambios administrativos no eran suficientes, pero también que la estructura del poder del Estado era uno de los mayores obstáculos para cualquier reforma. El Duodécimo Plan Quinquenal, fue aprobado al comienzo de 1986, y el Politburó declaró que el aumento de la calidad y el volumen de la producción industrial exigía maximizar la inversión en el sector de la construcción de maquinaria (Ryzhkov y Gorbachov abogaban por esa estrategia).

La lucha por las reformas acababa de empezar. En el XXVII Congreso del PCUS (febrero de 1986), Gorbachov tenía que defender cuidadosamente sus iniciativas. El eslogan del congreso fue «Perfeccionando el socialismo desarrollado». Ninguno de sus tres antecesores hubiera estado en contra de esta propuesta. Para asegurarse el mayor número de partidarios, dos tercios de los secretarios provinciales del partido fueron sustituidos a mediados de 1986.

En las relaciones internacionales, Gorbachov se mostró optimista en 1985. Aprovechó el funeral de Estado de Chernenko para reunirse con los líderes de los países del Pacto de Varsovia y les anunció que la URSS no iba a entrometerse en su desarrollo interno, que ellos eran responsables de su propio destino. Esto suponía un gran cambio en la política soviética desde 1945. Lo anterior no era un signo de que Gorbachov había perdido confianza en el comunismo. Todo lo contrario. En esta época él todavía creía en el marxismo-leninismo, y consideraba que el orden comunista era superior en educación, sanidad pública y transporte que el capitalismo. Por lo tanto, la tarea de la URSS y de la Europa Central y del Este era renovar el comunismo para alcanzar los niveles del capitalismo en otras áreas. A pesar de la elocuencia de Gorbachov, los líderes del Pacto de Varsovia no estaban convencidos.

Reagan persistía en el desarrollo del Programa Star Wars, y Gorbachov en su convicción de que los científicos soviéticos serían capaces de alcanzar la tecnología norteamericana, porque desde la Segunda Guerra Mundial y hasta entonces siempre lo habían hecho. Al Ministerio de Defensa se le adjudicó más presupuesto. Pero los días de gloria del *Sputnik* (1957), que estremecieron a los norteamericanos, habían pasado. Sin embargo, el extraordinario secretario general del PCUS no se había dado cuenta. La explosión nuclear de Chernóbil el 30 de abril de 1986, consecuencia de la información errónea, la indisciplina y las manipulaciones organizativas, se convirtió en la metáfora de las condiciones de la vida pública soviética. La aguda crisis económica y la imagen de la explosión de la central de Chernóbil ponían de relieve que la URSS ya no era una superpotencia. Lenin había afirmado que la rebelión de Kronstadt en 1921 era el punto decisivo para adoptar la NEP. Aunque Gorbachov no declaró nada respecto a Chernóbil, sin duda alguna éste era el punto de inflexión para acelerar las reformas y conservar la Unión Soviética y el sistema político comunista.

31

La *Glásnost* y la *Perestroika*: reformar lo irreformable (1985-1991)

Mijaíl Gorbachov fue el líder más revolucionario de la URSS desde Lenin. Como secretario general del PCUS, puso en marcha un proceso tan radical que desmoronó el edificio del comunismo soviético. Creía que la *Glásnost* (*glas* en ruso significa «voz», *glásnost* sería «voz alta», pero también connota apertura, hacer algo público, decirlo en voz alta) y la *Perestroika* («reconstrucción»), iban a democratizar el sistema comunista. Las reformas tenían como objetivo transformar el sistema y convertirlo en uno más eficiente. La *Glásnost* iba a exponer los abusos y la arbitrariedad del sistema, generar nuevas ideas y destruir los obstáculos para ponerlas en práctica. La *Perestroika* iba a reconstruir las instituciones estatales, sociales y económicas e introducir una democratización, entendida como democracia participativa guiada por la «partitocracia» (la burocracia del Partido Comunista). Estas medidas no significaban la libertad de información, ni la liberalización política, aunque parecían muy revolucionarias para los comunistas de la época. Más bien eran medidas para conservar el sistema comunista. Gorbachov creía que las ideas del marxismo-leninismo habían sido distorsionadas después de la muerte de Lenin y que para transformar la URSS era necesario transformar el Partido Comunista, lo que refleja que en ningún momento concibió una distinción entre los dos.

LA GLÁSNOST

La *Glásnost* era una medida en contra del principal instrumento «pacífico» del poder comunista, la supresión de la información y de la verdad y la construcción de mentiras y datos falsos que sostenían el poder comunista. Los comunistas estaban preparados para enfrentarse a los contrarrevolucionarios, pero no para lidiar con la contrarrevelación. Los mayores oponentes a la *Glásnost* eran historiadores, directores de las instituciones y departamentos estatales. A pesar de ello, comenzaban a aparecer estudios sobre la verdadera historia del pasado reciente, en su mayoría centrada en el periodo estalinista. Los trabajos de Trotski y Bujarin vieron la luz. El primero fue duramente reprobado, mientras Bujarin parecía un chico bueno en la pandilla de los gamberros. Gorbachov había decidido, ya en 1988, reemplazar todos los libros de texto sobre la historia soviética. Sin embargo, tuvo que suspender esta medida por la feroz resistencia del partido. Pero los archivos sobre las purgas y el terror estalinista salieron a la luz, incluidos los informes de torturas. En 1989 se reconoció públicamente la responsabilidad soviética de la masacre de Katyn en 1942, en la que fueron asesinados oficiales del Ejército, políticos e intelectuales polacos.

Uno de los cambios más importantes introducidos por la *Glásnost* era la cobertura televisiva de los debates políticos y de las entrevistas con los políticos occidentales. Los programas *Vzglyad* («Vista»), de la televisión moscovita; *600 segundos*, de la televisión de Leningrado, y *Vremya* («Tiempo»), de la televisión de Rusia, eran los programas de contenido político con mayor éxito de audiencia.

En junio de 1986 se tomó la decisión de relajar las reglas de la prensa. Incluso *Pravda*, que era el periódico del Comité Central, cambió un poco su política editorial. *Komsomólskaya Pravda*, el periódico de la organización juvenil del Komsomol, se convirtió en uno de los mejores periódicos. Pero la novedad era *Nezavisimaya Gazeta* («Periódico independiente»), que fue uno de los más leídos. Nuevos semanarios y revistas fueron los primeros beneficiarios de la *Glásnost. Moskovskie Novosti* («Noticias Moscovitas»), *Ogonëk* («Mala chispa») y *Argumenty i Fakty* («Argumentos y Hechos») pasaron a ser publicaciones del periodismo de investigación. Sus editores/directores eran Yegor Yakovlev, Vitali Korotich y Vladislav Starkov, respectivamente.

En las artes gráficas, la *Glásnost* no realizó grandes innovaciones, pero sí una mayor audiencia que garantizó la publicidad y los anuncios. El Glavlit, Directorio General para la Protección de los Secretos de Estado en la Prensa, la organización estatal de censura, fue abolida en 1990.

La revista *Novyi Mir* («Nuevo mundo»), que ya era distinguida en tiempos de Jrushchov, de nuevo se hizo visible. Muchos libros de ficción escritos en la década de 1920, y prohibidos, se publicaron entonces. Ése fue el caso de *Rebelión en la granja* y *1984*, de George Orwell, y de la novela de Yevgueni Zamiatin *Nosotros,* y *Vida y destino* de Vasili Grossman, que se editó en la URSS en 1989.

Vladímir Dudíntsev, que no publicó nada después de *No sólo de pan vive el hombre,* reapareció con la novela *Los vestidos blancos* sobre el escándalo de Lysenko. Otro escritor notable y comparable con Solzhenitsyn era Varlam Shalámov, cuyos *Relatos de Kolimá* se publicaron en la revista *Novyi Mir.*

Mijaíl Shatrov (1932-2010), describió en su drama histórico *Adelante, Adelante, Adelante* (1989) los acontecimientos previos a la Revolución de Octubre y su desarrollo, con detalles sobre las personalidades de los principales actores. Lenin seguía siendo descrito en términos favorables.

La industria cinematográfica tuvo un avance gigantesco. El documental *Arrepentimiento,* de producción georgiana, era una clara alegoría del estalinismo. Describía la culpabilidad que sentía la gente por su horrible comportamiento durante el régimen de Stalin y se les ofrecía la oportunidad de confesarse públicamente y pedir perdón. También trataba de la insensibilidad de los rusos hacia los pueblos no rusos. Otro documental se centró en la nostalgia del estalinismo (*¿Está Stalin todavía con nosotros?* 1989). Stalin era la obsesión histórica plasmada en otras tres producciones: *Abogado defensor Sedov, La historia de la luna que no existía* y *Quemado por el sol* (1994) de Nikita Mijailov. Excepto *La pequeña Vera (*primera película con una escena de desnudo), las películas más populares no eran las de producción soviética, sino las antiguas películas americanas importadas de Hollywood. Aparte de la enorme popularidad de *Cocodrilo Dundee,* la audiencia en los cines disminuía. Las películas más vistas contaban con una audiencia de diez millones de espectadores, mientras en la época de Brézhnev era de cien millones. Una de las razones de ello era que había una oferta mayor de películas (unas cuatrocientas al año), mientras que en la época de Brézhnev la oferta cinematográfica no superaba las cien o ciento cincuenta al año.

LA *PERESTROIKA*

La reforma del Partido Comunista, a la que muchos se oponían, comenzó en la reunión del Comité Central del 27 de enero de 1987. Gorbachov no mencionó el concepto de «socialismo desarrollado».

Describió las condiciones del país con el concepto de «socialismo en proceso de autodesarrollo». Implícitamente sugería que el socialismo todavía no había sido construido en la URSS. La democratización pasó a ser un objetivo principal. Esto sugería que la URSS ya no era «la democracia más desarrollada del mundo». Gorbachov denunció a Stalin y sus políticas. No mencionó a Brézhnev por su nombre, pero habló de las políticas de estancamiento. En la misma reunión hizo varias propuestas: celebrar elecciones internas, entre varios candidatos del partido, para los nombramientos (hasta entonces el Comité Central tenía exclusiva competencia en esta materia); el nombramiento de personas externas al Partido Comunista en cargos en el Gobierno, y el acceso al empleo público de las personas que no eran miembros del partido.

Gorbachov aspiraba a democratizar tanto la economía como la política. Con este fin, en el pleno del Comité Central, en junio de 1987, presentó un plan detallado de las medidas económicas. Se aprobó la Ley de las Empresas Estatales, que fue el marco legal de varias reformas económicas. Cada empresa tenía derecho a elegir su gerente (antes lo nombraba el PCUS), y a producir lo que estimaba oportuno una vez cumplidas las exigencias del plan central. Se relajó el control de los precios y salarios. Se establecieron cinco bancos estatales, que podrían operar sin la intervención diaria del Banco Central Estatal. Como en la época de la NEP, se permitía el comercio y la industria privada a escala pequeña. El objetivo principal, como también lo fue de Lenin durante la NEP, era la reintroducción de la economía mixta. Gorbachov argumentaba que la URSS estaba en situación de precrisis y, si quería mantener su estatus de gran potencia militar e industrial, los métodos de centralización y planificación económica debían ser abandonados.

La resolución del Comité Central era una cosa, y la aplicación de las decisiones, otra. Los intelectuales apoyaban a Gorbachov, pero los funcionarios del partido no. Yegor Ligachov, un aliado suyo de la época de Andrópov, intentaba disminuir su autoridad, afirmando que las reformas eran demasiadas y excesivamente rápidas. Borís Yeltsin, el secretario del Comité Central del partido de Moscú, exigía reformas más rápidas y más radicales, y más *Glásnost*. Yeltsin tuvo que dimitir en octubre de 1987 como candidato al miembro del Politburó, por sus presiones y deslealtad hacia las reformas emprendidas. Gorbachov le nombró presidente del Comité Estatal de Construcción, aunque ambos asumieron que la carrera política de Yeltsin había acabado.

El discurso de Gorbachov en el setenta aniversario de la Revolución de Octubre en 1987 coincidió con la publicación de su libro *Perestroika*. Tanto el libro como el discurso criticaron el sistema administrativo que emergió en el régimen de Stalin. Gorbachov fue el primer líder soviético que prestó el mismo trato a la Revolución de Octubre y a la Revolución de Febrero, presentando ambas como movimientos populares. Expresó su admiración por el sistema mixto de economía de la NEP. Retrató a Lenin menos violento y más humano de lo que era. No criticó la colectivización forzosa de finales de la década de 1920. Para Gorbachov, toda la culpa la tenía todavía Stalin, aunque los éxitos del Primer Plan Quinquenal y el triunfo militar de la Segunda Guerra Mundial se los adjudicaba a Stalin. Lo más significativo de su discurso era que por primera vez un secretario general del PCUS rechazaba el análisis tradicional de la lucha de clases en la política internacional. Hizo un llamamiento para una nueva agenda en la Europa Central y del Este e insistió en que la política internacional de la URSS debía estar basada en los «valores humanos universales». Éste era un lenguaje extraordinario para un líder soviético.

En marzo de 1988, mientras estaba de viaje en Yugoslavia, el periódico *Sovetskaya Rossiya* («Rusia Soviética») publicó la carta de una profesora de química, Nina Andreyeva, que pedía que se rehabilitara la reputación de Stalin, y afirmaba «que los enemigos de la Revolución de Octubre eran los elementos judíos en el liderazgo del partido». La carta se publicó por mediación de Ligachov y, a pesar de su antisemitismo abierto, fue firmada por más personas y publicada en los próximos días en varios periódicos. Para impedir otros casos semejantes en el futuro, Gorbachov nombró al reformador radical Aleksandr Yakovlev, miembro del Politburó desde 1987, supervisor de los materiales que se publicaban sobre los abusos y la corrupción de los regímenes de Stalin y Brézhnev.

La Ley de las Empresas Estatales entró en vigor en enero de 1988. En mayo del mismo año se aprobó la Ley de Cooperativas, que garantizaba el derecho de las cooperativas a fijar sus propios precios y hacer sus propios acuerdos de venta tanto dentro como fuera de la URSS). Pero las nuevas leyes tuvieron poco efecto en la economía soviética. A finales de 1988, por vez primera, Gorbachov aceptó públicamente que la URSS estaba en una gravísima situación económica. Oficialmente se sostenía que la crisis económica era un fenómeno exclusivo del capitalismo y que no se podría producir en el «socialismo desarrollado». Sin embargo, todos los indicadores económicos confirmaban lo contrario y demostraban que la herencia de la economía planificada era difícil de superar. La brecha tecnológica entre la URSS y los países capitalistas avanzados era enorme, excepto en el desarrollo de armas. Los presupuestos generales del Estado de los últimos años de Brézhnev eran insolventes. Dependían excesivamente del consumo popular de alcohol y de la venta de petróleo cuyos beneficios representaban el 18 % del PIB en 1972, y el 54 % en 1984.

En la XIX Conferencia del Partido (primera que se celebraba desde 1941), el 28 de junio de 1988, Gorbachov expuso la idea de una estricta separación entre el Estado y el PCUS. Propuso comenzar por la reducción del tamaño del aparato del partido. Para cumplir con el propósito de separar el poder estatal del PCUS, expuso la idea de disolver el Sóviet Supremo y crear una nueva institución, el Congreso de los Diputados del Pueblo (CDP). La audiencia de Gorbachov en la XIX Conferencia del PCUS estaba compuesta de personas que él mismo quería eliminar con estas reformas. Nadie le aplaudió. De repente, en la reunión apareció Borís Yeltsin, sin haber sido invitado. Le aplaudió y apoyó todas sus propuestas, además de arrepentirse públicamente por su comportamiento, y pidió volver al partido. La conferencia aprobó las decisiones sobre la reorganización interna del partido prevista para finales de 1988 y las elecciones para el CDP en 1989. La URSS seguía siendo el Estado de un solo partido, pero el partido había perdido abruptamente la mayor parte de su poder. El artículo 6 de la Constitución de 1977 ya no estaba vigente.

El 29 de noviembre de 1988, el Sóviet Supremo adoptó una ley que le llevó hacia su disolución y al establecimiento del Congreso de los Diputados Populares (CDP), de 2.550 miembros: 750 miembros representarían a las nacionalidades, 750 serían elegidos en las elecciones, y otros 750 serían nombrados por el PCUS, el Komsomol, los sindicatos, la Academia de Ciencias y las iglesias. Para ser elegido, el candidato debía obtener más del 50 % de los votos, aunque fuera el único candidato. Si nadie obtenía ese resultado, las elecciones se repetirían en el plazo de dos meses y el ganador sería el candidato que obtuviera más votos. Una vez formado el CDP, debería elegir un nuevo Sóviet Supremo de la URSS, compuesto de dos cámaras, cada una de 271 miembros.

En marzo de 1989, el resultado de las elecciones al CDP consternó a todos los comunistas. El resultado recordaba al de las elecciones a la

Asamblea Constitucional en 1918. En 38 provincias los candidatos comunistas habían sido derrotados. Incluso en Leningrado, Kiev, Minsk y Almá-Atá. Pero a diferencia de Lenin, Gorbachov no intentó cambiar el resultado, a pesar de que la mayoría de los elegidos estaba en contra de sus reformas. Las elecciones del CDP fueron el comienzo del fin de la *Perestroika*, que definitivamente desaparecería con el golpe de Estado del 18 de agosto de 1991.

La victoria de grupos que no eran comunistas, especialmente en los países bálticos, dio una nueva legitimidad a las demandas de independencia de estos países que desafiaban la integridad territorial de la URSS. Los disidentes Roy Medvédev y Andréi Sájarov se convirtieron en diputados. Borís Yeltsin ganó holgadamente en Moscú y prometió liberarla «de mafia y burócratas». Gorbachov se había equivocado en no apoyar a Yeltsin en su lucha contra Ligachov, que bloqueaba las reformas mientras Yeltsin quería acelerarlas. La victoria de Yeltsin en Moscú era el comienzo de una lucha personal contra Gorbachov, que contribuyó decisivamente a la destrucción política de la URSS.

Gorbachov fue elegido presidente del CDP. Él nombró a Anatoli Lukianov como vicepresidente y Nikolái Ryzhkov como primer ministro de la URSS. El CDP eligió un comité para crear una nueva Constitución y sustituir la obsoleta de 1977. Se crearon estructuras similares a la CDP para las repúblicas y regiones. Más de dos tercios del electorado votó. La gran mayoría de los votados eran los miembros del PCUS, que estaban divididos entre los conservadores y los reformistas. La falta de un sistema pluripartidista en el CDP fue sustituido por grupos y bloques. Entre ellos destacaban Soyuz (Unión), que estaba a favor de preservar el estatu quo político, y el Bloque Interregional, liderado por Sájarov hasta su muerte (diciembre de 1989), que presionaba por las reformas más rápidas.

La *Glásnost* y la *Perestroika* tuvieron varias consecuencias en la política exterior. Cada uno de los líderes comunistas de Europa del Este tenía que encontrar su propio modelo de reformas. En noviembre de 1985, Gorbachov se reunió con Ronald Reagan en Ginebra y en octubre de 1986, en Reikiavik. En abril de 1987 visitó Berlín Oriental y Praga, y en marzo de 1988, Belgrado. Afirmó que no esperaba que ningún país imitara sus pasos. Los líderes de la Europa Central y del Este se sintieron traicionados (Todor Zhivkov en Bulgaria; Erich Honecker en Alemania Oriental; Gustáv Husák en Checoslovaquia, e in-

cluso János Kádár en Hungría), porque se enfrentaban a la dificultad
de introducir cambios y libertades políticas y económicas, y mantenerse en el poder.

Las negociaciones con el presidente Reagan reflejaban la necesidad
de la URSS de reducir el gasto militar por los problemas económicos.
En términos prácticos, esto sólo podría conseguirse si ambas potencias
ponían fin a la carrera armamentística. En Reikiavik acordaron la destrucción de todas las armas nucleares en un plazo de diez años. Pero
Reagan rechazaba aceptar cualquier límite en el Programa Star Wars.
En diciembre de 1987, en Washington, llegaron a un acuerdo de destrucción de todas las armas nucleares de alcance intermedio. En abril
de 1988, la URSS anunció su intención de retirarse de Afganistán.

En un viaje a varias ciudades de los países de la Unión Europea,
Gorbachov habló sobre «la casa común europea» (concepto que había
usado el presidente francés Charles de Gaulle en su visita a Moscú
en 1966). El 7 de diciembre de 1988, Gorbachov habló ante la Asamblea General de las Naciones Unidas y no insistió en la lucha de clases
del marxismo-leninismo, sino en la paz global, la interdependencia y
los valores humanos universales. Prometió la retirada de seis divisiones
del Ejército Rojo de la Europa del Este.

Gorbachov quería preservar a la Unión Soviética como Estado de
partido único, y así santificar para siempre la Revolución de Octubre y
a Lenin. Sin embargo, no comprendió que sus acciones y sus reformas
iban a desestabilizar el sistema comunista y, por tanto, a la Unión Soviética.

32

La implosión del imperio (1989-1990)

Gorbachov había cometido varios errores en sus reformas económicas, entre las que destacan la campaña antialcohol y la inversión excesiva en la industria de maquinaria en 1985 y 1986 (cuando el desarrollo tecnológico ya superaba a la maquinaria pesada como instrumento de trabajo). El presupuesto del Estado estaba en un déficit crónico. La deuda exterior y la inflación crecían rápidamente. La elección de sus colaboradores, antiguos aliados de la época de Andrópov, no era acertada: Ryzhkov era reformista, pero no era capaz de aplicar las reformas adoptadas como presidente del Consejo de Ministros. Ligachov ni siquiera estaba de acuerdo con sus reformas. La reorientación del sector industrial hacia las necesidades de los consumidores era un objetivo inalcanzable. Gorbachov había prometido a los soviéticos la mejora económica, pero lo que en realidad provocó fue un mayor deterioro. En el invierno de 1989 y 1990, los productos básicos como la leche, el té, el café, el jabón o la carne, no se vendían en las tiendas, ni siquiera en Moscú. Las tiendas vacías y las colas interminables de la gente que esperaba comprar algo son el símbolo de los años finales del sistema comunista.

Empezaron a declararse huelgas en varias fábricas de Siberia. Ryzhkov ofreció rápidamente salarios más altos, pero el dinero no era la solución, ya que no se podía comprar nada.

Gorbachov había dicho a todos los países del Pacto de Varsovia que tenían que buscar su propio camino. Sin embargo, no esperaba que los gobiernos comunistas colapsasen tan rápido. El proceso comenzó en Polonia, cuando los comunistas fueron derrotados en las primeras elecciones libres y se unieron a la coalición encabezada por el anticomunista Tadeusz Mazowiecki en agosto de 1989. En septiembre, el Gobierno comunista de Hungría permitió cruzar su frontera a miles de ciudadanos de Alemania Oriental y pedir asilo en Austria. En octubre, Erich Honecker fue sustituido como jefe del Partido Comunista de Alemania Oriental. A partir de entonces, los regímenes comunistas comenzaron a caer por el efecto dominó. Todor Zhivkov dimitió en Bulgaria. El Gobierno de Checoslovaquia también fue reemplazado cuando dimitió Gustáv Husák, presidente de la república, y fue sustituido por el disidente y dramaturgo Václav Havel. Alexander Dubcek, el líder de la Primavera de Praga, se convirtió en el presidente de la Asamblea Federal. En Rumanía, los acontecimientos fueron más dramáticos. En diciembre de 1989, cuando Nicolae y Elena Ceausescu intentaban huir de Bucarest, fueron detenidos, juzgados y ejecutados.

Gorbachov quería prevenir que estos hechos ocurrieran en la URSS. Su voluntad de hacerlo era incuestionable. Sin embargo, sus reformas dejaban intactos los pilares fundamentales del orden político, económico y social bolchevique. Gorbachov, que era un político brillante, no vio contradicciones en su propio pensamiento y decisiones: deseaba la economía de mercado, pero no quería introducir más capitalismo; aprobaba el derecho de autodeterminación, pero estaba en contra de la secesión de las repúblicas de la URSS; deseaba reemplazar a los funcionarios comunistas con personas más eficaces y con mayor energía, pero frecuentemente elegía a los que no estaban a favor de las reformas (aunque eran más jóvenes); aspiraba a la división de poderes, pero introdujo un caos en la gobernabilidad. Sus acciones, aunque no deliberadas, contribuyeron a la desintegración del sistema.

Nunca cambió su intención de reformar el Partido Comunista. En febrero de 1990, presentó la Plataforma del Comité Central hacia el Socialismo Humano y Democrático. Su programa demuestra que quería convertir el PCUS en un partido socialdemócrata al estilo occidental cuyo principal objetivo sería «la liberación espiritual y política de la sociedad». Definió la URSS como un sistema despótico, dando una nueva visión del futuro socialista. Apenas mencionó el marxismo-leninismo. El comunismo ya no era un objetivo a alcanzar. Desde Lenin, el socialismo era meramente el primer paso en la sociedad poscapitalista hacia el objetivo último, el comunismo. Según Gorbachov, el socialismo era por sí solo un objetivo, y era antagónico a la dictadura, la ilegalidad, la hipertrofia de la economía estatal y la intolerancia cultural y religiosa. Sus críticos le acusaron de «apelar a la burguesía y al Papa de Roma». En febrero de 1990, el pleno del Comité Central atacó su plataforma y le acusó de violar el artículo 6 de la Constitución de 1977 y el monopolio del PCUS. A pesar de ello, el 27 de febrero de 1990 Gorbachov se dirigió al Sóviet Supremo y obtuvo votos suficientes para introducir el sistema pluripartidista. El sistema que garantizaba el dominio de un solo partido fue anulado.

Borís Yeltsin, todavía miembro del Comité Central del partido y líder del Grupo Interregional, vociferaba demandando reformas más profundas y más rápidas. En marzo de 1990 fue elegido presidente de Rusia y representante de ésta en el Sóviet Supremo. Sin tener capacidad política y administrativa para desafiar a Gorbachov directamente en el nivel de la URSS, se instaló en los órganos de Rusia y desde allí realizó todas sus maniobras para hacerse con el poder. Ya entonces había asegurado a Estonia, Letonia y Lituania que no les retendría forzosamente dentro de la URSS (a diferencia de Gorbachov, que era hostil a la idea de la secesión). En junio de 1990, Uzbekistán declaró su soberanía. A iniciativa de Yeltsin, Rusia fue la siguiente república en declararla. Pero Rusia, compuesta por otras repúblicas autónomas, se enfrentaba a sus propios desafíos: Tartaristán y Carelia demandaban la independencia de Rusia. La base constitucional de la URSS estaba socavada. En septiembre, Turkmenistán declaró su soberanía. A partir de entonces se convirtió en una tendencia. Todos los líderes de las repúblicas exigían democracia y autodeterminación.

El tema central del XXVIII Congreso del PCUS (2-13 de julio de 1990) fue el proceso de desleninización del partido, según la plataforma de Gorbachov aprobada en febrero. Los delegados estaban furiosos. Expulsaron a Aleksandr Yákovlev del Comité Central, aunque Gorbachov permaneció como secretario general, y su propuesta fue aprobada por una gran mayoría. La victoria de Gorbachov no había satisfecho a Yeltsin y otros radicales, por lo que exigían su dimisión. Cuando se negó a hacerlo, ellos abandonaron el congreso. Gorbachov repitió en varias ocasiones que si dejase el liderazgo del partido, sus enemigos podrían organizar un golpe contra él y sus reformas. El golpe fallido de agosto de 1991 reflejaba que sus miedos no eran tan imaginarios. Pero la insistencia de conservar su puesto de secretario general del PCUS fue un error, porque cuando se desintegró la URSS su puesto de trabajo dejó de existir.

En esa misma época, sus reformas económicas tuvieron que posponerse, ya que las medidas anteriores llevaron al sector comercial, financiero e industrial al colapso. En 1990 la recesión económica aumentó un 1 % en relación con el año anterior y demostró que las reformas económicas no funcionaban.

En agosto de 1990, Gorbachov dio permiso al Sóviet Supremo para crear una comisión que elaborara un plan para la recuperación industrial, agrícola y comercial. Yeltsin aceptó colaborar en el proyecto. El resultado fue el Plan de 500 días, cuyo desarrollo estuvo a cargo de Stanislav Shatalin. Gorbachov lo apoyó, pero con cierta vacilación, presionado por Ryzhkov. En septiembre ordenó la reelaboración del Plan de 500 días por Abel Aganbegián, como una medida de compromiso entre las propuestas de Shatalin y Ryzhkov. Aganbegián produjo un texto, mezcla de lenguaje radical e ideas conservadoras. El Sóviet Supremo lo aprobó como «guía básica» para las reformas económicas.

Por aquel entonces, los mayores críticos de Gorbachov eran el grupo Soyuz, compuesto por los comunistas, creyentes cristianos, escritores nacionalistas rusos y activistas ecologistas. Creían que la URSS era la sucesora legítima del Imperio ruso. Estaban orgullosos de los éxitos de la URSS y de su victoria en la Segunda Guerra Mundial. Para ellos Gorbachov era un destructor del Estado y del PCUS.

Presionado, Gorbachov hizo algunos cambios: Vadim Bakatin y Vadim Medvédev, dos colaboradores suyos que exigían acelerar las reformas, fueron sustituidos. El 20 de diciembre de 1990, Eduard Shevardnadze, en un discurso muy emotivo en el CDP, afirmó que dimitiría si Gorbachov no cambiaba su línea política, porque ésta llevaba a la dictadura. Entonces, Nikolái Petrakov (asesor de economía de Gorbachov) dimitió. Ryzhkov se retiró por problemas de salud y le sucedió Valentín Pávlov como presidente del Consejo de Ministros, que tenía aún mayores reservas hacia las reformas. Borís Pugo, conocido por justificar el uso de medidas represivas, sustituyó a Vadim Bakatin como ministro del Interior. El 13 de enero de 1991, las fuerzas especiales rusas intervinieron en Lituania, en la torre de la televisión local en Vilna para impedir la emisión de un programa que hacía un llamamiento a la independencia. Quince personas fueron asesinadas. Gorbachov dijo que no tenía ni idea de la intervención, pero era bien conocida su intención de conservar la integridad territorial de la URSS. En febrero, 50.000 policías impidieron una manifestación de 200.000 personas a favor de Yeltsin en Moscú. Gorbachov había revertido la agenda de reformas.

EL GOLPE DE ESTADO DEL 19 DE AGOSTO DE 1991

El 17 de marzo de 1991, el CDP organizó un referéndum sobre la siguiente cuestión: «¿Considera usted necesaria la preservación de la Unión de Repúblicas Socialistas Soviéticas como una federación renovada de repúblicas soberanas iguales en la que serán garantizados plenamente los derechos y la libertad de todo individuo de cualquier nacionalidad?». El 77,8 % de la población soviética estaba a favor de conservar el Estado de la URSS. Sólo el 22,2 % estaba en contra de ello. Armenia, Moldavia, Georgia, Estonia, Lituania y Letonia no celebraron el referéndum.

Teniendo en cuenta los resultados del referéndum, el 23 de abril de 1991 nueve líderes de repúblicas se reunieron en la *dacha* de Gorbachov en Novo-Ogariovo para hacer un borrador del Tratado de la nueva Unión. La versión final iba a firmarse el 20 de agosto. Mientras tanto, Yeltsin viajaba por toda Rusia haciendo la campaña para las elecciones al CDP de Rusia, que se celebraron el 12 de junio de 1991 y en las que venció por una amplia mayoría (el 57 % de los votos). El ex militar Aleksandr Rutskói, que fue el segundo más votado, pasó a ser su vicepresidente. Otros dos nombramientos importantes fueron el de Iván Siláyev como primer ministro y el de Ruslán Jasbulátov como delegado en el Sóviet Supremo de Rusia.

El 20 de julio, Yeltsin, como presidente elegido en unas elecciones (a diferencia de Gorbachov, que fue elegido por el Sóviet Supremo y por el PCUS), prohibió, por decreto la actividad del Partido Comunista en todas las instituciones estatales de Rusia.

Gorbachov había perdido toda la confianza de los ciudadanos soviéticos. La economía colapsó en todos sus sectores. La producción industrial cayó un 11 % en 1991, y la agrícola, un 17 %. El déficit presupuestario era entre el 12 y el 14 % en 1990. La causa principal del colapso económico era la incapacidad del Gobierno de mantener el nivel de importaciones de los bienes de consumo.

Yeltsin, con su eslogan «Rusia debería levantarse y dejar de estar de rodillas», era mucho más popular. Muchos concluyeron que el caos era el resultado de demasiadas reformas y pidieron que se restableciera el «orden elemental», como el vicepresidente Guennadi Yanáyev, nombrado por Gorbachov. Los militares estaban en contra de los acuerdos militares con Estados Unidos. El 23 de julio de 1991, el periódico *Sovetskaya Rossiya* (que había publicado la carta de Nina Andreyeva en marzo de 1988), publicó el documento «Una palabra para el pueblo», firmado por doce personalidades públicas: los generales Borís Grómov y Valentín Varénnikov; el líder de Soyuz, Yuri Blojin; varios nacionalistas, el director de cine Yuri Bandárev, escritores como Alexander Projánov, Valentín Rasputín; y otros como Guennadi Ziugánov (miembro del Politburó), Vasili Starodubtsev (presidente de la Unión de Campesinos, Alexandr Tiziakov (presidente de la Asociación de las Empresas Estatales). Las personas que lo firmaron querían denunciar las condiciones políticas, económicas y sociales de la URSS. No se mencionaba Lenin, tampoco la Revolución de Octubre. Los firmantes apelaban al patriotismo y sentido de Estado, porque la gloriosa URSS estaba pereciendo y podría romperse. El Ejército Rojo que venció a los nazis fue mencionado como único elemento común de todos los estados de la URSS. «Una palabra para el pueblo» estaba dirigida a «los cristianos, los musulmanes y los budistas». No se mencionaba ninguna nación en particular, pero el único «pueblo querido» eran los rusos. La primera frase del documento era: «Queridos rusos, ciudadanos de la URSS, compañeros compatriotas». Aquí se reflejaba la fusión de la identidad rusa y la soviética reminiscente desde la época de Stalin. Se intuía que los rusos tenían el papel de salvar a la URSS del desastre que se proyectaba y preparaba en el nuevo Tratado de la Unión.

Mientras Gorbachov estaba pasando unas cortas vacaciones con su familia en Crimea (Foros), le visitaron, el 18 de agosto, Shenin Baklanov, Valentín Varénnikov y su secretario personal Valeri Boldin. Las líneas telefónicas de la casa fueron desconectadas. Le dijeron que tenían intención de declarar el estado de emergencia y que él debería transferir su poder al vicepresidente Yanáyev para restaurar el orden en el país. Gorbachov lo rechazó rotundamente. Varénnikov voló a Kiev, a Ucrania, para informar del estado de emergencia. Los otros volvieron a Moscú y declararon que Gorbachov se encontraba muy enfermo y que el estado de emergencia estaba en vigor. Mientras tanto, el jefe del KGB, Vladímir Kriuchkov, y el ministro del Interior, Borís Pugo, persuadían a los funcionarios para que se unieran a ellos en el Comité Estatal para las Situaciones de Emergencia. Pero durante la noche del 18 al 19 de agosto, nada ocurrió según lo previsto por los conspiradores. El plan era anunciar por la mañana la creación del Comité Estatal para las Situaciones de Emergencia y enviar las explicaciones pertinentes al KGB, al Ejército y al PCUS. Luego iban a aparecer en la televisión. Pero los conspiradores eran tan incompetentes y estaban tan borrachos que nada de ello se realizó. La gente salió a la calle. Los conspiradores fracasaron por su propia negligencia y por la actuación de Borís Yeltsin y el general Pável Grachov (comandante de las Fuerzas Aire-Tierra), que rechazaron traicionar a Gorbachov y exigieron que se protegiera su seguridad física. El papel de Yeltsin fue crucial. A la una de la tarde del 21 de agosto salió del Parlamento, atravesó las barricadas que habían puesto en su alrededor, subió a un tanque y exigió la liberación de Gorbachov. En la medianoche del 22 de agosto, Gorbachov volvió a Moscú y asumió el poder formalmente.

El golpe significó el fin de la *Perestroika*. Gorbachov rechazó acusar al Partido Comunista del golpe. El 5 de septiembre, el CDP aprobó la creación de otro órgano de autoridad central, el Consejo de Estado, cuyo presidente era Mijaíl Gorbachov y se componía de líderes de las repúblicas que querían permanecer en la URSS. Pero ningún Consejo de Estado podría restablecer la autoridad central a sus niveles anteriores. Era el fin de la carrera política de Gorbachov y el comienzo del fin de la URSS.

33

La desintegración de la Unión Soviética (1991)

El 31 de diciembre de 1991 desapareció el Estado cuyas fronteras coincidían, más o menos, con las del Imperio ruso y cuya población abarcaba un número de naciones y religiones sin precedentes. Un Estado que había construido una poderosa base industrial en la década de 1930 y que había derrotado a la Alemania nazi en la Segunda Guerra Mundial. Un Estado que se convirtió en una superpotencia y compitió con Estados Unidos a finales de la década de 1970. Un Estado cuyo orden político y económico introdujo nuevos conceptos en la lexicografía del pensamiento político. Lo más sorprendente de la desaparición de este Estado fue que todo se llevó a cabo rápida y pacíficamente. El régimen cayo solo, no fue derribado por un inmenso movimiento popular contra la tiranía que ejerció el poder durante sesenta y nueve años.

Gorbachov no quiso desintegrar el Estado comunista, tan sólo quería reformar el comunismo. Sus planes no podían tener éxito porque el comunismo era irreformable. Cualquier intento de restructuración tenía que provocar el derrumbe. El fracaso financiero de la economía planificada no tenía remedio. Gorbachov no pudo emprender mayores reformas económicas de las que hizo, porque eso habría significado condenar el comunismo.

Los primeros en exigir la independencia y el reconocimiento internacional fueron los países bálticos, que según el Acuerdo Ribbentrop-Mólotov habían sido incorporados a la URSS, aunque la comunidad internacional nunca reconoció su pertenencia a la Unión Soviética. Yeltsin apoyaba sus aspiraciones. Su principal objetivo declarado después del arresto de los golpistas, fue la introducción de una mezcla de las políticas democráticas y la economía capitalista en Rusia, dentro de la Unión Soviética. El 28 de octubre de 1991 se retransmitió por televisión su discurso al CDP ruso, explicando su programa económico basado en los principios del mercado. El 6 de noviembre (aniversario de la Revolución de Octubre, según el calendario gregoriano), decretó el cese total de la actividad del Partido Comunista y su estructura organizativa quedaba disuelta (el anterior decreto se refería sólo a las instituciones estatales). Entre el 6 y el 8 de noviembre anunció la composición de su nuevo Gabinete. Él sería el primer ministro de Rusia, mientras Yegor Gaidar, que abogaba por la economía de libre mercado, sería ministro de Economía. A pesar de ello, aceptó la continuación de las conversaciones sobre un nuevo Tratado de la Unión, aunque en secreto había dicho que, si la URSS se desintegraba, Rusia buscaría redibujar sus fronteras a expensas de Ucrania. Ya estaba trabajando en el plan de la secesión de Rusia de la URSS.

Basándose en la URSS, Gorbachov proponía crear una Comunidad de Estados Independientes (CEI) que compartirían un espacio económico único y las Fuerzas Armadas con un solo mando militar. No se permitiría a ninguna república dominar a otras. Se ofreció a dimitir a favor de Yeltsin, para que él fuera presidente de la CEI. Pero Yeltsin rechazó todas sus propuestas. Una de las claves de la desintegración formal de la URSS fue la negativa del presidente de Ucrania, Leonid Kravchuk, a estar en las conversaciones sobre la nueva organización supranacional. El 18 de octubre de 1991, Gorbachov y representantes de ocho repúblicas (sin representantes de Azerbaiyán, Georgia, Moldavia, Ucrania, Letonia, Lituania y Estonia) firmaron el Tratado de Comunidad Económica, como un primer paso hacia la creación de la Comunidad de Estados Independientes. Dado que Ucrania no envió a su representante, y que sin esta república, la más grande después de Rusia, la unión de ex repúblicas soviéticas no tenía ningún sentido, Yeltsin rechazó dar vigencia al Tratado de Comunidad Económica, el 24 de noviembre de 1991. Los ciudadanos de Ucrania votaron en un referéndum a favor de la independencia el 1 de diciembre de 1991 (nueve meses después de haber votado a favor de permanecer en una unión con otras repúblicas soviéticas). Exceptuando la región de Crimea, en la que el voto a favor de la permanencia en la Unión rondaba el 50%, las poblaciones de otras regiones apoyaron mayoritariamente (más del 90% de los votos emitidos) la independencia. Había varias razones para ello: los que apoyaban las reformas radicales querían que fuesen más rápidas; otros, aunque se oponían a las reformas, buscaban la independencia, porque deseaban librarse de Gorbachov. Yeltsin convocó una reunión de emergencia con Leonid Kravchuk y Stanislav Shushkévich, presidente del Sóviet Supremo de Bielorrusia, en Belovezhskaya Pushcha, cerca de Minsk, la capital bielorrusa. El 8 de diciembre de 1991, Kravchuk, Shushkévich y Yeltsin firmaron el Tratado de Belavezha por el que las tres repúblicas eslavas –Rusia, Bielorrusia y Ucrania– declaraban la disolución de la Unión Soviética y la constitución de la Comunidad de Estados Independientes. La declaración de Rusia, Bielorrusia y Ucrania fue presentada a otras repúblicas como un hecho consumado. Podrían unirse a la CEI o no. Los estados bálticos y Georgia no lo hicieron. Armenia, Azerbaiyán, Kazajistán, Kirguistán, Moldavia, Tayikistán, Turkmenistán y Uzbekistán sí lo hicieron.

Puede que el referéndum de Ucrania fuera el pretexto que buscaba Yeltsin para romper la URSS. Es posible que simplemente quisiera echar a Gorbachov de Moscú, y asumir una autoridad absoluta en Rusia. Lo más probable es que deseara ambas cosas. Para Gorbachov, la desaparición de la URSS y la no creación de la CIE, que habría incluido a todas las repúblicas ex soviéticas significó el final de todas sus funciones políticas y su retirada. Lo aceptó con dignidad, prediciendo que la desintegración de la URSS podría llevar a la lucha militar y política y a una completa ruina económica. Pero él, por lo menos había luchado por mantener la unión. El 25 de diciembre, en un discurso corto en la televisión, dijo: «Dejo mi puesto con miedo, pero también con esperanza y fe en vosotros, en vuestra sabiduría y fuerza de espíritu. Somos herederos de una gran civilización y ahora la carga cae en cada uno de nosotros. Podemos resucitar para una vida nueva y digna». La Unión Soviética fue abolida el 31 de diciembre de 1991, sesenta y nueve años después de su creación, en 1922.

QUINTA PARTE

POSTIMPERIUM (1992-2016)

El colapso del comunismo en Rusia reprodujo la desaparición de dos entidades políticas anteriores: la del Imperio ruso, que duró más de cuatrocientos años, y la de la Unión Soviética, cuyas fronteras coincidieron con las imperiales durante sesenta y nueve años. Como heredera de los dos legados históricos, Rusia es un Estado postimperial y poscomunista. La descomposición de la Unión Soviética fue el final del imperio, pero también una oportunidad histórica para construir un Estado-nación ruso, emprender un proceso de transición a la democracia e integrar a Rusia gradualmente en las instituciones internacionales. Borís Yeltsin intentó realizar esta tarea titánica a través de tres revoluciones simultáneas: la creación del mercado libre, la democratización del poder político y la transformación del imperio en un Estado-nación que seguiría siendo una potencia nuclear. Este proceso fracasó a causa, sobre todo, del legado histórico ruso y de las contradicciones estructurales en el proceso de transición. Rusia es la heredera legítima de la antigua Unión Soviética en las instituciones internacionales. Reconoció formalmente la independencia de quince estados nuevos creados sobre las ruinas del antiguo imperio. Exceptuando Estonia, Letonia y Lituania, que forman parte desde 2004 de la Unión Europea y la OTAN, todas las antiguas repúblicas soviéticas han fracasado en su transición a la democracia en los años noventa.

La consecuencia principal del fracaso de la transición a la democracia en Rusia es la emergencia del poder de Vladímir Putin y del sistema definido por el Kremlin como «democracia soberana», que es una mezcla del modelo autocrático zarista y de la «tiranía moderada» soviética.

Aunque el actual régimen de Vladímir Putin no apela a una ideología revolucionaria, medidas como la anexión de Crimea o su movilización contra la decadencia de Occidente y el proceso de reimperialización que puso en marcha en 2008 como instrumento para recuperar para Rusia el estatus de gran potencia y restaurar las zonas de influencia en el espacio postsoviético pueden tener consecuencias revolucionarias. El ciclo revolucionario todavía no ha concluido.

34

Choques y terapias (1992-1995)

Después de la desintegración de la Unión Soviética, los quince nuevos estados que se crearon sobre sus ruinas tenían la oportunidad de completar la transformación que había comenzado Mijaíl Gorbachov, reemplazando el sistema autoritario de partido único por el sistema democrático. Las perspectivas de reforma económica no eran malas, dados los enormes recursos naturales y la mano de obra altamente cualificada con la que contaban la mayoría de los nuevos estados. Con la ayuda financiera de Occidente, el mercado libre parecía una posibilidad viable. Las promesas de cambios en la política interior rusa iban acompañadas de una relajación significativa de las tensiones internacionales. El proceso de desarme, la proliferación nuclear y las disputas territoriales se podrían solucionar, en la mayoría de los casos, a través del diálogo. Rusia se convirtió en la heredera legítima de la antigua URSS, lo que significó contar con el derecho de veto en el Consejo de Seguridad de las Naciones Unidas, pero también heredar un arsenal nuclear, la enorme deuda exterior y un país colapsado.

Los primeros años de la transición a la democracia fueron muy dolorosos para la mayoría de los ciudadanos.

LAS REFORMAS ECONÓMICAS

Para reconstruir la economía rusa, Borís Yeltsin confió en el programa de la «terapia de choque» del joven economista Yegor Gaidar (de treinta cinco años), y le nombró ministro de Economía. Su plan económico era acelerar la desregularización de los precios (lo que denominó «liberalización»), privatizar las empresas estatales y establecer el mercado libre. El impacto inmediato de estas políticas fue una inflación galopante. El 2 de enero de 1992, Gaidar, con permiso de Yeltsin, introdujo los precios de libre mercado para la mayoría de los artículos de las tiendas de Rusia. La «liberalización de los precios» fue la primera de una serie de reformas para equilibrar el presupuesto, eliminar las subvenciones y privatizar toda la economía. En enero de 1992, los precios aumentaron un 300 %, y durante todo el año 1992, crecieron un 2.509 %. En 1993, la inflación fue del 840 %; en 1994 del 215 %; en 1995 del 131 %; y en 1996 fue del 22 %. La hiperinflación derritió los ahorros, y devaluó los salarios y las pensiones. Para los ciudadanos las medidas de Gaidar habían sido más un «choque» que una «terapia». A pesar de ello, a finales de 1992, Yeltsin reemplazó a Gaidar por Víktor Chernomyrdin, un reformista liberal aún más radical (si cabe).

El gobierno de Yeltsin realizó grandes reestructuraciones de la economía soviética. Después de la liberalización de los precios, el siguiente paso fue la privatización de las empresas y la estabilización de la moneda. De las privatizaciones se encargó Anatoli Chubáis, como presidente del Comité para la Gestión de la Propiedad Estatal.

De todas las reformas, la más dramática fue la creación de un gran sector privado en industria y servicios. Hasta 1997, Rusia había privatizado 120.000 empresas, que contribuían con más del 70 % al PIB. El Gobierno desreguló la mayoría de los precios y eliminó el conjunto de las subvenciones estatales y controles. La privatización se realizó a través del sistema de cupones: cada ciudadano recibió un cupón-recibo por valor de 10.000 rublos que podría invertir en compañías privatizadas. Los beneficios de este sistema fueron muy limitados: con la inflación, el valor de 10.000 rublos era minúsculo y las facilidades ofrecidas a los compradores internos (antiguos empleados de las compañías que se estaban privatizando) los convirtió en nuevos propietarios de las empresas. Los gerentes, antiguos comunistas, solían disponer de mayor capital, que habían obtenido en la situación de corrupción generalizada bajo el régimen de Leonid Brézhnev. Emergió una nueva clase, llamada «rusos nuevos», un estrato pequeño pero muy poderoso de nuevos ricos.

Otro objetivo de las reformas fue crear nuevas instituciones de mercado, bancos comerciales independientes del Estado y bolsas de valores para atraer la inversión extranjera de particulares, así como de las instituciones internacionales como el Fondo Monetario Internacional (FMI) o el Banco Mundial de Desarrollo (BMD).

Las reformas económicas apenas tocaron la agricultura. El 90 % de la tierra todavía pertenecía al Estado y a las granjas colectivas. Los *koljós* seguían recibiendo créditos fáciles a pesar de que apenas producían. Rusia tenía que importar el 35 % de los alimentos que consumía. El 50 % de todas las importaciones era de carne y productos cárnicos. La producción declinó en la industria y en la agricultura. En los primeros cinco años de independencia, el PIB cayó más del 40 % en comparación con el de la Unión Soviética. Rusia dejó de ser una superpotencia. El *Factbook* de la CIA publicó en 1989 que el PIB de Rusia era el 43 % del PIB de Estados Unidos, y en 1995, sólo el 10 % del norteamericano.

Borís Yeltsin esperaba que los países occidentales le prestasen ayuda económica a través de los fondos de inversión del FMI. Sin embargo, los occidentales estaban más impresionados por las limitaciones que por los éxitos de la economía rusa. Rusia no era capaz de atraer inversión extranjera a causa de la creciente corrupción, la burocracia ineficaz, la falta de transparencia en operaciones financieras, el caos legal y la inestabilidad política.

Aparte de los indicadores macroeconómicos, había otras evidencias de que el nuevo orden económico sufría deficiencias fundamentales. El proceso de privatización estaba profundamente deslegitimado por la corrupción, porque las propiedades estatales habían sido vendidas a un precio más bajo de su valor en el mercado. Los compradores principales eran los antiguos gerentes y los miembros de la nomenclatura, ahora convertidos en los nuevos oligarcas. En 1996, la privatización se aceleró por la actividad frenética del Gobierno, más preocupado en encontrar compradores que en reavivar la economía. Además, la economía de mercado no movilizó el capital doméstico, por la hiperinflación, que no animaba a la inversión a largo plazo y por la reputación escandalosa del sector bancario, dominado por las mafias. A mediados de 1997, la mitad de las empresas no tenía beneficios, reflejando que la privatización y la reestructuración económica habían tenido un efecto escaso.

La principal consecuencia del colapso económico era una crisis social aguda. Los indicadores más impactantes de ésta son los datos demográficos: entre 1990 y 1995, la expectativa de vida de los varones cayó de sesenta y cuatro a cincuenta y ocho años, la de mujeres de setenta y cuatro a sesenta y nueve años. La tasa de mortalidad creció y la de natalidad bajó; la población total disminuyó en varios centenares de miles. El consumo de carne por persona disminuyó de 69 kilos anuales a 52 (en Estados Unidos se consumía 115 kilos por persona). Un 20 % de la población vivía en el umbral de la pobreza. Los servicios estatales básicos de sanidad y educación colapsaron; la tasa de criminalidad creció, y las mafias se infiltraron en varias agencias estatales. El nuevo orden planteó cuestiones serias sobre la justicia social. La brecha entre ricos y pobres se abría cada vez más. El 10 % de la población más rica obtenía 15,1 veces más ingresos que el 10 % de los más pobres. Esto difícilmente se podría definir como un progreso social o la creación de una «nueva clase media» o de una «élite emprendedora». La gran mayoría de las nuevas élites –un 75 %– venía de la antigua nomenclatura, ahora políticos de nueva cuño, hombres de negocio y gánsteres que simplemente usaron su antiguo estatus para conseguir privilegios especiales y propiedades durante la llamada «transición a la democracia». Como resultado, la «democracia» se percibía como un orden político y socioeconómico corrupto, criminal e injusto por parte de la mayoría de los ciudadanos. La popularidad de Yeltsin disminuía, y las condiciones estables y seguras de los años de Leonid Brézhnev se recordaban con nostalgia.

LAS REFORMAS POLÍTICAS

En una entrevista en la televisión moscovita (16 de noviembre de 1994), Yeltsin afirmó que se veía a sí mismo como el Pedro el Grande del siglo XX, como un zar reformador. En la misma entrevista se refirió a la época soviética como «el destructivo experimento comunista», pero no criticó a Lenin ni al marxismo-leninismo. Durante la entrevista no utilizó la palabra «capitalismo», sino «economía de mercado». Tampoco dijo que la Unión Soviética perdió la Guerra Fría, sino que el final de ésta deparaba a Rusia la «oportunidad de unirse al mundo civilizado». A los espectadores los llamó *rossiyane* («los ciudadanos de Rusia», término que denomina personas de distintas etnias y culturas con pasaporte de la Federación Rusa) y no *russkiye* («los rusos étnicos»).

Para ser el «zar reformador del siglo XX», Yeltsin se rodeó de colaboradores jóvenes que compartían su entusiasmo por las reformas rápidas, como Guennadi Burbulis, Anatoli Chubáis, Andréi Kozyrev, Oleg Lóbov, y Yuri Skokov. Todos tenían entre treinta y cuarenta años. Aleksandr Rutskói los llamó «chicos en pantalones cortos rosas y botas amarillas».

Yeltsin y sus colaboradores sabían que el antiguo orden comunista no había desaparecido con la abolición de la Unión Soviética. Desapareció el PCUS y el marxismo-leninismo había sido desacreditado, pero todo lo demás del periodo soviético había sobrevivido. Como sus predecesores, Yeltsin usó métodos comunistas para erradicar el comunismo. Confió la gestión política a un pequeño círculo de colaboradores, pero también a su guardaespaldas Alexander Korzhakov, un ex general del KGB, con quien bebía después del trabajo. La crisis económica y sus consecuencias sociales alarmantes agravaron las tensiones políticas. Tras la euforia por el fracaso del golpe de agosto de 1991, el Gobierno de Yeltsin se encontró enfrentado con las instituciones del orden antiguo, el Congreso de los Diputados del Pueblo y el Sóviet Supremo. Su programa de reformas era muy impopular, tanto en el Parlamento como ante la población en general. Para paliar la lucha interminable entre el presidente y el Parlamento, que rechazaba todas sus propuestas, y establecer un nuevo marco legislativo para Rusia como Estado independiente, Yeltsin decidió cambiar la Constitución de la URSS de 1977 por una nueva que daría más poderes al presidente. El 25 de abril de 1993, se celebró el referéndum sobre la proposición de una nueva Constitución. El «sí» venció con una mayoría escasa. El Parlamento nombró una comisión para confeccionar el borrador de las Leyes Fundamentales. A pesar de ello, la oposición en el Parlamento seguía bloqueando la gestión de Yeltsin (incluyendo un intento de destituirlo).

El 21 de septiembre de 1993, Yeltsin disolvió el Parlamento fulgurante e ilegalmente mediante el Decreto 1.400 y anunció nuevas elecciones y una nueva consulta sobre la Constitución. Los más conservadores (más de doscientos diputados), encabezados por el vicepresidente Aleksandr Rutskói y Ruslán Jasbulátov, ocuparon el edificio del Parlamento, la *Biely Dom* («Casa Blanca»). Estaban contra cualquier compromiso con Yeltsin, porque su acto era inconstitucional, y se creían defensores del Parlamento y de la legalidad. Tenían armas, comida y la determinación de derrocarle. Yeltsin, por su parte, afirmaba que el Parlamento había sido elegido en 1990, cuando todavía existía la URSS, mientras que él pidió la aprobación de sus políticas en el referéndum de abril de 1993, por lo cual gozaba de mayor legitimidad que el Parlamento. Así que ordenó a su ministro de Defensa Pável Grachov (el mismo que había salvado a Gorbachov en agosto de 1991), cercar el edificio del Parlamento. La disputa acabó entre el 3 y el 4 de octubre de 1993, cuando Grachov tomó el edificio. Hubo muchos heridos y varios muertos. Los golpistas fueron arrestados y llevados a la misma prisión que los de 1991.

Yeltsin intentaba construir un nuevo régimen político. La nueva Constitución de 1993, inspirada en la francesa, era el marco legislativo de un orden presidencialista, con poderes extraordinarios para el presidente (que tenía el derecho de vetar cualquier decisión del Parlamento por decreto). El poder estatal que encarnaba la Asamblea Federal estaba dividido en dos cámaras –la Cámara Baja, La Duma (450 miembros) y la Cámara Alta, el Consejo de la Federación (dos miembros por cada una de las 89 regiones). De los 450 miembros de la Duma, una mitad sería elegida por las circunscripciones locales y la otra por las listas de los partidos. El sistema estaba diseñado para limitar el poder local.

A pesar de que la nueva Constitución aumentó los poderes presidenciales de Yeltsin, no lo capacitó para crear un orden político estable. Esto se reflejó en las elecciones parlamentarias celebradas el 15 diciembre de 1993. A pesar de todas sus imperfecciones, eran las primeras elecciones libres desde 1917. La facción prorreformista, el partido Opción Democrática de Rusia, fundado por Yegor Gaidar, abogaba por una aún más rápida liberalización económica. El Partido Democrático Ruso o Yábloko («Manzana») estaba a favor de una mayor democratización política, pero también de las subvenciones estatales a la industria. Los tres partidos de ideología comunista –el Partido Comunista de la Federación Rusa (PCFR, creado el 14 de febrero de 1993 y declarado «como el sucesor del Partido Comunista de Rusia»), el Partido Agrario Ruso y Mujeres de Rusia– crearon una coalición. Entre todos los partidos destacaba especialmente uno de signo ultranacionalista, el Partido Liberal-Demócrata de Rusia, fundado por Vladímir Zhirinovski. El problema de Rusia ya no era la existencia de un solo partido, sino de demasiados. Los resultados de las elecciones parlamentarias de 1993 fueron los siguientes: 64 escaños para el Partido Liberal-Demócrata de Rusia, 103 para la Coalición Comunista encabezada por Guennadi Ziugánov del PCFR. La Opción Democrática de Rusia, del ex ministro Gaidar obtuvo sólo 17 escaños. Una sopa de partidos se repartió los restantes. El resultado demostraba que las fuerzas más sólidas de la Duma eran la coalición comunista y los nacionalistas, y que los partidos reformistas habían fracasado en ganarse el apoyo de los ciudadanos.

A finales de 1995, la aprobación popular de la gestión de Yeltsin estaba por debajo del 10%. Su respuesta fue anticipar las elecciones parlamentarias a diciembre de 1995. Los resultados indicaban que tanto Yeltsin como sus seguidores retenían mucho poder. Víktor Chernomyrdin fundó el bloque político Nuestro Hogar es Rusia con el objetivo de convertirse en la fuerza principal del Parlamento, pero obtuvo sólo 65 escaños (de 450). El PCFR (con Guennadi Ziugánov como cabeza de lista) obtuvo 157 escaños. El Partido Agrario Ruso y Mujeres de Rusia se le unieron con 23 escaños, lo que hizo de Ziugánov el líder del bloque más amplio de la Duma. A pesar de ello, Yeltsin rechazó cualquier compromiso con los comunistas y nombró a Chernomyrdin como primer ministro.

El régimen de Yeltsin no fue capaz de crear un sistema de administración eficaz a nivel central ni local. El mayor problema de la administración era el cobro de los impuestos. Según los datos oficiales, sólo un 16% de las empresas los pagaba, la mayoría con retraso. La arbitrariedad al aplicar las leyes, la corrupción generalizada y el excesivo poder de la burocracia reflejaban la degradación del Gobierno central. Moscú perdía gradualmente el control de los gobiernos locales, mientras los 85 sujetos de la Federación (22 repúblicas, 46 provincias, nueve territorios, cinco distritos autónomos y tres ciudades federales) aumentaban el suyo. La «regionalización» del poder comenzó en las áreas étnicas, como Tartaristán, que rechazó reconocer el poder central en febrero de 1994 y firmó un acuerdo para llevar a cabo una política exterior independiente y tener el control de sus propios recursos económicos.

Chechenia, en la región del Cáucaso, liderada por el antiguo general soviético Dzhojar Dudáyev, declaró su independencia en 1994. Mientras Yeltsin inicialmente toleraba este tipo de autodeterminación (lo hizo también con la República de Sajá en Siberia Oriental), cambió al poco tiempo de opinión y vio en los secesionistas chechenos un serio desafío a la integridad territorial y a la autoridad de Rusia (sobre todo porque los gaseoductos cruzaban aquel territorio).

Dudáyev había impuesto en Chechenia la ley de Sharía y promovió atentados terroristas en territorio ruso. Aunque tenía razón al afirmar que Chechenia sólo había permanecido dentro de Rusia por la superioridad militar de los zares y de los comisarios comunistas, no era un demócrata ni un liberal, como lo presentaba su propaganda en Occidente. En diciembre de 1994, sin la aprobación del Parlamento, Borís Yeltsin ordenó la invasión militar de Chechenia para restablecer la «ley y el orden». Así se inició la Primera Guerra de Chechenia (1994-1996), que duró 19 meses y que costó miles de vidas. El conflicto no sólo no restauró la autoridad de Moscú, sino que descubrió la degradación militar del Ejército Ruso. En agosto de 1996, el general Aleksandr Lébed negoció en nombre del Kremlin la retirada rusa, unas nuevas elecciones en Chechenia y la promesa de tratar la cuestión de su soberanía en el futuro, que culminó con la firma de los Acuerdos de Jasaviurt entre Dudáyev y Lébed. Otras repúblicas –Baskortostán, Buriatia, Carelia, Komi y Tuvá– insistían en su legislación local, que negaba cualquier subordinación al Kremlin. Osetia del Norte discutía sobre la posibilidad de su unificación con Osetia del Sur, a pesar de que ésta pertenecía a Georgia, un Estado independiente. En verano de 1993, la región donde Yeltsin había comenzado su carrera política, Sverdlovsk, se declaró «República Independiente de los Urales». Yeltsin declaró que las fronteras de Rusia eran innegociables y que las aspiraciones nacionales, separatistas, regionales y étnicas deberían estar subordinadas al Kremlin.

Veinticinco millones de rusos vivían en las antiguas repúblicas soviéticas. Las relaciones de Rusia con ellas estaban marcadas por las tensiones, particularmente con los países bálticos, donde los sentimientos anti-rusos eran muy fuertes (los rusos constituían un tercio de la población de cada una de las antiguas repúblicas soviéticas a comienzos de la década de 1990). En Tayikistán estalló un conflicto armado entre los rusos y la élite de la población tayika que obligó a todos a volver a Rusia. En Uzbekistán los rusos fueron despedidos de los puestos de trabajo más prominentes.

Había muchos problemas residuales que resolver. A quién debía pertenecer la Flota del mar Negro alojada en la base naval de Sebastopol, y cuál iba a ser el estatuto final de Crimea eran de los más graves. En diciembre de 1994, Rusia, Ucrania y el Reino Unido firmaron el Memorándum de Budapest sobre Garantías de Seguridad, en el cual Rusia confirmó su reconocimiento de Ucrania como un Estado independiente, a cambio de que Ucrania renunciara al legado de las armas nucleares de la URSS y se adhiriera al Tratado de No Proliferación Nuclear. Así Rusia se convirtió en el Estado sucesor más poderoso de la antigua URSS.

Los países del antiguo Pacto de Varsovia querían convertirse en miembros de la Unión Europea y la OTAN, y escapar definitivamente de la influencia rusa. El declive económico, la inestabilidad política interna y la pérdida del estatuto de superpotencia produjeron mucha desilusión entre los rusos respecto al nuevo orden.

35

El «capitalismo gánster» (1996-1999)

Las elecciones presidenciales celebradas en junio de 1996 aceleraron la desintegración política, el declive económico, las tensiones sociales y la marginalización de Rusia en asuntos de política internacional. La culminación de la crisis económica y del fracaso del Gobierno de Borís Yeltsin fue ya evidente el 17 de agosto de 1998, cuando el Estado, incapaz de cobrar impuestos o adquirir préstamos para asegurar su liquidez, tuvo que devaluar el rublo con consecuencias devastadoras para la mayor parte de la población. Yeltsin seguía en el poder, pero apenas podía ejercerlo.

Así y todo, ganó milagrosamente las elecciones presidenciales de 1996. Su campaña costó 140 millones de dólares, 137 más de los tres millones permitidos por la ley. Dado el excelente resultado del Partido Comunista en las elecciones parlamentarias de 1995, Yeltsin centró su campaña en explotar el miedo residual a que los comunistas volvieran al poder y a sus antiguas costumbres. La campaña de Yeltsin se basó en un pacto secreto con Borís Berezovski y otros oligarcas, que, a cambio de recibir tratos lucrativos en las empresas de propiedad estatal, iban a equilibrar los presupuestos generales del Estado en bancarrota y a financiar la campaña electoral de Yeltsin. En la primera vuelta de las elecciones presidenciales celebrada el 16 de junio de 1996, Yeltsin obtuvo el 35 % de los votos, Guennadi Ziugánov el 32 %, y el general retirado Aleksander Lebedev el 15 %. Como ningún candidato obtuvo la mayoría absoluta, hubo una segunda vuelta (3 de julio de 1996) en la que Yeltsin obtuvo el 54 % de los votos y Ziugánov el 40 %. Yeltsin recibió el apoyo de los votantes de Lebedev a cambio del nombramiento de éste como secretario general del Consejo de Seguridad Nacional.

La victoria electoral de Yeltsin se debió al hecho de que la mayoría había votado en contra de los comunistas (no a favor de Yeltsin). Los países occidentales le dieron un apoyo simbólico. El G7 (el Grupo de los Siete: Alemania, China, Japón, Francia, Estados Unidos y Reino

Unido) se reunió en Moscú, aceptó a Rusia como nuevo miembro y pasó a denominarse G8. Era obvio que Rusia, por su desarrollo económico y político, no pertenecía a este club selecto. Sólo algunos meses después de su reelección, en noviembre de 1996, Yeltsin tuvo que operarse de corazón y desde entonces sufrió problemas crónicos de salud agravados por su alcoholismo.

La última fase del gobierno de Yeltsin estuvo marcada por una continua guerra entre el presidente y la Duma, que estaba compuesta por dos tercios de los diputados anti-Yeltsin, encabezados por los comunistas. Sin el apoyo del Parlamento, Yeltsin se convirtió en un presidente errático y tirano. Estuvo a punto de cancelar las elecciones presidenciales de 1996 (por miedo a la victoria comunista). En esa época, para Yeltsin gobernar era decretar: en 1996, mientras la Duma aprobó 230 leyes, el presidente promulgó mil *ukazi* (decretos) desde la administración presidencial.

Tras la destitución de Víktor Chernomyrdin como primer ministro en marzo de 1998, los rusos fueron testigos de un desfile de nombramientos y destituciones: cuatro primeros ministros en dieciséis meses, tres ministros de Asuntos Exteriores, tres ministros de Defensa, cinco ministros de Economía, cinco jefes de gabinete, y siete presidentes del Consejo de Seguridad Nacional.

El acuerdo preelectoral entre Borís Yeltsin y Borís Berezovski inauguró una nueva oleada de corrupción. A sus asesores y colaboradores –un círculo interno dominado por la hija de Yeltsin, Tatyana Yumasheva (nombrada oficialmente asesora del presidente con salario en 1997), que controlaba el acceso al presidente–, se les llamaba «la Familia». Berezovski declaró a los medios de comunicación que «los oligarcas controlan el 50 % de la economía rusa», que habían pagado por la elección de Yeltsin, y que, por lo tanto, tenían «todo el derecho a ocupar los puestos clave en el Gobierno y a beneficiarse de los frutos de nuestra victoria». El propio Berezovski se convirtió en secretario del Consejo de Seguridad Nacional. Otro oligarca, Vladímir Potanin (fundador de Oneximbank), fue nombrado ministro de Economía. Los oligarcas y los funcionarios estatales percibieron claramente que la política era la profesión más lucrativa, por posibilitar acuerdos internos y buenas conexiones con el mundo empresarial, así como por asegurar la falta de transparencia en transacciones financieras, privilegios especiales y compra de la propiedad estatal a precios muy por debajo de su valor en el mercado.

La señal más clara del colapso del poder central era la incapacidad del Estado para recaudar impuestos. Entre 1989 y 1997, el dinero de las recaudaciones cayó del 41 % al 31 % del PIB. La recaudación se convirtió en una guerra civil: en 1996, 26 recaudadores fueron asesinados y 18 resultaron heridos en atentados con bombas. En octubre de 1997, Yeltsin decretó la creación de la *Chrezvycháinaya Komíssiya* (Comisión Extraordinaria, que tenía el mismo nombre que lo que se conocía popularmente como la Cheka, la organización policial creada durante la Revolución de Octubre) para elaborar un plan de recaudación de impuestos. El Estado carecía de dinero para garantizar servicios básicos como los de salud o educación. El presupuesto del Ministerio de Defensa había bajado drásticamente: contaba con la séptima parte de lo que había sido el presupuesto de la URSS, con consecuencias devastadoras para el complejo industrial-militar y las Fuerzas Armadas.

El Gobierno, para aminorar las consecuencias de la crisis, propuso varias medidas. Una de ellas consistía en «préstamos por acciones», un programa vigente entre 1996 y 1998, que usaba los bienes estatales (incluidas las compañías de petróleo y minerales), como garantía de créditos de los bancos. La bancarrota del Estado era visible. Por ejemplo, el banco Menatep, creado por Mijaíl Jodorkovski, adquirió la compañía petrolera Yukos, valorada entre 7.000 y 10.000 millones de dólares, por sólo 159 millones.

La gestión del Gobierno dependía de créditos nacionales e internacionales, que cada vez era más difícil conseguir. Los bancos occidentales condicionaban sus préstamos a una política fiscal de austeridad y transparencia, de eliminación de subsidios estatales y de empresas sin beneficios.

La crisis financiera sin precedentes era el resultado de la «terapia de choque», de la disminución de inversiones (que cayó un 92 % entre 1989 y 1997), pero, sobre todo, de la mala gestión y la corrupción galopante. Los políticos corrompían a los empresarios y viceversa. Malas prácticas llevadas a cabo bajo la ideología liberal de los acreedores extranjeros y de asesores occidentales que no entendían la compleja situación económica y política de Rusia aumentaron los problemas. Uno de los funcionarios del Grupo del Banco Mundial observó que los reformistas estaban demasiado influenciados por los manuales de los modelos de la economía de mercado, que inspiraba una fe mística en el mercado, ninguneaba el poder estatal, e ignoraba la necesidad de construir un marco legal y ubicarse en el mercado de la economía internacional. El PIB de Rusia en 1999 era de 4.200 millones de dólares (el PIB de Botsuana era de 3.900, el de Namibia de 4.300, el de Perú de 4.400 millones de dólares). Rusia parecía un país subdesarrollado. El empobrecimiento de muchos y el enriquecimiento de muy pocos polarizó la sociedad. Comenzaron a proliferar objetos de lujo (Mercedes vendía más coches de alta gama en Moscú que en toda Europa). Los que se definían como «clase media», un 15,2 % de la población, lo hacían a través de criterios culturales o profesionales, no según sus salarios. A pesar de todo, para muchos la vida mejoró. Entre 1970 y 1980, 63 de cada mil personas poseían un vehículo propio. En la década de 1990 eran 128 de cada mil.

En la década de 1990 el crimen organizado y las mafias se infiltraron en todos los sectores de la economía. Se estima que, desde entonces, en Rusia un tercio del capital pertenece a las mafias. Borís Nemtsov, el viceprimer ministro de Yeltsin asesinado en un puente de Moscú en 2015, lo definió como «capitalismo gánster».

Las buenas relaciones con Occidente se iban desmoronando por la decisión de la OTAN, tomada en la Cumbre de Washington de 1999, de intervenir en Yugoslavia (la intervención en Bosnia y Herzegovina fue 1995 y la de Kósovo en 1999) y por el plan norteamericano de desplegar el sistema antimisiles en Europa del Este. Andréi Kozyrev, ministro de Asuntos Exteriores, insistió en que la OTAN era una organización obsoleta, toda vez que había acabado la Guerra Fría y la amenaza de la URSS, y que se debería construir una nueva arquitectura de seguridad y defensa en Europa que incluyera a la misma Rusia. Occidente no aceptó esta propuesta. Igual que Alemania después del final de la Primera Guerra Mundial, Rusia no fue incluida en la arquitectura de seguridad europea. Desde la perspectiva del Kremlin, la ampliación de la OTAN hacia el este (que el Gobierno ruso definía como «expansión») y, sobre todo, la inclusión de los países bálticos en la Alianza mostraban claramente la supuesta intención de la Alianza Atlántica de cercar a Rusia. La OTAN no hizo caso a las objeciones rusas y admitió a la República Checa, Hungría, Polonia en 1999, a Bulgaria, Estonia, Letonia, Lituania, Rumanía, Eslovaquia, Eslovenia en 2004 y a Croacia y Albania en 2009 como miembros. El bombardeo de Serbia por la OTAN, sin la aprobación del Consejo de Seguridad de la ONU (por el veto de Rusia) para impedir la limpieza étnica que preparaba el régimen de Slobodan Milošević en Kósovo, sólo intensificó los sentimientos anti-OTAN en la población rusa.

Rusia estaba demasiado débil para impedir este proceso y, para compensarlo, su retórica se hizo cada vez más agresiva. Yevgueni Primakov (uno de los ministros de Asuntos Exteriores y primeros ministros de Yeltsin) propuso una nueva estrategia para la política exterior de Rusia. La llamada Doctrina Primakov sostiene que Rusia no debería insistir sólo en sus relaciones con Occidente, sino centrar su política exterior en otros objetivos: aumentar su influencia en las antiguas repúblicas soviéticas, facilitar la construcción de un mundo multipolar y crear un equilibrio de poder con la OTAN y Estados Unidos, fortaleciendo sus vínculos con China, la India e Irán. Las relaciones entre Rusia e India fueron siempre buenas. Con China, empezaron a mejorar en la época de Mijaíl Gorbachov. Pero, en abril de 1996, Rusia, China y tres países de Asia Central (Tayikistán, Kazajistán y Kirguistán), establecieron la Organización de Cooperación de Shanghái, para coordinar la política exterior y hacerse descuentos recíprocos en las ventas de material militar. El objetivo principal de Moscú y Beijing era resistir a las pretensiones americanas de hegemonía global, rechazar los intentos de Occidente de interferir en sus asuntos domésticos, y combatir el auge del islamismo radical.

Durante los últimos meses del gobierno de Yeltsin, a la humillación infligida por la OTAN en Kósovo en 1999 y al colapso económico se añadió otro acontecimiento: varios comandos chechenos invadieron Daguestán y causaron muchas víctimas mortales. Yeltsin sustituyó al primer ministro Serguéi Stepashin, por un desconocido llamado Vladímir Putin, que provenía del KGB. Como agente del servicio de inteligencia, Putin presenció el colapso del comunismo en Alemania Oriental. Durante el golpe de agosto de 1991 estuvo con el alcalde de San Petersburgo, Anatoli Sobchak, y apoyó a las fuerzas contra los golpistas. Su tarea en Leningrado era atraer inversiones extranjeras a la capital. En 1996 vino a Moscú como asistente de Pável Borodín, hombre de confianza de Yeltsin, quien gestionaba el patrimonio del Kremlin. En marzo de 1997, Vladímir Putin fue nombrado responsable de las «regiones insubordinadas»; en julio de 1998, director del Servicio Federal de Seguridad (FSB, en sus siglas en ruso), y en marzo de 1999 se convirtió en el secretario general del Consejo de Seguridad Nacional.

La crisis de Chechenia y la destitución de Stepashin, catapultaron a Putin al puesto de primer ministro. En pocas semanas, y después de un atentado en unos pisos de Moscú en septiembre de 1999 que se cobró

310 vidas (oficialmente atribuido a los terroristas chechenos), Putin convenció a Yeltsin de ordenar a las fuerzas federales invadir Chechenia y «restaurar el orden». Como el mandato de Yeltsin acababa en julio de 2000, estaba claro que el elegido para sucederle era Putin. Esta elección fue objeto de muchas especulaciones a pesar de la buena preparación de Putin para el puesto (licenciatura en Derecho y Economía, experiencia en asuntos clave de política exterior e interior, su servicio en Alemania, San Petersburgo y Moscú, y sus vínculos con economistas liberales). Los rumores clamaban que «la Familia» lo había elegido, no por su habilidad y experiencia, sino porque era el hombre de los corruptos y que incluso tuvo un papel personal en los atentados de los supuestos terroristas chechenos en Moscú, en septiembre de 1999. Lo cierto es que la campaña militar en Chechenia infló la popularidad de Putin. En agosto de 1999, sólo un 2 % de la población le apoyaba; en diciembre del mismo año era el 50 % (mientras la aprobación de Yeltsin descendía al 1,7 %).

Para las elecciones de la Duma del 19 de diciembre de 1999, los seguidores de Putin crearon un nuevo partido, *Yedinstvo* («Unidad»), sin ningún programa específico, excepto para conservar la unidad territorial y la «grandeza nacional». Apoyado por los oligarcas y favorecido por los medios, el nuevo partido ganó casi los mismos votos que el Partido Comunista. Unidad, con otros «partidos prorreformistas», tuvo una clara mayoría en la Duma. Putin era popular incluso entre los comunistas. El 31 de diciembre de 1999, Yeltsin anunció su dimisión con efectos inmediatos y cooptó a Putin (como lo estipulaba la Constitución) para asumir su puesto de presidente. El primer acto de servicio del presidente en funciones fue ofrecer la inmunidad jurídica a Yeltsin y a su familia inmediata. En las elecciones presidenciales del 26 de marzo de 2000, Putin se enfrentó a Yevgueni Primakov, que fue candidato de la coalición Patria-Toda Rusia (establecida entre los partidos Toda Rusia y la Unión de Patria, del alcalde de Moscú, Yuri Luzhkov) y a Guennadi Ziugánov (candidato del Partido Comunista). Uno de los actos de su campaña electoral consistió en sobrevolar el frente de Chechenia como copiloto en un avión militar. Putin ganó en la primera vuelta con el 53 % de los votos. De esta manera la designación personal de Yeltsin fue avalada por el voto popular.

36

La democracia soberana (2000-2008)

«Rusia fue fundada como un Estado supercentralizado desde el principio. Esto es inherente a nuestro código genético, a nuestras tradiciones y a la mentalidad de la gente», afirmó Vladímir Putin, en abril de 2000, en su discurso de investidura como nuevo presidente de la Federación de Rusia después de haber recibido la bendición de Borís Yeltsin y de Alekséi II (1929-2008), patriarca de Moscú y de Todas las Rusias. En su discurso de investidura habló de democracia e imperio de la ley, aunque el mayor énfasis lo puso en la reconstrucción del Estado y en el orden institucional. Se marcó como tarea central la de asegurar la «dictadura de las leyes», fortalecer «las estructuras verticales del poder» y neutralizar la influencia de los oligarcas que dominaron y comprometieron el último mandato presidencial de Borís Yeltsin. Una semana antes de las elecciones había afirmado «que la clase de los oligarcas dejará de existir como tal». Su lenguaje recordaba irremediablemente las promesas bolcheviques de «acabar con los *kuláks* como clase».

LAS REFORMAS ECONÓMICAS

El primer paso de Vladímir Putin en la materia de las reformas económicas fue el ajuste de cuentas con los oligarcas. Unas semanas después de asumir la presidencia, en julio de 2000, Putin se reunió en el Kremlin con la mayoría de ellos y les dijo que su desafío a las políticas del Estado no sería tolerado en adelante. Cuando Borís Berezovski mantuvo su desafío público, declarando a los medios de comunicación que a los oligarcas les correspondía compartir el poder con el Kremlin, Putin decidió demostrar que el poder de «la Familia» se había acabado y ordenó una investigación policial de los bienes y negocios de Berezovski, por lo que éste huyó al Reino Unido. El siguiente oligarca de quien quería liberarse el Kremlin era Vladímir Gusinsky, propietario de NTV televisión y crítico regular de Putin. Fue investigado y arrestado brevemente por la policía rusa. Abandonó Rusia en el verano de 2001 buscando refugio en España e Israel. Putin no era enemigo de las grandes corporaciones, sino de los empresarios que querían «meterse en política». El caso de Gusinsky y Berezovski fue una lección para otros oligarcas. Entre ellos, el caso más destacado y conocido es el de Mijaíl Jodorkovski que rechazó aceptar las nuevas reglas de juego que suponía la no participación de los oligarcas en los asuntos políticos del país. Después de hacerse el hombre más rico de Rusia aprovechando la debilidad del Estado, declaró que le gustaría ayudar a la creación de un sistema político más plural y transparente. Jodorkovski comenzó a financiar partidos políticos de la oposición y organizaciones de la sociedad civil. Los medios de comunicación de su propiedad criticaban regularmente el régimen de Putin. Fue investigado por fraude fiscal y acusado de evasión de impuestos. Enfrentándose a una bancarrota, tuvo que vender su petrolera Yukos a Rosneft (empresa de petróleo propiedad del Gobierno ruso) por un precio muy por debajo de su valor (como él lo había comprado antes). En mayo de 2005 fue sentenciado a ocho años de cárcel en Chitá, una provincia de Siberia oriental.

El objetivo principal de las reformas económicas emprendidas por el Kremlin en 2000 era introducir el control estatal en una economía capitalista. Con Putin en el Gobierno, Rusia experimentó el primer crecimiento económico desde la desintegración de la Unión Soviética: en 1999 el PIB creció un 5,4 %, y en 2000 ascendió a un 8,3 %. Irónicamente, el incremento no se debió a las políticas económicas de Putin, sino a la devaluación del rublo en 1998, que estimuló el gasto en productos nacionales (los de importación eran inasequibles para la mayoría), y la subida de los precios del petróleo (de 11 dólares por barril en 1998 a 30 dólares en 2000). El Gobierno aprovechó los beneficios económicos para pagar una parte importante de la deuda extranjera (14.000 millones de dólares en 2000), y aumentar las reservas de divisa extranjera (de 10.900 millones de dólares en 1998, a 36.200 millones en agosto de 2001).

El eje de la reforma económica de Putin fue el rechazo del neoliberalismo radical de los primeros años del gobierno de Borís Yeltsin y la introducción de la planificación estratégica controlada por el Estado. Rusia se convirtió en lo que Josef Joffe define como un «régimen mo-

dernitario», esto es, un régimen autoritario que impulsa la modernización económica, controlando los recursos naturales y la distribución de
la producción, y que gracias a ello se mantiene en el poder. El «modernitarismo»[1] es un modelo muy eficiente en las primeras fases de la
reconstrucción de una economía destruida (por ejemplo, este modelo
tuvo mucho éxito en Japón después de la Segunda Guerra Mundial,
o en el proceso de industrialización de Stalin y Hitler en la década
de 1930). Sin embargo, a largo plazo es ineficaz por el clientelismo, el
poder excesivo de los oligarcas y la corrupción generalizada, pero sobre todo por la falta de inversiones y de libertad en las áreas de investigación e innovación, que son el verdadero motor de una economía
moderna.

Vladímir Putin utilizó su poder político para redistribuir algunas de
las propiedades rusas más valiosas y transformar el sector energético
controlado por el capital privado en un sector dominado y controlado
por el Estado. Los más claros ejemplos fueron la nacionalización y la
reventa de Yukos (empresa privada) a Rosneft (empresa estatal), lo
que no sólo devaluó el valor de la mayor compañía petrolera, sino que
disminuyó notablemente las inversiones extranjeras y domésticas. Hay
otras operaciones menos conocidas: las acciones de Sibneft (empresa
privada rusa) y de Royal Dutch Shell (empresa privada anglo-holande-
sa) fueron vendidas a Gazprom (empresa estatal rusa). Las petroleras
privadas Lukoil (la compañía petrolera más grande de Rusia), TNK-BP
y Surgutneftegas, se vendieron, bajo presión, a las personas más leales
a Putin.

Entre 2000 y 2005, el régimen promovió un programa para reforzar el control estatal denominado «campeones nacionales», que consistía en redistribuir los activos de los bancos, las empresas aeronáuti-
cas, los medios de comunicación, y de la industria automovilística y
pesada. En 2005, el Gobierno de Vladímir Putin creó una «Lista A»
de 27 compañías, y una «Lista B» de 44 compañías de todos los sectores de la economía de relevancia nacional. Cuanto más importante era
la empresa, mayor era la probabilidad de que un ministro ocupara un

---

1. El «modernitarismo» y «modernitario» son neologismos creados por Josef Joffe, profesor de Ciencias Políticas de la Universidad de Stanford, para referirse a
regímenes de modernización autoritaria. Véanse «La Tentación Autoritaria»
(*Cuadernos de Pensamiento Político*, n.º 44, 2014) y el libro *The Myth of America's
Decline: Politics, Economics and a Half Century of False Prophesies* (2014).

puesto en su consejo de administración. Según los últimos datos públicos, en 2009, los que dominaban los consejos de administración de las grandes empresas estatales eran los representantes del Gobierno (73,7 %), los miembros de la Administración del presidente (7,5 %) y los *silovki* (26,1 %) (este término proviene de la palabra *sila*, que significa «fuerza»; se refiere a los ministerios que usan fuerza, el de Defensa y el del Interior). Los representantes de los gobiernos regionales (menos del 2 %) estaban en los consejos de administración de las compañías de la Lista A, y cerca del 7 % de ellos eran los directivos de las empresas de la Lista B. Este sistema impuesto por el Estado representaba una manera de legalizar la corrupción y el tráfico de influencias.

LAS REFORMAS POLÍTICAS

En 2005, Vladímir Putin definió el sistema político ruso como «el derecho de cada persona a elegir la forma de gobierno que más se adecua a sus condiciones locales específicas en vez de a un estándar democrático universal», pero fue Vladislav Surkov (asesor de Vladímir Putin entre 2000 y 2013, conocido como «el cardenal gris del Kremlin») quien calificó el Estado ruso como *suverennaya democratia* («democracia soberana») en 2006, para subrayar su diferencia con la democracia liberal. Surkov la define de un modo confuso: «tipo de vida política de la sociedad en que el Gobierno, sus órganos y programas se eligen, se forman y se dirigen exclusivamente por la nación de Rusia en toda su diversidad y unidad, para que todos los ciudadanos, grupos sociales y pueblos que la forman alcancen el bienestar material, la libertad y la justicia». Surkov reconoció que se inspiró en el concepto del «principio de autoridad soberana» del filósofo ruso Iván Ilyin (1883-1954). Ilyin sostuvo que los rusos deberían ser gobernados por una dictadura nacional, patriótica y no totalitaria, pero sí autoritaria, dado que este sistema sería el que consolidaría un poder central, indispensable en un país tan grande y de tanta diversidad cultural y étnica. Ilyin introdujo de nuevo el factor de gran espacio como justificación de la autocracia, como lo había hecho Catalina la Grande en el siglo XVIII.

¿Cómo es un Estado cuyo sistema político es de democracia soberana? Este modelo «democrático» es un ejemplo de «Estado híbrido», que cumple las exigencias de la democracia formal –elecciones libres, sistema pluripartidista, libre mercado y teórica libertad de expresión–, pero impide la consolidación de la democracia sustancial mediante instituciones «invisibles» como el servicio secreto, el control de los medios de comunicación, o la permisividad con la corrupción, y de este modo perpetúa el poder autoritario personalizado y el de las oligarquías económicas. También se le llama «democracia iliberal» o «democracia imitativa». «La diferencia entre la democracia y la democracia soberana es la que hay entre una camisa y una camisa de fuerza», dijo con acierto Timothy Garton Ash.

La cimentación de la democracia soberana comenzó con las reformas políticas para restablecer el poder central estatal sobre 85 sujetos federales. En mayo de 2000, sólo unas semanas después de su toma de posesión, Putin estableció un nuevo sistema de siete «superdistritos», cada uno encabezado por un «plenipotenciario» cuya tarea era informar al Kremlin sobre la aplicación de las leyes federales. El modelo de «superdistritos» era el modelo zarista (de Iván IV) de gobiernos militares. Cinco de los siete «plenipotenciarios» nombrados por Putin, eran generales. Los plenipotenciarios presionaron a los gobiernos locales para recaudar impuestos, destituir a los funcionarios inútiles y revisar las leyes locales que contradecían las federales. La oposición era sustancial, porque la gran mayoría de las repúblicas quería gobernar sin la interferencia de Moscú. A pesar de ello, el 80 % de las «leyes ilegales» (incompatibles con la Constitución) fueron abolidas. En abril de 2001 se estableció el mismo sistema en el nivel policial donde, en lugar de plenipotenciarios, se impusieron siete «superpolicías» encargados de controlar a la policía local.

Otra de las decisiones que afectaba a los gobiernos locales era el cambio de la composición de la Cámara Alta (Consejo de la Federación). Mientras Borís Yeltsin era presidente de la Federación Rusa, el Consejo de la Federación estaba integrado por dos representantes de cada república. Uno era elegido por los ciudadanos, y el otro lo era de oficio, por ser miembro del poder ejecutivo de la región. Este sistema institucionalizaba su poder y bloqueaba cualquier intento de restablecer el poder central en las regiones. Putin eliminó a los miembros de oficio de la Cámara Alta, los privó de su inmunidad parlamentaria y estableció procedimientos para destituir a los gobernadores imputados por corrupción. Los gobernadores se convirtieron en miembros de una nueva institución, el Consejo de Estado, de carácter honorífico.

Otro de los focos críticos de la reforma era el cobro de impuestos, uno de los factores clave de la bancarrota virtual del gobierno de Yeltsin. La revisión de la Ley de Impuestos no sólo simplificó y eliminó las excepciones (los exentos fiscales), sino que redujo las tasas a niveles en los que los evasores preferían pagar impuestos a arriesgarse a arrostrar persecuciones y multas. Para las personas físicas el impuesto sobre la renta era del 13 % y para las sociedades del 24 %. El objetivo era motivar a la gente a pagar los impuestos y a invertir en las empresas rusas. Después de obtener una Duma colaboradora y de restablecer la estructura vertical y la autoridad central del Estado, Vladímir Putin quiso asegurarse un apoyo más amplio de la población. Para poner los cimientos de una nueva identidad nacional postimperial rusa, decidió mezclar dos legados históricos aparentemente irreconciliables, el pasado prerrevolucionario y el soviético. La idea esencial era ofrecer al pueblo la posibilidad de sentirse de nuevo orgulloso de ser ruso. Su patriotismo era conocido, así como el sitio donde lo había aprendido. En una ocasión, Putin declaró: «la KGB me enseñó patriotismo y amor por la madre Rusia». En diciembre de 2000, la Duma aprobó el uso de la bandera tricolor con el águila bicéfala como escudo de armas (el símbolo del emperador bizantino), pero también el himno nacional soviético (con nueva letra), y la bandera roja (con estrella pero sin martillo y hoz) para el Ejército ruso.

A la diferencia de Yeltsin, que no perdía ocasión de criticar el legado soviético, Putin mantuvo una actitud cautelosa y positiva hacia esta herencia histórica. Rechazó retirar el cuerpo de Lenin del mausoleo de la Plaza Roja, «para no ofender a muchos ciudadanos». Elogiaba la educación soviética, aunque afirmaba que todo se puede mejorar.

El legado histórico prerrevolucionario estaba cuidadosamente plasmado en la vida pública rusa. La música de las marchas de la época zarista se oía en actos oficiales. Se restauraron dos teatros históricos: el Mariinski de San Petersburgo y el Bolshói de Moscú. Pero el gesto más significativo hacia la Rusia tradicional tenía lugar en la esfera religiosa. Putin se reunía regularmente con los representantes de todas las confesiones, pero claramente favorecía a la Iglesia ortodoxa rusa. En agosto de 2001 se fue de «vacaciones» con el patriarca Alekséi II, a hacer una gira por los monasterios más importantes de Rusia. En años sucesivos estuvo en varias ocasiones en el monte Athos, en Grecia, para ver cómo avanzaba la restauración de los monasterios ortodoxos financiada por Rusia. La religión ortodoxa, como lo fue en la época zarista, volvió a ser la médula de la identidad nacional rusa. El mismo Putin explicó las razones de ello: «Desde los tiempos más tempranos, nuestra tierra se llamaba "Santa Rusia", y sin la Cristiandad, sin la Iglesia ortodoxa, y sin la cultura que se desarrolló basándose en sus valores, Rusia difícilmente hubiera podido existir». Todos estos cambios no paliaron la crisis social. Los salarios, aunque más altos, todavía no estaban en el nivel de antes de 1998. En 2002, el 20 % de la población total vivía en el umbral de la pobreza. El mismo año, un 22 % del presupuesto del Estado se destinó a gasto social. La influencia de los oligarcas no desapareció, aunque era mucho más discreta y reducida a un pequeño círculo de amigos personales de Vladímir Putin. La arbitrariedad en la aplicación de la ley persistía, así como la corrupción. Pero también hubo algunas mejoras en la vida de los ciudadanos: disfrutaban de ciertas libertades y tenían un grado de privacidad que no habían conocido durante la época soviética.

En mayo de 2001, el partido Unidad se fusionó con otros dos, Patria y Toda Rusia, y así se fundó el partido Rusia Unida. En las elecciones parlamentarias de diciembre de 2003, Rusia Unida ganó casi la mayoría absoluta, 223 de 450 escaños (véase los Anexos). En las elecciones presidenciales de 2004, Putin repitió su victoria, alcanzando el 71 % de los votos en la primera vuelta.

El Estado «modernitario» comenzó a mostrar cada vez más su parte autoritaria: los periodistas que investigaban casos de corrupción o la flagrante violación de los derechos humanos en la guerra de Chechenia se exponían a peligro de muerte: Anna Politkóvskaya (1958-2006) fue asesinada en la puerta de su casa de Moscú en octubre de 2006. Sus reportajes en *Nueva Gaceta* eran muy críticos con la política de Putin hacia Chechenia. En Londres, Berezovski se suicidó en circunstancias extrañas, y Aleksandr Litvinenko (1962-2006), uno de los socios de Berezovski y antiguo doble agente del KGB, fue envenenado en noviembre de 2006 con una dosis letal de polonio-210. Un hombre no identificado rompió los dedos del hijo pianista de Grigori Yavlinski, líder del partido de la oposición Yábloko.

En 2004, Putin, después de su victoria rotunda en las elecciones presidenciales, centralizó aún más el poder estatal. La primera medida fue la ley que contemplaba el nombramiento de los gobernadores de las repúblicas por el presidente, aunque sus propuestas serían votadas por las instituciones regionales.

A partir de abril de 2005, el Estado comenzó a ejercer un control exhaustivo de las organizaciones civiles (asociaciones de caridad, clubes deportivos, asociaciones profesionales y de hobbies) a través de una nueva institución llamada Cámara Pública de la Federación de Rusia. Las agencias extranjeras se trataban como sospechosas, y la presión aumentó sobre centros culturales extranjeros como el British Council, o medios de comunicación como el servicio en ruso de la BBC.

De todas las reformas abordadas por el Gobierno de Vladímir Putin, la más significativa fue la de las Fuerzas Armadas. Las dos guerras de Chechenia (1994-1996 y 1999-2009) y la muerte de 118 marinos en el accidente del submarino nuclear K-141 *Kursk* el 12 de agosto de 2000 en el mar de Barents, revelaron el declive del Ejército y de la Armada. La decisión de reestructurar las Fuerzas Armadas fue tomada en 2003, · pero por falta de recursos comenzó cinco años después, en 2008. La reestructuración y la modernización del Ejército se guiaban por la definición de amenazas y peligros para la seguridad nacional. La estrategia priorizaba las amenazas militares convencionales, como la guerra de Chechenia, por ejemplo. El primer paso para la modernización fue disminuir el tamaño de las fuerzas de tierra, que pasaron de 1.200.000 a 865.000 activos, y la reducción correspondiente de empleados civiles en el Ejército. Desde 2008, el presupuesto militar es de entre el 4 % y el 5 % del PIB, independientemente del crecimiento o de la recesión económica.

En 2005, el Kremlin anunció cuatro «programas nacionales» de reformas sociales urgentes para mejorar las condiciones de vivienda, bienestar social, agricultura y sanidad. Las élites locales fueron negligentes con estos servicios desde el colapso del comunismo. Moscú y San Petersburgo estaban floreciendo, pero las ciudades más pequeñas todavía esperaban que la modernización llegara a sus puertas.

En las elecciones parlamentarias de 2007 el partido Rusia Unida ganó con mayoría absoluta, consiguiendo 315 escaños de los 450 de la Duma. De nuevo, los ciudadanos aprobaban la gestión del Gobierno de Putin. Sin embargo, la Constitución le impedía optar por un tercer mandato. Así que el hasta entonces primer ministro Dmitri Medvédev se convirtió en candidato de Rusia Unida para las elecciones presidenciales de marzo de 2008. Fue a sugerencia de Putin, «por su buen conocimiento del desarrollo de los programas nacionales», y después de un acuerdo secreto al puro estilo comunista (que supone sólo la permuta de personas en los puestos clave y no un cambio en la estructura del poder) de que Medvédev lo nombraría a él como primer ministro.

37

La crisis del régimen modernitario (2008-2016)

En el discurso de toma de posesión como presidente de Rusia, Dmitri Medvédev advirtió que las consecuencias de la crisis económica global de 2008 podrían ser graves disturbios sociales en Rusia y que el país se viera obligado a realizar profundos cambios estructurales en la economía y no depender exclusivamente de las exportaciones de hidrocarburos. Pero a pesar de la crisis global y de la inestabilidad económica interior, la balanza comercial de Rusia se había mantenido positiva, gracias a los precios del petróleo y a los beneficios de la exportación de armas que habían aumentado notablemente. La microelectrónica se desarrollaba con la cooperación de multinacionales extranjeras. El sector de la industria aeroespacial desarrolló el Sukhoi Superjet 100 y pudo competir con aviones civiles norteamericanos. La producción de coches creció, con AvtoVAZ, la compañía que producía la marca de coches Lada, a la cabeza. La producción agrícola mejoró notablemente. Cuando formaba parte de la Unión Soviética, Rusia dependía de la importación del grano. Las granjas aumentaron su producción y Rusia se convirtió en el quinto país exportador de trigo en 2015 y el segundo en 2016. En agosto de 2012, después de dos decenios de conversaciones, Rusia fue admitida en la Organización Mundial de Comercio (OMC), y el Congreso de Estados Unidos anuló la enmienda Jackson-Vanick, que había sido aprobada en 1974 como medida para restringir el comercio entre Estados Unidos y la URSS, para penalizar a los soviéticos por la discriminación de los judíos. El crecimiento anual de Rusia del 5,4 % la situó, en 2009, en el octavo lugar, según el Banco Mundial.

Sin embargo, las desigualdades sociales se agravaron. Moscú, una ciudad próspera, se convirtió en una «ciudad-Estado», donde venía gente a buscar trabajo. San Petersburgo no estaba muy por detrás. Pero algunas regiones entraron en un profundo declive. Por ejemplo, el salario de los habitantes del pueblo Pugachov era ocho veces más bajo por el mismo tipo de trabajo que en Moscú. La despoblación afectó a partes extensas de Siberia cuando el Estado retiró los subsidios salariales introducidos por el régimen de Nikita Jrushchov. En enero de 2009, en Vladivostok hubo huelgas y manifestaciones convocadas por el Partido Comunista contra el Gobierno. Los eslóganes eran: «Abajo la esclavitud capitalista» y «Traed de vuelta el derecho al trabajo». El orden político ya no parecía tan estable. El nivel de vida durante la recesión global económica había bajado. El Gobierno incrementó los pagos a los pensionistas y a otros que dependían de subsidios estatales, lo que disminuyó la penuria de muchos, pero Rusia seguía siendo un país de grandes desigualdades sociales.

Medvédev reconoció públicamente que el principal deber de la élite política y económica rusa era diversificar la economía. Fundó en Sokolovo un centro, el «Silicon Valley de Rusia», después de haber visitado las oficinas de Apple donde el mismo Steve Jobs le había presentado a empresarios norteamericanos junto al último modelo de iPad. Medvédev también reconoció que la inversión tecnológica por sí misma no era suficiente, y que era necesario un marco legal que garantizara la transparencia jurídica. Pero la fuga de capitales aumentaba, y los magnates rusos invertían cada vez más en el extranjero. Los jóvenes abandonaban el país. Durante el mandato presidencial de Dmitri Medvédev (2008-2012) y el tercer mandato presidencial de Vladímir Putin (2012-), la crisis del régimen *modernitario* se hizo cada vez más visible.

LAS ELECCIONES LEGISLATIVAS
DE DICIEMBRE DE 2011 Y SUS CONSECUENCIAS

Las elecciones a la Duma de diciembre de 2011 demostraron que el partido Rusia Unida ya no gozaba de la mayoría absoluta (obtuvo 238 de los 450 escaños, 77 menos que en las elecciones de 2007). Los comunistas fueron la segunda fuerza parlamentaria (92 escaños), seguidos por el Partido Liberal-Demócrata de Rusia (56 escaños) y Rusia Justa (65 escaños). Yábloko y Causa Justa, dos partidos de signo liberal, no obtuvieron el 5 % necesario para entrar en la Duma. El Kremlin fue acusado de fraude electoral, por inflar supuestamente en un 15 % los resultados de Rusia Unida. En Moscú y San Petersburgo hubo manifestaciones contra la estafa, las primeras desde los años noventa y organizadas a través de las redes sociales.

El resultado de las elecciones legislativas del 2011 reflejaba, aparte del posible fraude, la estructura inherente de la democracia soberana, un sistema político que imita el sistema pluripartidista. Como todas las «democracias imitativas», la democracia soberana rusa tiene tres grupos de partidos: el oficialista (Rusia Unida), los partidos de la oposición «oficial» (creados por el Kremlin para fingir un sistema pluripartidista, como por ejemplo el partido Rusia Justa) y la oposición «no oficial» (partidos de la oposición liberal Yábloko) o los que no han cumplido con los requisitos para registrarse como partidos y, por lo tanto, están fuera de la competencia política).

El régimen de Putin carecía de una alternativa política viable. Alekséi Navalny, un abogado nacido en 1976, emergió como portavoz de los manifestantes en Moscú, pero no era popular fuera del centro urbano. Los manifestantes se pusieron de acuerdo sobre un programa de siete puntos (libertad para los presos políticos, reforma de la Ley de Partidos y de Elecciones, abolición de la censura y restauración de los medios libres, un límite para el mandato presidencial y reforma del poder ejecutivo, anulación de los resultados de las elecciones legislativas, dimisión de Vladímir Churov, presidente de la Comisión electoral, y nuevas elecciones libres). La falta de liderazgo en la oposición y la incapacidad de ponerse de acuerdo más allá de un programa de mínimos terminó con las manifestaciones.

Pero el Kremlin había aprendido la lección. Para impedir la repetición de las protestas masivas que hicieron tambalear su poder, se aprobaron en 2012 varias leyes cuyo fin era dotar de un soporte legal a un régimen cada vez más autoritario, legalizar la represión política y frustrar cualquier intento de la oposición de competir políticamente. Entre las nuevas leyes destacan la Ley de Manifestaciones, que contempla la posibilidad de multar con 9.300 euros a cualquier ciudadano por manifestarse. La Ley de Internet implica la creación de una comisión que podría suspender las páginas web «peligrosas» para los jóvenes (no sólo las páginas de contenido pornográfico, sino también otras). El Kremlin lanzó un discurso sobre la existencia de un «enemigo interior» que supuestamente recibiría ayuda de los «enemigos exteriores» (Estados Unidos y Europa). Frente al enemigo interior, es necesario, según el Kremlin, movilizar a las fuerzas conservadoras del país que apoyan la dominación estatal completa y se basan en los valores del nacionalismo étnico y de la Iglesia ortodoxa. Por ello, la Ley de Traición regula el trato a todos los que se definen como «agentes extranjeros» (los que colaboran o reciben la financiación de las organizaciones e instituciones extranjeras). En abril de 2016 se creó la Guardia Nacional «para la lucha contra el terrorismo», un servicio de seguridad que no está subordinado a ninguno de los tres existentes (Ministerio del Interior, Policía y Servicio Secreto), pero con derecho a interferir en el trabajo de todos ellos. La Ley Electoral ha cambiado novecientas veces desde 2002. El tándem Medvédev-Putin dio más poder al Servicio Federal de Seguridad (FSB) con la excusa de la necesidad de intensificar medidas preventivas contra posibles ataques terroristas en Rusia.

La principal estrategia del Gobierno de Putin tras las manifestaciones de 2011 consistió en impedir la competencia política y mantenerse en el poder a través de una «estabilidad flexible», es decir, de mantener el sistema político con concesiones parciales y represión dirigida a blancos concretos: los líderes y partidos de la oposición, ONG o, en fin, cualquier ciudadano sospechoso de colaborar con una entidad extranjera.

LAS ELECCIONES PRESIDENCIALES DE MARZO DE 2012

Tras finalizar su mandato como primer ministro, Vladímir Putin expresó su intención de presentarse por tercera vez como candidato a las elecciones presidenciales. La Asamblea Federal aprobó el cambio de la Constitución para garantizarle el derecho de presentarse a otros dos mandatos presidenciales, ampliando la duración de éstos de cuatro a seis años. Si se cumplieran las aspiraciones de Putin –gobernar hasta 2024– habría estado en la jefatura del Estado veinticuatro años (seis más que Leonid Brézhnev y seis menos que Iósif Stalin).

En la campaña electoral de 2012, Putin prometió reintroducir las elecciones para gobernadores locales, relajar las leyes electorales e intensificar la lucha contra la corrupción. Incrementó, de nuevo, las pensiones y los subsidios estatales para los más necesitados y los desempleados, y se presentó como el único garante de la estabilidad y seguridad de Rusia, identificando el caos y la inestabilidad de la década de 1990 con la democracia.

En un discurso electoral, hablando del pueblo ruso afirmó: «Nosotros no sólo debemos preservar, sino desarrollar nuestra identidad nacional y nuestra alma. No podemos perdernos como nación: tenemos que ser y permanecer rusos». En el mismo discurso enfatizó la importancia de la familia y de la fe religiosa. Declaró públicamente que se identificaba con el filósofo cristiano Nikolái Berdiáyev. Los tres pilares de la identidad nacional rusa *Pravoslavie, Samoderzhavie, Národnost* (Iglesia ortodoxa, Autocracia, Nación), propuestos por Serguéi Uvárov (1786-1855), el reaccionario ministro de Educación del zar Nicolás I, cobraron de nuevo importancia.

En febrero de 2012, un mes antes de los comicios presidenciales, el grupo punk Pussy Riot actuó en el altar de la Iglesia del Cristo Salvador de Moscú (el segundo templo más grande del mundo de la Iglesia ortodoxa) y cantó una canción en contra de Putin. Los cantantes como Madonna o Paul McCartney defendieron al grupo rebelde, pero el clero y el Gobierno denunciaron la actuación como un sacrilegio, y las encuestas de opinión pública realizadas por el respetable Centro Levada indicaron que más de la mitad de la sociedad rusa estaba indignada por la actuación de las Pussy Riot en la iglesia.

Sólo tres meses después de las manifestaciones por el fraude electoral en las elecciones legislativas, Vladímir Putin ganó las elecciones presidenciales con un 62 % de los votos en la primera vuelta. Nadie se sorprendió cuando nombró a Dmitri Medvédev como primer ministro. En su discurso de investidura prometió más ayudas sociales y nueva subida de las pensiones, pero también insinuó que el Estado del Bienestar crea una dependencia insana de sus ciudadanos. Acentuó el conservadurismo en política social y atacó la idea del matrimonio de parejas del mismo sexo. En junio de 2013 se adoptaron leyes que prohibían la divulgación de ideas de «relaciones sexuales no tradicionales» entre los jóvenes. La mayoría de los rusos aprobaba estas medidas, así como la Iglesia ortodoxa.

LAS ELECCIONES LEGISLATIVAS DE SEPTIEMBRE DE 2016

La victoria contundente de Rusia Unida en las últimas elecciones legislativas celebradas el 18 de septiembre de 2016 –con 343 escaños de los 450 de la Duma (más del 54 % de los votos, un 5 % más que en las elecciones de 2011)– es la consecuencia del control ejercido por el régimen autocrático de Vladímir Putin del sistema político ruso, del papel personal de Putin en la campaña electoral, de la incapacidad mostrada por los partidos de la oposición para capitalizar el descontento popular por el empeoramiento de la situación económica y de la apatía política de la mayoría de los ciudadanos rusos, que están convencidos de que el Gobierno actual no transferirá su poder a través de las elecciones (sólo el 47,81 % del censo ha votado: en 2011 fue un 60,21 %). La participación ciudadana ha sido la más baja en unas elecciones desde la desintegración de la Unión Soviética en 1991.

A pesar de la difícil situación económica, Putin ha sabido capitalizar su popularidad con la anexión de Crimea en 2014, el apoyo a los rebeldes prorusos en el este de Ucrania y la intervención en Siria, donde ha desafiado la política de Estados Unidos. Sin embargo, hay indicios de que el fervor patriótico se está derritiendo en el choque con la realidad de la pésima situación económica creada por la bajada del precio del petróleo (entre 2014 y 2016 cayó a uno de sus niveles más bajos, a 40-50 dólares por barril), y por las sanciones económicas impuestas por Occidente (en 2014 la inversión extranjera en Rusia bajó un 50 %, el rublo se devaluó un 40 %, y hubo fuga de capitales por valor de 160.000 millones de dólares). Vladímir Putin es un símbolo de la perfecta unión entre la política exterior (encarnando la nostalgia del poder imperial de Rusia y la aspiración de recuperar el estatus de gran potencia) e interior (garante de la estabilidad económica y política).

Posiblemente, la parte más espectacular de la campaña electoral ha sido una serie de destituciones políticas de los amigos personales del presidente Putin, que han sorprendido a la opinión pública: las de Ígor Sechin (viceprimer ministro) por «poner intereses corporativos por encima de los estatales», Vladímir Yakunin (presidente del ferrocarril estatal) y Serguéi Ivanov (jefe del Gabinete), y el nombramiento como gobernadores de algunas regiones de Rusia de personas de la oposición oficial. Las destituciones y nuevos nombramientos de gente más joven y competente demuestran que la lealtad personal y la amistad con el presidente ya no son factores fundamentales para mantenerse en el poder. Estos cambios se deben al aumento de la desconfianza de Putin hacia sus más cercanos colaboradores. Su giro «geopolítico» en política exterior condiciona una mayor dependencia de los militares y de los miembros de los servicios de seguridad, así como introducir más profesionales y tecnócratas en el Gobierno, porque la crisis económica exige gente más profesional.

A diferencia de las elecciones de 2011, en las que participaron siete partidos políticos, en 2016 han competido en los comicios 14 partidos. Este aumento significativo se debe a una relajación de las condiciones electorales con el propósito de dispersar el voto de la oposición y a la convicción del Kremlin de que no pueden amenazar su predominio político. A pesar de ello, los cuatro partidos que hasta ahora tenían presencia en la Duma seguirán ocupando sus escaños, aunque en diferente proporción: Rusia Unida (238 escaños en 2011) recuperó la mayoría absoluta con 343 en 2016; el Partido Comunista (92 escaños en 2011 frente a 42 en 2016), el Partido Liberal-Demócrata de Rusia (56 escaños frente a 39) y Rusia Justa (65 escaños frente a 23). Yábloko no ha conseguido el 5 % de los votos exigidos para tener representación en la Duma (Cámara Baja).

Las elecciones parlamentarias de 2016 han supuesto un test de la fuerza del sistema político del Kremlin cuyo objetivo es preservar el poder de las élites políticas, de los oligarcas y del presidente, sin hacer reformas sustanciales, y preparar el terreno para la victoria de Vladímir Putin en las próximas elecciones presidenciales de 2018. Lo más probable es que la estrategia del Kremlin siga siendo la misma que introdujo en 2012, la «estabilidad flexible», pero con la novedad de ciertas reformas económicas y un mayor número de tecnócratas en el Gobierno (lo que indicaría que el poder no pertenece sólo a Putin y a su reducido círculo de amigos, sino que los profesionales serán cada vez más valorados para los puestos clave).

El Estado modernitario puede estallar debido a la corrupción generalizada y a la crisis económica aguda. El régimen continuará con las medidas de austeridad que suponen aún mayores recortes en el gasto social, la reorganización de los sistemas educativo y sanitario, y el incumplimiento de la promesa de incrementar las pensiones. La supervivencia del régimen a largo plazo depende de reformas estructurales, como ya lo había advertido Dmitri Medvédev en 2008, pero no está claro cuándo y cómo piensan realizarlas.

38

Rusia inacabada:
el proceso de reimperialización (2000-2016)

Con el colapso del comunismo en Rusia, en 1991, se culminaba la desaparición de dos sucesivas entidades políticas: la del Imperio ruso, que duró más de cuatrocientos años, y la de la Unión Soviética (1922-1991), cuyas fronteras coincidieron con las imperiales durante sesenta y nueve años. La Rusia actual, heredera de ambos legados históricos, es un Estado postimperial y poscomunista. La descomposición de la Unión Soviética, que supuso el colapso de los sistemas político, económico, de seguridad y defensa y del Estado como entidad política, representó el final del imperio, pero también una oportunidad histórica para construir un Estado-nación ruso, emprender un proceso de transición a la democracia e integrar a Rusia gradualmente en las instituciones internacionales. La pérdida de la identidad imperial marcó el comienzo de la busca de una nueva identidad nacional rusa. Sin embargo, esta indagación resultó muy compleja. El primer obstáculo era la herencia imperial. Como afirmó el historiador británico Geoffrey Hosking, «el Reino Unido tuvo un imperio, Rusia fue un imperio, y quizá todavía lo sea». Además, la Rusia postsoviética tuvo que enfrentarse a dos problemas históricos no resueltos: a la ausencia de una conciencia nacional rusa y a la falta de definición de cuáles son los elementos que deberían precisar la identidad nacional.

Muchos estados europeos han surgido sin la ayuda de la nación. A veces las naciones se constituyen sin la bendición de los estados, pero por regla general, la idea moderna de la nación supone la preexistencia del Estado, que crea las condiciones favorables para su surgimiento y su desarrollo. El Estado ruso existe desde hace mucho tiempo. La ocupación de los mongoles hubiera podido provocar un estallido del sentimiento nacional favorable a un desarrollo de la nación. Este estallido se produjo, pero condujo al restablecimiento del Estado, mientras la nación permaneció ausente del paisaje político ruso durante siglos. La distancia entre las instituciones estatales y la sociedad, y la ruptura entre la cultura horizontal y vertical (alta cultura), impidieron el surgimiento de una conciencia nacional rusa.

Con la desaparición del imperio, la cuestión de la conciencia nacional volvió a ser central para la sociedad rusa. En los años noventa, las élites políticas e intelectuales consideraron cinco posibles conceptos de la identidad nacional: la «nación unificadora» define a los rusos como un pueblo imperial o un pueblo con la misión de crear un Estado supranacional; la «nación de todos los eslavos del Este» comprende como rusos a todos los pueblos que comparten la cultura y el origen común eslavo (con insistencia en que los rusos, bielorrusos y ucranianos son un mismo pueblo); la «nación como la comunidad lingüística» sostiene que los rusos son todas las personas que hablan ruso, independientemente de su origen étnico; la «nación como raza» percibe la nación como una comunidad basada en las relaciones de sangre: sólo pueden ser rusas las personas cuyos padres son rusos; la «nación cívica» entiende la nación como comunidad de los ciudadanos, independientemente de su origen étnico, religioso y cultural. El concepto de la identidad nacional definido por el Kremlin –los rusos son una nación dividida por las fronteras postsoviéticas– no concuerda con ninguna de las definiciones citadas, y lo más importante, no coincide con las actuales fronteras territoriales de Rusia.

En su discurso posterior a la anexión de Crimea (18 de marzo de 2014), Vladímir Putin afirmó que «millones de personas se fueron a dormir en un país y se despertaron en muchos otros estados, convirtiéndose en minorías étnicas de las antiguas repúblicas soviéticas; así los rusos se convirtieron en una de las naciones más grandes, sino la más grande del mundo, que está separada por fronteras». El concepto de la nación dividida es el elemento clave de la política hacia los vecinos, antiguas repúblicas soviéticas, y la justificación de un proceso de «reimperialización» que apunta a recuperar el estatuto de Rusia como gran potencia y a mantener las «zonas de influencia» en las antiguas repúblicas soviéticas.[1] Este proceso comenzó a finales de los años no-

---

1. El concepto de imperio se entiende como una relación formal o informal mediante la cual un Estado controla la soberanía política efectiva de una sociedad ajena. Este control se puede imponer por la fuerza, o bien por colaboración de las élites políticas, lo que suele ir acompañado de dominio económico, social o cultural.

Una «zona de influencia» es un territorio bajo el control exterior de una gran potencia, aunque aquél pertenezca a otra nación: es el hecho de conseguir ejercer dicho control lo que permite que se le reconozca el carácter de «gran potencia».

venta, pero cristalizó en las intervenciones militares de Rusia en Georgia en 2008 y en Ucrania en 2014.

Desde el fin de la Guerra Fría hasta el conflicto de Ucrania y la ruptura de la cooperación entre Rusia y Occidente, seguida por la imposición de las sanciones económicas, la actitud de Occidente hacia Rusia ha estado marcada por la creencia de que Rusia se iba a democratizar e incorporar a las instituciones occidentales. Mientras tanto, la política exterior rusa pasó por cinco fases sucesivas: en los años 1990 y hasta la guerra de Irak en 2003, Rusia intentó en vano acercarse a Occidente. En 2003 abandonó la órbita occidental por el desacuerdo con Estados Unidos en lo que se refiere a la estrategia en la lucha contra el terrorismo. Pueden considerarse hechos culminantes de este periodo tanto el discurso de Vladímir Putin en la Conferencia de Seguridad de Múnich de 2007, en donde aseguró que la ampliación de la OTAN y la implantación del escudo antimisil en Polonia y Rumanía constituían sendos desafíos a la seguridad nacional de Rusia, como la guerra de Georgia (2008). El tercer periodo, entre 2008 y 2012, se caracterizó por un malogrado *reset* («reinicio») de las relaciones entre Rusia y Estado Unidos, propiciado por la administración del presidente Barack Obama. La cuarta fase (2013-2014) consistió en fortalecer las relaciones económicas con los países ex soviéticos a través de la Unión Euroasiática y acercarse a China, sin abandonar la actitud tradicional de desafío a Occidente. Esta fase ha estado acompañada por la introducción en la vida política de los «valores tradicionales rusos» y por un discurso político cada vez más antioccidental. Desde el caso de las Pussy Riot (2012), el Gobierno ruso afirma abiertamente que no acepta «el actual ultraliberalismo europeo» reflejado en la propaganda gay, el multiculturalismo y el secularismo, y que se identifica más con los valores europeos del siglo XIX: la familia, el protagonismo de la Iglesia y de la religión en la vida política y social, y la defensa de la soberanía nacional. La fase actual está marcada por la ruptura del orden europeo alcanzado tras la Guerra Fría y por la quiebra de la cooperación entre Rusia y Occidente.

El análisis de la evolución de las ideas desarrolladas en los documentos oficiales (el Concepto de Seguridad Nacional, el Concepto de Política Exterior y la Doctrina Militar) durante los tres mandatos presidenciales de Vladímir Putin (2000-2004, 2004-2008 y 2012-) y el de Dmitri Medvédev (2008-2012), así como de los hechos (coacción económica e invasión militar de los países vecinos) revelan que la reimperialización y la competición con Occidente han sido los principales objetivos estratégicos de Rusia desde la llegada al poder de Vladímir Putin.

RUSIA COMO ACTOR ESTRATÉGICO
EN LOS DOCUMENTOS OFICIALES

Durante su primer mandato, nada más ser elegido presidente, Vladímir Putin firmó tres decretos para ratificar los documentos del Concepto de Seguridad Nacional (enero de 2000), de la Doctrina Militar (abril de 2000) y del Concepto de Política Exterior (junio de 2000). En octubre de 2003 el Ministerio de Defensa publicó el documento «Las prioridades en el desarrollo de las Fuerzas Armadas de la Federación Rusa» (conocido como «Libro Blanco de la Defensa»); en marzo de 2007, el Ministerio de Asuntos Exteriores publicó «La revisión de la política exterior de la Federación Rusa»; y, en febrero de 2008, Putin personalmente presentó el documento titulado «El desarrollo estratégico de Rusia hasta 2020» (conocido como «Estrategia 2020»).

El Concepto de Política Exterior (CPE) de 2000 define una nueva visión de Rusia que contradice la del Gobierno de Yeltsin, que definía Rusia como un país que aspiraba a integrarse en las instituciones internacionales. La Rusia de Putin es una gran potencia cuyo objetivo principal consiste en fortalecer su papel en la política internacional global y en el espacio postsoviético en particular. Rusia está en desacuerdo con las políticas de Occidente, sobre todo con las de la OTAN, entendiendo su ampliación hacia el Este como «expansión» y su intervención en la antigua Yugoslavia como un acto que «ignoró a Rusia y a las Naciones Unidas». Los conceptos de *zarubezhom* («el exterior cercano») y *sootochestvennik* («compatriota», literalmente «el que está con la patria») cobran un extraordinario protagonismo en el documento del CPE de 2000, definiendo la diáspora rusa (25 millones de rusos que viven en las antiguas ex repúblicas soviéticas) como un instrumento de la política exterior. En este sentido, entre 1994 y 2015, la Federación Rusa ha elaborado 20 leyes diferentes que han definido el papel de los compatriotas en la política exterior de Rusia.

El documento «La revisión de la política exterior de la Federación Rusa» (2007) ofrece las pautas diplomáticas fundamentales de las posiciones de la Federación Rusa sobre diferentes asuntos internacionales.

Enumera las regiones de importancia especial –el espacio postsoviético, Europa, Estados Unidos y Asia-Pacífico– y los instrumentos principales de la política exterior, entre los cuales destacan especialmente la diplomacia económica (que se ocupa de la integración de Rusia en los mercados globales y del uso de los recursos energéticos en las relaciones internacionales) y la diplomacia humanitaria (que gestiona la protección de los derechos de los rusos, los compatriotas fuera de Rusia y la cooperación cultural y científica con ellos).

El documento «Estrategia 2020» (febrero de 2008) pretende describir una visión del futuro de Rusia a largo plazo. Las mayores amenazas para la seguridad nacional exterior de Rusia serían la OTAN, la cuestión de la seguridad energética y la de los compatriotas en el espacio postsoviético. Pero lo más importante de este documento, publicado seis meses antes del conflicto de Georgia, son algunas de sus conclusiones: Rusia ha vuelto a la arena internacional como un Estado poderoso y soberano que debe ser tenido en cuenta por otros actores estratégicos. Las Fuerzas Armadas rusas deben modernizarse y estar preparadas para defender los intereses nacionales, dado el uso creciente del poder militar en la política internacional. La energía es un aspecto vital de la seguridad nacional como instrumento de poder y como posible amenaza en el caso de que los actores sin recursos intenten arrebatar a Rusia los suyos. El interés y seguridad de los compatriotas será protegido por Rusia. Lo más llamativo, es el hecho de que, por primera vez desde el final de la Guerra Fría, un documento oficial ruso no hace distinción entre las armas convencionales y nucleares (se usarán armas nucleares contra las amenazas convencionales a gran escala).

Dmitri Medvédev demostró un gran interés en continuar la política de Seguridad Nacional de Putin. Sin embargo, su mandato será recordado por el comienzo de las reformas y la modernización de las Fuerzas Armadas rusas y por la aprobación de cuatro documentos: «Concepto de Seguridad Nacional» (julio de 2008); «Principios de Medvédev sobre la política de seguridad y exterior» (31 de agosto de 2008); «Principios de la política exterior en el Ártico» (septiembre de 2008), y «Ratificación de la Estrategia 2020» (mayo de 2009). Entre ellos, el más importante es el segundo, «Principios de Medvédev sobre la política de seguridad y exterior», publicado sólo dos semanas después del final de la guerra de Georgia (que comenzó con la intervención de Rusia en Abjasia y Osetia del Sur para «proteger» a la población rusa y acabó con la independencia de Georgia de estos dos territorios). En él destacan los siguientes puntos: la insistencia en la primacía de la ley internacional; la idea de que el orden mundial debe ser multipolar y no dominado por la hegemonía de Estados Unidos; la afirmación de que Rusia no tiene intención de autoaislarse y que busca relaciones amistosas incluso con Occidente; así como que Rusia responderá a cualquier agresión contra los compatriotas y que tiene «intereses privilegiados» en ciertas regiones.

Después de la guerra de Georgia, «la protección de los compatriotas» cobró una nueva connotación; se convirtió en la justificación del uso de la fuerza militar en países vecinos, y posteriormente incluso en la de la anexión de Crimea.

Durante el actual mandato del presidente Putin han sido ratificados los documentos de «Estrategia de la Seguridad Nacional» (2014 y 2015) así como «La Estrategia 2020» y la «Doctrina Militar» (2014 y 2015). Estos documentos contienen un ideario similar al de los anteriores, aunque la gran novedad, sin duda resultado de la crisis de Ucrania, es la introducción del concepto de «revoluciones de color», definido como amenaza para la estabilidad regional, porque «la práctica de derrocar regímenes políticos legítimos, provocando inestabilidad interna y conflicto, está cada día más generalizada». Los documentos oficiales de 2015 y 2016 reflejan el miedo del Kremlin a que Estados Unidos consiga cambiar el equilibrio estratégico del poder en Europa a través de la ampliación de la OTAN. Para Rusia, las amenazas militares principales son el despliegue del escudo antimisil en Rumanía y Polonia, y el despliegue de las armas no nucleares de gran precisión. La amenaza de un «ataque global», los «ciberataques» y la «actividad subversiva de los servicios especiales» aparecen por primera vez en los documentos de la Doctrina Militar. La lista de las amenazas militares no ha cambiado desde 2010, aunque se insiste con mayor énfasis en la amenaza de la OTAN y de Estados Unidos.

El Kremlin, para responder a estas amenazas, cuenta con unas Fuerzas Armadas modernizadas y reestructuradas, con la disuasión nuclear y con las armas convencionales, pero propone algunas medidas nuevas: la «movilización y preparación de la sociedad y de la economía», la «educación patriótica» y la «mejora en la esfera de información». La «guerra híbrida» no es un concepto usado en el documento de la Doctrina Militar, pero sí por el jefe del Estado Mayor, Valery Gerasimov, en varios artículos en los que explica la diferencia entre los métodos militares tradicionales de la guerra convencional y los métodos militares nuevos de la guerra híbrida (véase los Anexos).

Los rusos usan tres expresiones para connotar la guerra híbrida: *nelineynoi voina* («guerra no lineal»); *setovaya voina* («guerra de la red») y *neopredelennaya voina* («guerra indefinida»). La «guerra híbrida» convierte cualquier herramienta en arma y supone la combinación de varios instrumentos (y técnicas) convencionales y no convencionales: fuerzas especiales, regulares e irregulares; armas convencionales y nucleares (como medio intimidatorio); propaganda y guerra informativa, y apoyo a la inestabilidad local, con ciberataques, diplomacia, coacción económica y energética, cultura y lengua, corrupción, crimen organizado, espionaje, religión e ideología.

LA IMPLEMENTACIÓN DE LAS IDEAS EN LOS HECHOS: LA GUERRA HÍBRIDA

La estrategia y objetivos rusos definidos por el general Gerasimov –que las guerras que librará Rusia son «principalmente una estrategia de influencia, no de fuerza bruta» y que su principal objetivo es «romper la coherencia interna del sistema [político y socioeconómico] del enemigo y no de aniquilarle integralmente», han sido aplicadas en tres escenarios: en «el exterior cercano» *(zarubezhom)* y en los países de la Europa Central y del Este, antiguos miembros del Pacto de Varsovia.

Los instrumentos de la guerra híbrida son muy variados y graduales: oscilan entre el poder económico (la conexión de infraestructuras soviéticas favorece los vínculos económicos entre Rusia y los países independientes), el «poder blando» y la «coacción blanda» (chantaje económico en forma de embargo a los productos agrícolas, por ejemplo, la prohibición de importación de chocolates de Ucrania y de productos lácteos de Lituania en 2013 o la de la importación de vino de Georgia y Moldavia entre 2006 y 2013, alegando que «perjudican la salud pública»); la «coacción dura» (interrupciones en el suministro de gas, en Ucrania en 2006 y 2009) y el poder duro, el uso del poder militar para crear «conflictos congelados»[1] en Moldavia, en la región de Transnistria (1990-1992), en la zona de Osetia del Sur y Abjasia en Georgia en 2008 y, en fin, la anexión de territorios, como el de Crimea en 2014.

---

1. Un «conflicto congelado» es el conflicto sin solución política pero con acuerdo de armisticio.

En ruso hay una expresión para definir esta actitud –*prinudit k druzh-be*– («obligar a ser amigo»), que data de la época zarista.

El principal objetivo de la guerra híbrida en el «exterior cercano» o *zarubezhom* es impedir a los países ex soviéticos que forman parte de la Política de Vecindad Europea (PEV) –Azerbaiyán, Bielorrusia, Georgia, Moldavia, Ucrania y Armenia– su acercamiento a la Unión Europea y la OTAN.

De todos los instrumentos de la guerra híbrida el más significativo es el del «poder blando», por dos razones principales: porque la definición rusa de este concepto no coincide con la clásica de Joseph Nye ampliamente aceptada en Occidente (la habilidad de influir en el comportamiento de otros a través de la atracción, con el fin de conseguir lo que uno quiere), y porque Moscú recurre al poder blando como primer paso para el uso eventual del poder militar, que es una doctrina leninista.

Los documentos oficiales rusos definen el poder blando como el empeño en reforzar las afinidades lingüísticas, culturales, económicas y religiosas con los estados vecinos y captar a diferentes grupos de interés. Rusia ejerce su poder blando a través de cinco instrumentos principales: las relaciones públicas y la diplomacia pública; los medios de comunicación; la Iglesia ortodoxa rusa; comisiones que se dedican a «corregir la historia distorsionada» (la interpretación de la lucha contra los nazis, o del legado estalinista, por ejemplo), y fundaciones, asociaciones, clubes y congresos para coordinar una política común para los «compatriotas» y para promover la cooperación cultural y científica, la lengua y la cultura rusa más allá de las fronteras rusas.

El concepto de guerra híbrida encaja perfectamente en la tradición ortodoxa leninista que considera que la paz es sólo un estado de pre-guerra. En este sentido, el poder blando es sólo un primer paso del «poder duro». Las intervenciones rusas en Georgia y Ucrania demuestran que hay siete fases en la conversión del poder blando en poder duro en la guerra híbrida, cuyo fin último es obtener el control, formal o informal (zona de influencia), sobre un territorio.

Las primeras tres fases cuyo objetivo es aumentar la lealtad de los compatriotas al Gobierno del Kremlin y disminuirla hacia el Gobierno local son: fortalecer los lazos lingüísticos, culturales y religiosos; influir a través de la solidaridad (proveer la ayuda humanitaria de comida, medicamentos e inversiones económicas) y articular las diferentes políticas dirigidas específicamente a los compatriotas (organización de congresos, cooperación cultural y científica, fundaciones para promover la cultura rusa). La cuarta fase representa el punto de inflexión porque consiste en la distribución sistemática de la ciudadanía rusa («pasaportización») y en la conversión oficial de los compatriotas en ciudadanos rusos. Esta fase suele estar mezclada con la quinta, *dezinformatsia* («desinformación»), que en los tiempos soviéticos fue definida como «desacreditación y debilitamiento de los oponentes y distorsión de la percepción de la realidad de los blancos elegidos». La desinformación consiste ante todo en enfatizar el sufrimiento de la población rusa alógena por ser minoría étnica. Si el Gobierno del país anfitrión pretende acercarse a la Unión Europea y/o a la OTAN, los rusos están amenazados por los «fascistas» y su seguridad física se encuentra en peligro. A continuación, la sexta fase supone la aplicación de la «diplomacia humanitaria», la protección. Los documentos oficiales contemplan la posibilidad de proteger a los compatriotas si se dieran dos circunstancias: que su seguridad esté amenazada o que los compatriotas (no necesariamente sus representantes) soliciten la ayuda de Rusia. La séptima fase es el ejercicio del control formal (anexión de Crimea) o informal en el territorio donde viven los compatriotas (conflictos congelados). Estas siete fases demuestran que los compatriotas, los rusohablantes, constituyen el principal instrumento y la justificación del proceso de «reimperialización», y que el dilema histórico sobre cómo definir la identidad nacional rusa no está resuelto.

El gobierno de Vladímir Putin, como el de los bolcheviques, repite el paradigma histórico impuesto por los zares: sólo la expansión de los territorios (y de la influencia rusa, añadiría el general Gerasimov) es una manera eficaz de defender las fronteras rusas. En este sentido, «Rusia siempre está inacabada», como dijo su más célebre poeta, Aleksandr Pushkin.

El principal objetivo de la guerra híbrida rusa en la Europa Central y del Este es desarrollar su influencia a través del incremento de la actividad económica. El estudio *The Kremlin Playbook* del Center for Strategic & International Studies (CSIS, 2016) basado en una minuciosa investigación sobre el impacto de la influencia económica rusa en Bulgaria, Hungría, Letonia, Serbia y Eslovaquia, y su posible correlación con el declive general de los valores democráticos en la región, demuestra que el Kremlin busca debilitar a la Unión Europea y a la OTAN. Para conseguirlo, usa tres instrumentos principales: 1) la guerra de propaganda en contra de la «decadencia» de Occidente, la credibilidad y la autoridad moral de las democracias liberales, señalando la disfuncionalidad del sistema y ofreciendo al mismo tiempo un modelo alternativo, el de la democracia soberana (*iliberal*, como la llamó el presidente húngaro Victor Orbán), como sistema político deseable; 2) el dominio de los sectores económicos estratégicos a través de inversiones, y 3) el apoyo político y económico a los partidos políticos de signo autocrático, nacionalista, populista, eurófobo, euroescéptico, antiamericano y a los simpatizantes rusos. El vínculo entre estos tres instrumentos es la corrupción (entendida como el ejercicio del poder para explotar o ejercer una influencia sobre negocios, individuos o cuerpos e institutos estatales, generalmente a través de medios no transparentes). El objetivo final de la guerra híbrida en Europa Central y del Este es obtener la influencia (si no el control) sobre las instituciones estatales clave y de esta manera modelar las políticas nacionales.

En los países del antiguo Pacto de Varsovia destacan las inversiones económicas en Bulgaria y Hungría, así como la estrecha colaboración del partido Rusia Unida con el partido húngaro Jobbik (de signo ultraderechista y miembro del Parlamento Europeo) y con la Iglesia ortodoxa rusa, que actúa como instrumento político para influir en las iglesias ortodoxas de Serbia y Bulgaria. Las inversiones económicas en Bulgaria, en el proyecto de un reactor nuclear, por valor de entre 4.000 y 6.300 millones de euros y la construcción de un reactor nuclear en Hungría (Paks-2), valorado en 12.500 millones de euros, son sólo unos ejemplos del interés ruso en la región. Cabe preguntarse si estas inversiones y otras menores son el resultado de una política intencionada u oportunista. La respuesta no es definitiva, pero llama la atención que Rusia haya incrementado su actividad económica en la región a partir de 2008, después de la crisis de la guerra en Georgia, y a pesar de la crisis económica global y de las dificultades de la economía rusa.

La Revolución rusa, cien años después

Después de 1917 los bolcheviques inventaron un nuevo sistema político, económico y de sociedad, el Estado soviético. No tenían ninguna experiencia previa, ni tampoco un modelo a seguir. Aspiraban a convertir la utopía en la realidad y a construir una comunidad mundial de la humanidad emancipada y liberada de todas las estructuras políticas previas. En la práctica, durante el leninismo, fortalecieron la autoridad estatal de un solo partido, la autocracia ideológica, el nihilismo legal, la administración ultracentralizada, y la ausencia de libertades individuales y propiedad privada. Stalin conservó los elementos básicos del leninismo, pero alteró alguno de ellos. Fortaleció la centralización de la administración, suprimió las empresas privadas y el comercio individual y legitimó su poder en la glorificación del poder estatal, los valores de jerarquía, patriotismo y el culto a la personalidad. Sin la intervención de Stalin, posiblemente el régimen soviético no habría durado tanto. Ninguno de los lideres sucesivos –Nikita Jrushchov, Leonid Bréznhev y Mijaíl Gorbachov– llegó a erradicar del todo el estalinismo en la sociedad. Los tres criticaron la ineficacia del sistema comunista, pero fracasaron porque no pusieron en duda sus principios ideológicos. Finalmente, cuando Gorbachov optó por reformas que lo hicieran, se demostró que el régimen soviético era irreformable, porque el sistema democrático y el soviético simplemente eran incompatibles. Y el sistema se vino abajo. Pero ¿por qué el sistema soviético duró sesenta y nueve años?

El uso sistemático de la fuerza por el Estado comunista para hacer desaparecer cualquier oposición al régimen es una de las razones más importantes. Pero hay otras. El sistema comunista soviético era un sistema de recompensas. Los soviéticos no intentaban proteger sus derechos, porque no tenían ninguno, sino conseguir recompensas significativas por ello, lo que fomentó la corrupción generalizada. A esta mezcla de fuerza, remuneración y privilegios hay que añadir el elemento de agitación. Las expulsiones del partido, las cuotas para la producción industrial, la rivalidad entre regiones, la denuncia sistemática entre vecinos y amigos, la competición con Occidente, contribuían a mantener la euforia como mecanismo de estabilización. Es innegable que el totalitarismo comunista no fue un sistema basado sólo en el terror, sino que gozó de un alto grado de colaboración y aceptación por parte de los ciudadanos soviéticos.

El orden soviético tuvo unos éxitos extraordinarios que fueron indispensables para su supervivencia: el progreso en la educación (alfabetización, anulación del obscurantismo y la superstición, divulgación del respeto por la cultura, especialmente por la literatura, el teatro, la ópera y el ballet, e inversión en investigación científica, sobre todo para el desarrollo militar), la industrialización acelerada, la construcción de ciudades, la victoria en la Segunda Guerra Mundial, la supremacía como gran potencia militar y epicentro del comunismo mundial. Las fronteras de la URSS coincidían con las del Imperio zarista, pero su dominio se extendió aún más allá, en la Europa del Este. A diferencia de los zares, los bolcheviques tuvieron dos imperios, uno «interior» (la Unión Soviética) y otro «exterior» (los países miembro del Pacto de Varsovia).

Sin duda, el coste de la perdurabilidad de la autoridad comunista –el terror y la agitación sistemáticos– sobrepasaba sus logros. Los alabados éxitos de la industrialización y del poder militar fueron temporales, porque no sirvieron como base para continuar la modernización económica sin desmantelar el orden soviético. La ausencia de libertad de pensamiento y expresión (elementos clave para la reinvención de una sociedad) y la economía planificada fueron muy contraproducentes para el desarrollo económico.

Gorbachov fue el primer líder soviético que se enfrentó a la intimidación política y a la inhibición económica del sistema soviético. Pero fracasó estrepitosamente al tratar de erradicarlos. El mayor problema para cualquier reformista gradual era que el Estado soviético había destruido la sociedad civil, los grupos sociales y asociaciones cuya colaboración hubiera ayudado al proceso de reformas. A finales de la década de 1980, las reformas vinieron desde «arriba» y sólo pudieron ser implementadas por un pequeño círculo de reformistas leales, disolviendo la estructura del Estado soviético, lo que lo llevó a la descomposición.

Las reformas de Gorbachov fueron un cuarto intento de modernización de Rusia y su recuperación del atraso en relación con Europa: el primero fue el de Pedro el Grande; el segundo, el de Alejandro II; el tercero fue el de Lenin, que no intentó, como los dos anteriores, imitar a Europa, sino convertir a Rusia en el porvenir de Europa, provocando una revolución mundial. El cuarto, el de Gorbachov, fue una nueva tentativa de establecer en Rusia los principios de la gobernabilidad europeos. El régimen de Vladímir Putin, sin renegar de estas tradiciones históricas, no intenta imitar a Europa, ni ser su porvenir, sino convertir a Rusia en un modelo alternativo del sistema político –democracia iliberal– a la democracia liberal occidental.

La popularidad de Vladímir Putin en Rusia se debe a su intención y éxito en la reconstrucción del modelo del Estado centralizado. Los ciudadanos rusos lo perciben como un salvador, un líder carismático capaz de lidiar con la experiencia traumática de tres grandes rupturas históricas durante el siglo XX: la Revolución de Octubre (1917), la desintegración de la Unión Soviética (1991) y el colapso del Estado ruso en 1998. Sin embargo, el hecho de que el Kremlin introdujera en 2005 la celebración del 4 de noviembre como fiesta de la Unidad Popular de Rusia, refleja la intención de sustituir la fiesta del 7 de noviembre, el aniversario de la Revolución bolchevique, y que Putin aspira a convertirse en símbolo de la superación de todas las rupturas históricas. El 4 de noviembre es el aniversario de la sublevación popular de 1612 y de la expulsión de los polacos y lituanos que habían aprovechado la *Smutnoye vremya* («época de revueltas») que sucedió a la muerte del zar Iván IV el Terrible para conquistar partes del Principado de Moscovia e introducir a un zar impostor, Dmitri. El acontecimiento propició la llegada al trono del zar Mijaíl Romanov en 1613; marcó el fin de la época de revueltas y el comienzo de la larga presencia de los Romanov en el trono (1613-1917). La nueva fiesta no tenía demasiado arraigo entre los rusos hasta la anexión de Crimea en 2014, cuando se convirtió en una afirmación de fuerza y orgullo de Rusia.

La celebración de la fiesta de la Unidad Popular en 2016 estuvo marcada por la inauguración del monumento al príncipe Vladímir (de 17,5 metros de altura) que adoptó la fe del cristianismo ortodoxo bizantino en 988, en las cercanías de Sebastopol, en la península de Crimea. La estatua del príncipe Vladímir fue inaugurada por Vladímir Putin, que destacó el papel centralizador del príncipe y manifestó que «el deber común de los rusos de hoy es enfrentarse a los desafíos y amenazas modernas, apoyándose en las invaluables tradiciones de unidad y acuerdo, y avanzar, asegurando la continuidad de nuestra historia milenaria». La estatua del príncipe Vladímir está en las inmediaciones del Kremlin.

El homenaje al príncipe Vladímir, así como otro ante la nueva estatua de Iván IV el Terrible (en Oreol, el 14 de octubre de 2016) y la inauguración del monumento de Catalina la Grande en Simferópol (la capital administrativa de Crimea) en agosto de 2016, forman parte de un conjunto de decisiones, tomadas a distintos niveles de la administración, que tratan de sustituir el sistema de referencias simbólicas de la época comunista por otras más antiguas relacionadas con el cristianismo ortodoxo y la autocracia zarista.

Cien años después, la idea de la Revolución bolchevique y la ideología comunista están completamente desacreditadas por el colapso del sistema político y económico de la Unión Soviética y de los regímenes comunistas del todo el mundo. Sin embargo, este fracaso no significó la victoria automática de la democracia liberal, como lo había predicho Francis Fukuyama al anunciar «el fin de la historia». La democracia había vencido como principio de legitimidad, pero no como un sistema inmune a otras alternativas políticas. La prueba de ello es el fiasco de Rusia en la transición a la democracia, el auge del populismo en los países del antiguo Pacto de Varsovia (sobre todo en Hungría y Polonia), y la vuelta de las tensiones geopolíticas en el espacio postsoviético.

La Unión Soviética era un Estado revolucionario que buscaba un cambio mayor en el orden internacional. Durante la Guerra Fría, los soviéticos presentaban el capitalismo como un fallo del Occidente codicioso y amoral. Los conservadores americanos solían llamar a los soviéticos «nación impía». Actualmente, el Kremlin presenta a los occidentales como hombres con amnesia de su propio pasado cristiano y portadores de relativismo moral, falsa tolerancia hacia «uniones infértiles de las personas del mismo sexo» y corrección política, mientras que Rusia es un país que respeta y cultiva sus raíces cristianas, los valores tradicionales familiares, el patriotismo y la obediencia a la jerarquía. La idea es antigua y poco original.

Konstantín Leontyev (1831-1891), llamado «el Nietzsche ruso», y uno de los pensadores favoritos de Putin, escribió en su libro *Bizantinismo y eslavismo* (1876) que «Europa ha entrado en su fase de decadencia, mientras Rusia está en la fase ascendente de su historia». Su conclusión se basa en su propia teoría, que sostiene que toda civilización, después de un periodo de sencillez original, alcanza su apogeo en una era de complejidad floreciente, antes de declinar en un periodo de simplificación y confusión. Para Leontyev, desde el Renacimiento, Europa ha dejado de dar a luz a santos y genios, y sólo engendra ingenieros, parlamentarios y profesores de ética. Hace todo uniforme, a través de su modo de desarrollo y de su conformismo, por lo que crea confusión. Sus habitantes están perdidos, y ahora no saben cómo dar sentido a sus vidas. Se muestran incapaces de percibir un principio superior e inspirador. Rusia, supuestamente gracias a su auténtica fe ortodoxa, nunca ha dejado de producir «genios y santos», por lo que está destinada a salvar a Occidente de su decadencia. Aparte de descabellada, esta idea es poco original. La idea de que los rusos están predestinados a salvar a Occidente es de los eslavófilos del siglo xix.

En cualquier caso, es un hecho que la Iglesia ortodoxa rusa goza de mayor visibilidad en la sociedad y que aspira a la recristianización de la nación rusa (aunque el 70 % de los rusos se declara creyente, sólo un 4 % toma parte en la liturgia). Mientras Europa (aunque no Estados Unidos) está embarcada en un largo proceso de secularización, Rusia es uno de los pocos países del mundo donde la religión es cada vez más importante en la sociedad. La Iglesia ortodoxa ha recuperado su papel histórico, el de ser protagonista principal en los momentos más trágicos de la historia rusa (la invasión de los mongoles, la invasión polaco-lituana, la Segunda Guerra Mundial) y sale fortalecida de la prueba.

Aparentemente, el régimen de Vladímir Putin no persigue una revolución del orden mundial. Actúa más bien como una potencia revisionista que no acepta el orden internacional creado tras el final de la Guerra Fría. Sin embargo, la «revolución permanente» de los bolcheviques, que aspiró a contagiar a toda Europa con el virus comunista, y la guerra híbrida, que es una «guerra permanente» por todos los medios para asegurar la influencia de Rusia y presentarla como una alternativa viable a la decadencia de Occidente, tienen el mismo objetivo final: provocar cambios en la política global.

Las batallas internacionales venideras no se darán entre democracia y comunismo como durante la Guerra Fría, sino que tendrán un sesgo geopolítico y se librarán, por la influencia de dos modelos políticos, entre el liberalismo occidental y el «iliberalismo» ruso.

Cronología

860-1240: Rus de Kiev
880-912: El príncipe Oleg de la dinastía Rúrik traslada la capital de Nóvgorod a Kiev
980-1015: Reinado del príncipe Vladímir (durante su reinado, en 988, el Rus de Kiev aceptó la Cristiandad ortodoxa)
1054: Ruptura entre las iglesias romana y bizantina
1237-1242: La conquista mongola del Rus de Kiev
1236-1263: Reinado de Aleksandr Nevski, príncipe de Nóvgorod, Kiev y de Vladímir-Suzdal
1240: Aleksandr Nevski derrota a los suecos en la batalla del río Nevá
1242: Aleksandr Nevski derrota a los caballeros teutónicos en el lago Peipus («batalla de los hielos») y libera la ciudad de Pskov
1257-1258: Aleksandr Nevski suprime la rebelión de Nóvgorod con la ayuda de los mongoles
1283-1303: Reinado de Daniel de Moscú, hijo de Aleksandr Nevski, fundador del principado de Moscovia

1300: Daniel de Moscú consigue el control de la fortaleza Kolomna (clave para el control del lago del río Moscova y, por tanto, de la seguridad del Ducado)
1325-1341: Reinado de Iván I Kalita («la bolsa de dinero»), hijo de Daniel de Moscú. En 1328 se proclamó gran príncipe de Moscovia
1327: Rebelión de la población rusa de Tver (región del Volga) en contra de los mongoles. Fue suprimida por los esfuerzos conjuntos de la Horda de Oro y el Ducado de Moscovia
1337: Comienzo de la construcción del Monasterio de la Santa Trinidad y San Sergio en Moscú (a lo largo de su historia sirvió como fortaleza contra las invasiones extranjeras)

1359: Asesinato del kan Berdibeg. Inicio de la fragmentación de la Horda de Oro

1359-1389: Reinado de Dmitri Donskói, gran príncipe de Moscovia

1367: Comienzo de la construcción de la primera muralla de piedra del Kremlin (las anteriores eran de madera)

1389-1425: Reinado de Basilio I, gran príncipe de Moscovia

1398: El principado de Moscovia anexiona Nizhni Nóvgorod

1425-1462: Reinado de Basilio II, gran príncipe de Moscú

1438-1439: Concilio de Ferrara-Florencia, que reunió brevemente a las iglesias católica y ortodoxa, pero nunca fue aceptado por Moscú

1448-1461: Jonás de Moscú, uno de los opositores al Concilio de Ferrara-Florencia, es el primer metropolitano de Moscú

1453: Caída de Constantinopla

1462-1505: Reinado de Iván III de Rusia, gran príncipe de Moscovia. En 1480, al poner fin a la subordinación del principado a los mongoles, se proclamó *samoderzhets* («autócrata»)

1463: El principado de Moscovia conquista el principado de Yaroslavl y una parte del principado de Rostov

1471: El principado de Moscovia derrota a Nóvgorod (14 de julio) en la batalla del río Shelón. Nóvgorod se compromete a pagar los impuestos a Moscovia

1472: Matrimonio de Iván III con Sofía Paleóloga, sobrina del último *basileus* Constantino XI

1478: El principado de Moscovia conquista el territorio de Nóvgorod y lo anexiona a su territorio

1480: La batalla de Ugra, supone el fin de la subordinación de Moscú a la Horda de Oro mongola

1480-1490: Desintegración de la Horda de Oro en pequeños kanatos

1497: Iván III emite un código legal *(Sudebnik)* para limitar el movimiento de campesinos

1499: Moscú conquista el principado de Vyatka

1505-1533: Reinado de Basilio III

1510: El principado de Moscovia anexiona la ciudad de Pskov

1514: El principado de Moscovia conquista Smolensk

1521: El principado de Moscovia anexiona Riazán

1533-1584: Reinado de Iván IV el Terrible. Entre 1533 y 1547 es gran príncipe de Moscovia. En 1547 se proclama zar de Rusia

1537-1549: Reformas administrativas y jurídicas promulgadas por Iván IV

1547: Iván IV es coronado como zar

1549: Establecimiento de *Zemski Sobor*, primera asamblea representativa

1552: Conquista y anexión de Kazán
1555: Reforma del sistema fiscal
1556: Conquista y anexión de Astrakán
1564: Publicación de primer libro en Rusia *(Actas de Apóstoles)*
1564-1572: *Oprichnina*, el dominio y tiranía personal de Iván IV; destrucción de los boyardos
1570: Saqueo de Nóvgorod por las fuerzas de *Oprichnina*
1571: Los tártaros de Crimea atacaron y quemaron Moscú
1580: Iván IV golpea mortalmente a su hijo primogénito, el zarévich Iván (16 de noviembre)
1582: Comienzo de la conquista de Siberia occidental
1584-1613: *Smutnoye Vremya* (Tiempo de turbulencias)
1584-1598: Reinado de Teodoro I (tercer hijo de Iván IV), zar de Rusia
1589: Establecimiento del patriarcado en Moscú
1598-1605: Gobierno de Borís Godunov como regente de Rusia

1605-1606: Reinado de Dmitri I el Falso (fue un impostor introducido por los polacos para controlar el trono de Rusia durante la guerra ruso-polaca (1605-1618). Se presentaba como Dmitri Ivanovich, el hijo de Iván IV
1607: Reinado de Dmitri II el Falso (segundo impostor introducido por los polacos)
1610-1613: Ocupación de Moscú por los polacos
1613: Elección de Mijaíl Romanov como zar por *Zemski Sabor* y fundación de la dinastía Romanov (1613-1917)
1613-1689: Restauración del principado de Moscovia
1613-1645: Reinado de Mijaíl Romanov, zar de Rusia
1619: Fiódor Romanov es investido patriarca de Rusia con el nombre de Filaret
1632-1634: Guerra entre Rusia y Polonia
1637: Los cosacos del Don conquistan Azov
1639: Los primeros cosacos llegan a la costa del Pacífico
1645-1776: Reinado de Alekséi I, zar de Rusia
1648: Establecimiento de los primeros poblados en la costa del Pacífico
1649: *Zemski Sabor* aprueba el nuevo Código legal *(Sobornoye Ulozheniye)*
1652: Nikita Minóv (más conocido como Nikon) es investido como patriarca
1654: Primeras contrarreformas de Nikon. Comienzo del cisma *(Raskol)*
1658: Nikon dimite como patriarca y se retira al Monasterio de la Resurrección de la Nueva Jerusalén
1666-1667: El Consejo eclesiástico de Rusia condena a Nikon
1667-1671: La rebelión de Stenka Razin
1672: Representación de la primera obra de teatro en Rusia
1676-1681: Guerra ruso-turca

RUSIA PETERBURGUESA

1682-1725: Reinado de Pedro I el Grande (entre 1682 y 1696 es «co-zar» con su medio hermano Iván V)
1700-1721: Guerra del Norte con Suecia
1700: Rusia es derrotada en el río Nervá por los suecos
1701: Apertura de la Escuela de matemáticas y navegación en Moscú
1702: Publicación del primer periódico ruso *(Vedomosti)*
1702: Apertura del primer teatro público en Moscú
1703: Fundación de la ciudad de San Petersburgo
1709: Victoria rusa en la batalla de Poltava contra los suecos
1710: Rusia conquista los países bálticos
1711: Fundación de la institución del Senado en Rusia
1713: Traslado de la capital de Moscú (la Corte y muchas instituciones administrativas) a San Petersburgo
1715-1717: Primera expedición rusa a Asia Central
1721: Pedro I se proclama «emperador y autócrata de todas las Rusias». Abolición del patriarcado y creación del Santo Sínodo
1722: Promulgación de la Tabla de Rangos
1722-1723: Guerra ruso-persa (campaña militar rusa en el mar Caspio)
1722: Primer censo universal de hombres; primera colección de «impuesto de almas»
1724: Fundación de la Academia Imperial Rusa de Ciencias en San Petersburgo (22 de enero). Establecimiento de la Universidad de San Petersburgo (24 de enero)
1725-1727: Reinado de Catalina I, emperatriz y autócrata de todas las Rusias
1726: Apertura de la Academia de Ciencias
1727-1730: Reinado de Pedro II, emperador y autócrata de todas las Rusias
1730-1740: Reinado de Anna, emperatriz y autócrata de todas las Rusias
1740-1741: Reinado de Iván VI, emperador y autócrata de todas las Rusias
1741-1761: Reinado de Isabel I, emperatriz y autócrata de todas las Rusias
1736-1739: Guerra ruso-turca
1741-1743: Guerra ruso-sueca
1755: Fundación de la Universidad de Moscú (12 de enero)
1762: Reinado de Pedro III, emperador y autócrata de todas las Rusias
1762: Emancipación de la nobleza del servicio obligatorio estatal
1762-1796: Reinado de Catalina II la Grande, emperatriz y autócrata de todas las Rusias
1767: Creación de la Comisión Legislativa para crear un nuevo código legal
1768-1774: Guerra ruso-turca (finalizada con el Tratado de Kuchuk Kainardji en 1774)

1769: Introducción del primer papel moneda en Rusia

1773-1774: Rebelión de Yemelián Pugachov

1775: Ejecución pública de Yemelián Pugachov en Moscú (10 de enero). Reformas de la administración

1783: Rusia anexiona Crimea (conquistada en la guerra ruso-turca, 1768-1774). Georgia se convierte en el protectorado de Rusia

1787-1791: Guerra ruso-turca (finalizada con el Tratado de Jassy, 1791)

1791: Establecimiento del *pale* (zona de residencia para judíos)

1792: Fundación de la ciudad de Odesa (territorio conquistado por los rusos en la guerra ruso-turca, 1787-1791)

1796-1801: Reinado de Pablo I, emperador y autócrata de todas las Rusias

1797: Se promulga una ley que limita el trabajo forzado de los siervos a tres días de la semana y lo prohíbe los domingos

1800-1855: Rusia prerreformista

1801-1825: Reinado de Alejandro I, emperador y autócrata de todas las Rusias

1801: Rusia anexiona Georgia

1802: Establecimiento de ministerios en Rusia

1804-1813: Guerra ruso-persa

1804: Reforma de la educación en materia de planes de estudios. Restricción de residentes judíos en las provincias occidentales

1806-1807: Inglaterra, Rusia, Prusia y Sajonia forman coalición en la guerra contra Napoleón

1806-1812: Guerra ruso-turca (finalizada con el Tratado de Bucarest, firmado en 1812)

1808-1809: Guerra entre Rusia y Suecia, que finalizó con la anexión rusa del Gran Ducado de Finlandia

1810: Establecimiento del Consejo de Estado del Imperio ruso

1812: Napoleón invade Rusia (junio);
batalla de Borodinó (7 de septiembre);
incendio de Moscú (14 de septiembre);
retirada de los franceses (noviembre)

1815: Congreso de Viena en el que se fundó la Santa Alianza y se creó el reino de Polonia subordinado a Rusia (también llamado «Polonia rusa»)

1816: Fundación de la sociedad secreta Unión para la Salvación, que organizaría más tarde la Revolución decembrista

1818: Publicación del *Nuevo Testamento* en ruso moderno

1822: Prohibición de todas sociedades secretas y logias masónicas en Rusia

1822: Publicación del *Antiguo Testamento* en ruso moderno

1825: Revolución de los decembristas

1825-1855: Reinado de Nicolás I, emperador y autócrata de todas las Rusias

1826-1828: Guerra con Persia (finalizada con el Tratado de Turkmanchai)
1827-1829: Guerra ruso-turca (finalizada con el Tratado de Andrianópolis)
1830-1831: Rebelión de los polacos
1833: Publicación del primer código legal moderno *(Svod Zakonov Rossiskoi Imperii)*
1836: Publicación de la *Primera carta filosófica* de Piotr Chaadayev
1842: Publicación de la novela *Almas muertas* de Nikolái Gógol
1842-1851: Construcción de la primera línea de ferrocarril (San Petersburgo-Moscú)
1845: Fundación de la Sociedad de Geógrafos de Rusia
1853-1856: Guerra de Crimea entre Rusia y la alianza de Reino Unido, Francia y el Imperio otomano (finalizada con el Tratado de París)
1855-1892: Grandes reformas y contrarreformas
1855-1881: Reinado de Alejandro II, emperador y autócrata de todas las Rusias
1856: Alejandro II se dirige en un discurso a los nobles de Moscú sobre la necesidad de reformar el modelo de servidumbre, «desde arriba», por la iniciativa del zar y los terratenientes
1857: Fundación de la Sociedad de Ferrocarriles de Rusia
1861: Alejandro II firma los Estatutos de emancipación de los campesinos (19 de febrero)
1862: Publicación de *Padres e hijos* de Iván Turguéniev
1862: Creación de la primera organización populista *Zemliá i Volia* («Tierra y Libertad»)
1863: Rebelión de los polacos
Publicación de *¿Qué hacer?* de Nikolái Chernishevski
1864: Establecimiento de los *zemstvo* (autogobiernos locales)
Reforma judicial, reforma del sistema educativo primario
1865: Reforma de la censura
1865-1869: Publicación de *Guerra y paz* de Lev Tolstói
1865-1885: Rusia conquista Asia Central
1866: Primer intento de asesinar al zar Alejandro II
1867-1869: Reformas de la Iglesia ortodoxa rusa; reestructuración de seminarios y reorganización de parroquias
1870: Reforma de los gobiernos locales de las ciudades
1872: Publicación en ruso de *El capital* de Karl Marx
1874: Culminación de las reformas militares
Creación del movimiento *Khozdenie v narod* («Ir hacia el pueblo») de los populistas
Introducción del servicio militar universal
Publicación del libro de Piotr Tkachov *La tarea de la propaganda revolucionaria en Rusia*

Primera presentación de una ópera en Rusia (*Borís Godunov* de Modest Músorgski)

1876: Formación de la segunda organización populista *Zemliá i Volia* («Tierra y Libertad»)

Primera representación de *El Lago de los Cisnes* de Piotr Chaikovski

1877-1878: Guerra ruso-turca (finalizada con el Tratado de San Stefano, revisado en el Congreso de Berlín (–1878)

1879: Fundación de la organización terrorista *Naródnaya Volia* («Voluntad del pueblo»)

1879-1880: Publicación de *Los hermanos Karamázov* de Fiódor Dostoievski

1881: Asesinato de Alejandro II

1881-1894: Reinado de Alejandro III, emperador y autócrata de todas las Rusias

1881: Creación (por «Regulación temporal» de 14 de agosto) de *Ojrana*, servicio secreto del Imperio ruso con poderes extraordinarios de la Policía

1881-1882: Pogromos contra judíos

1882-1884: Contrarreforma de leyes: Censura (1882), Educación (1884), Iglesia (1884)

1884: Establecimiento de la primera organización marxista rusa en el extranjero por Gueorgui Plejánov

1890: Contrarreforma de los *zemstvos* (restricción de la autonomía de su gobierno)

1891-1892: Gran hambruna

1891-1904: Construcción del ferrocarril de la línea transiberiana

1892: Contrarreforma de los gobiernos locales (restricción de la autonomía)

1894-1917: Reinado del último zar, Nicolás II, emperador y autócrata de todas las Rusias

1896-1897: Huelgas de las fábricas textiles

1897: Primer censo moderno de la población

1898: Fundación del Partido Obrero Socialdemócrata de Rusia (POSDR)

1899: Publicación de *El desarrollo del capitalismo en Rusia* de Vladímir Ilich Uliánov, Lenin

1902: Fundación del Partido Socialrevolucionario

1902: Publicación de «¿Qué hacer?» de Vladímir Ilich Uliánov, Lenin

1903: Fundación del grupo político Unión de Liberación

Ruptura del partido POSDR en dos fracciones: bolchevique (grupo controlado por Lenin) y menchevique (controlado por Yuli Mártov)

Huelgas en Rostov y Odesa

Pogromo contra judíos en Kishinev

1904: Creación del Partido Democrático Constitucional (Cadetes)
Abolición del castigo corporal
Asesinato del ministro del Interior Viacheslav von Pleve
1904-1905: Guerra ruso-japonesa
1905: Revolución de 1905
Domingo Sangriento (9 de enero)
Formación del primer Sóviet de Petrogrado de los Diputados de Obreros y Soldados (mayo)
Huelga general (comienzo de octubre)
Formación del Sóviet de Petrogrado (octubre)
«Manifiesto de octubre» (17 de octubre)
Formación del Consejo de Ministros
Gran pogromo contra los judíos en Odesa
Arresto de todos los miembros del Sóviet de Petrogrado (diciembre) y consecutivas manifestaciones de obreros en Moscú
1906: Legalización de las asociaciones profesionales y los sindicatos (marzo)
Constitución de la primera Duma (27 de abril)
Disolución de la primera Duma (8 de julio)
Nombramiento de Piotr Stolypin como primer ministro (julio)
Intento de asesinato de Piotr Stolypin (agosto)
Comienzo de la reforma agraria de Piotr Stolypin (noviembre)
1907: Formación de la segunda Duma (20 de febrero)
Disolución de la segunda Duma; nueva ley electoral (3 junio)
Formación de la tercera Duma (noviembre)
1908: El Imperio austrohúngaro anexiona a Bosnia Herzegovina
1907-1912: La tercera Duma
1911: Asesinato de Stolypin (septiembre)
1912-1917: La cuarta Duma
1912: Primera guerra balcánica
1913: Celebración del tercer centenario de la dinastía Romanov
Segunda guerra balcánica

LA REVOLUCIÓN DE OCTUBRE (1917-1928)

1914: Estallido de la Primera Guerra Mundial
1915: Retirada de Rusia de Galitzia (mayo)
Retirada de Rusia de todo el territorio de Polonia (julio-agosto)
Nicolás II asume el puesto del comandante en jefe de las tropas rusas (agosto)
Formación del Bloque Progresista en la Duma y crisis política (agosto)
1916: Nueva ofensiva en Galitzia (mayo-julio)

Asesinato de Grigori Rasputín (diciembre)
1917: Revolución de Febrero (23 de febrero-1 de marzo)
Creación del Gobierno provisional y del Sóviet de los Obreros y Soldados de Petrogrado (1 de marzo)
Abdicación de Nicolás II (2 de marzo)
«Programa» del Gobierno provisional (8 de marzo)
«Apelación a todos hombres del mundo», carta del Sóviet de Petrogrado (14 de marzo)
Lenin vuelve a Rusia tras diez años de exilio (3 de abril)
Primer Gobierno provisional (3 de marzo-5 de mayo)
Primera coalición gubernamental (5 de mayo-2 de julio)
Segunda coalición gubernamental (25 de julio-27 de agosto)
Directorio (1-27 de septiembre)
Tercera coalición gubernamental (17 de septiembre-25 de octubre)
Primer Congreso de todos los Sóviets (junio)
«Escándalo Kornílov» (25-8 de agosto)
Publicación de *Estado y revolución* de Lenin
Toma del poder por los bolcheviques (24-25 de octubre)
Firma del Decreto sobre la Tierra por Lenin (26 de octubre)
Elecciones para la Asamblea Constitucional (25 de noviembre)
Fundación de Vecheka (la Cheka), Servicio de Seguridad (20 de diciembre)
1918: Reunión de la Asamblea Constitucional (5-6 de enero)
La Guerra Civil (1918-1921) e inicio del comunismo de guerra
Firma del Tratado de Brest-Litovsk entre Alemania y Rusia (3 de marzo)
VII Congreso del PCUS (6-9 marzo)
Primera Constitución bolchevique (julio)
Asesinato del zar Nicolás II y su familia, fin de la dinastía Romanov (noche del 16 al 17 de julio de 1918)
Atentado de Fanni Kaplán contra Lenin (30 de agosto)
1919: Establecimiento de la Internacional Comunista-Comintern (marzo)
VIII Congreso del PCUS (18-23 de marzo)
Intensas luchas entre «blancos» y «rojos» (otoño) durante la Guerra Civil
1920: Guerra ruso-polaca
1921- 1928: La NEP (Nueva Política Económica)
1921: Rebelión de Kronstadt (2-7 de marzo)
X Congreso del Partido Comunista (8-16 de marzo), que aprobó la propuesta de Lenin de la NEP
1921-1922: Gran hambruna
1922: XI Congreso del Partido Comunista (27 de marzo-2 de abril)
Iósif Stalin es elegido secretario general del Partido Comunista (3 de abril)
Primer ataque cerebral de Lenin (26 de mayo)
Segundo ataque cerebral de Lenin (16 de diciembre)

Lenin dicta su «testamento» (25 de diciembre)
Constitución de la Unión Soviética (31 de diciembre)
1923: Lenin añade una nota al «testamento», indicando que Iósif Stalin debe
ser destituido como secretario general (4 de enero)
Tercer ataque cerebral de Lenin (9 de marzo)
XII Congreso del PCUS (17-25 de abril)
1924: Muerte de Lenin (21 de enero)
El Lanzamiento de la campaña «Inscripción por Lenin» para aumentar el
número de afiliados (febrero)
XIII Congreso del PCUS (23-31 de mayo)
Iósif Stalin expone su idea de «Socialismo en un solo país» (diciembre)
1925: Apogeo de la NEP (abril)
XIV Congreso del PCUS (18-31 diciembre)
1926: La «Oposición Unida» de Lev Trotski, Grigori Zinóviev y Lev Káme-
nev, emerge en el Comité Central (6-9 de abril)
Grigori Zinóviev es expulsado del Politburó (14-23 de julio)
Trotski y Kámenev son expulsados del Politburó (23-26 de octubre)
Nikolái Bujarin reemplaza a Grigori Zinóviev como jefe de la Comintern
1927: Trotski y Zinóviev son expulsados del partido (15 de noviembre)
XV Congreso del PCUS (2-19 diciembre)
1928: Trotski se exilia a Almá-Atá (Kazajistán) el 16 de enero
«Escándalo de Shajty», la acusación de 53 ingenieros de sabotaje por Iósif
Stalin (18 de mayo)
Comienzo de la revolución en la cultura
Comienzo oficial del Primer Plan Quinquenal (1 de octubre)

LA SEGUNDA REVOLUCIÓN:
CONSTRUCCIÓN ESTALINISTA DEL SOCIALISMO (1929-1953)

1929: Derrota de la «Oposición de la derecha» (Nikolái Bujarin, Alekséi
Rýkov, Mijaíl Tomski)
Prohibición de las asociaciones religiosas y proselitismo (abril)
Nikolái Bujarin es expulsado del Politburó (10-17 de noviembre)
Celebración del cincuenta cumpleaños de Iósif Stalin (18 de diciem-
bre)
Stalin propone la colectivización y liquidación de los *kuláks* como clase
(27 de diciembre)
1930: Comienzo de la colectivización masiva (5 de enero)
XVI Congreso del PCUS (26 de junio-13 de julio)
1932-1933: Gran hambruna
1933-1937: Segundo Plan Quinquenal

1934: XVII Congreso del PCUS (26 de enero-13 de febrero)

Asesinato de Serguéi Kírov (diciembre)

1935: Estatuto de las granjas colectivas *–koljós* y *sovjós–* (febrero)

1936: Nuevas leyes de familia que restringen el aborto y el divorcio (junio)

Proceso público del NKVD (Comisariado del Pueblo de Asuntos Internos) contra Kámenev, Zinóviev y otros (agosto)

Promulgación de la «Constitución de Stalin» (diciembre)

1937: Proceso público del NKVD contra Karl Radek, Gueorgui Piatakov y otros (enero)

Ejecución del mariscal Mijaíl Tujachevski y otros oficiales del Ejército Rojo (junio)

Auge del Gran Terror (junio, 1937-diciembre, 1938)

1938: Tercer Plan Quinquenal (1 de enero de 1938-1941)

Proceso público del NKVD contra Nikolái Bujarin, Alekséi Rýkov, Mijaíl Tomski y Guénrij Yagoda (marzo)

Lavrenti Beria sucede a Nikolái Yezhov como director del NKVD (diciembre)

1939: XVIII Congreso del PCUS (10-21 de marzo)

El Pacto de no agresión entre Alemania y la Unión Soviética (agosto)

Invasión soviética de Polonia oriental (septiembre)

Guerra soviético-finlandesa («Guerra de Invierno») (noviembre 1939-marzo 1940)

1940: Anexión soviética de los países bálticos (junio)

Asesinato de Lev Trotski en México por Ramón Mercader (agosto)

1941-1953: La Gran Guerra Patriótica y el estalinismo de posguerra

1941: La invasión de la Unión Soviética por la Alemania nazi (22 de junio)

Establecimiento del Comité Estatal de Defensa (20 de junio)

Ley de emergencia de la movilización laboral; de racionamiento; de prolongación de la jornada laboral; de criminalización del absentismo laboral (junio-diciembre)

Discurso a la nación de Iósif Stalin: «Ni un paso atrás» (3 de julio)

Conquista alemana de Smolensk (16 de julio)

Comienzo del sitio de Leningrado (julio)

Caída de Kiev (19 de septiembre)

Batalla de Moscú (noviembre-diciembre)

Estados Unidos aprueba aplicar la Ley de Préstamo y Arriendo *(Lend-Lease)* a la Unión Soviética, para garantizarle el material de guerra (7 de noviembre)

Ataque de Japón a la flota de Estados Unidos en Pearl Harbor (7 de diciembre)

Contraofensiva soviética (diciembre 1941-febrero 1942)

1942: Batalla de Stalingrado (agosto 1942-febrero 1943)

1943: Batalla de Kursk (julio)

Iósif Stalin decide relajar las restricciones previamente impuestas a la Iglesia ortodoxa rusa

Conferencia de Teherán entre los «Tres Grandes»: Estados Unidos, Reino Unido, Rusia (noviembre)

1944: Ruptura del sitio de Leningrado (enero)

Operaciones en Bielorrusia y destrucción del Ejército Centro de Alemania (junio-julio)

El Ejército Rojo penetra en Polonia, Rumanía, Yugoslavia y Hungría (julio-diciembre)

1945: Invasión soviética de Alemania (enero)

Conferencia de Yalta (febrero)

Las tropas estadounidenses y soviéticas se encuentran en Elba (25 de abril)

La capitulación incondicional de Alemania (9 de mayo)

Conferencia de Potsdam (julio-agosto)

Invasión soviética de Manchuria (9 de agosto)

Capitulación formal de Japón (2 de septiembre)

1946: Discurso de Stalin sobre la incompatibilidad de ideologías, acusando a los países occidentales de ser anticomunistas (9 de febrero)

Discurso de Winston Churchill en la Universidad de Fulton (Misuri) en el que denunció las aspiraciones expansionistas de Stalin y pronosticó la existencia de una Cortina de Hierro del Báltico al Adriático (5 de marzo)

1947: Hambruna

Doctrina de la Contención, elaborada por George Kennan (febrero)

Comienzo de la primera fase de la Guerra Fría (1947-1953)

Fundación de la Cominform (Oficina de Información de los Partidos Comunistas y Obreros [septiembre])

1948: Golpe comunista en Checoslovaquia (febrero)

Comienzo del bloqueo de Berlín (mayo)

Plan Marshall (1948-1952)

1949: Creación de Comecon (Consejo de Ayuda Mutua Económica), enero

Fundación de la OTAN (4 de abril)

Fin del bloqueo de Berlín (mayo)

Test de la bomba atómica soviética (agosto)

Revolución comunista china

1952: XIX Congreso del PCUS (5-14 de octubre)

1953: Supuesta «conspiración de los médicos judíos» para liquidar a toda la cúpula del PCUS (enero)

Muerte de Stalin (5 de marzo)

Comienzo de la segunda fase de la Guerra Fría (1953-1962)

EL IMPERIO EN MUTACIÓN (1953-1991)

1953: Lucha por el poder entre Georgui Malenkov, presidente del Consejo de Ministros, Lavrenti Beria, ministro del Interior, Viacheslav Mólotov, ministro de Asuntos Exteriores y Nikita Jrushchov, secretario del Comité Central del PCUS, que, tras la muerte de Iósif Stalin, será primer secretario del partido

Arresto de Lavrenti Beria (26 de junio)

Ejecución de Lavrenti Beria (diciembre)

1954: Publicación de la novela *El Deshielo* de Ilyá Ehrenburg

Formación de la Comisión de rehabilitación de las víctimas de Stalin (mayo)

Aprobación del programa «Tierras Vírgenes» de Jrushchov

La península de Crimea se incorpora a Ucrania

1955: Destitución de Gueorgui Malenkov por Nikolái Bulganin como presidente del Consejo de Ministros

1956: XX Congreso del PCUS. «Discurso secreto» de Jrushchov en el cual denunció los crímenes de Stalin (14-26 de febrero)

Rebelión húngara (noviembre)

1957: Programas de descentralización (mayo)

Resolución del Comité Central sobre «la superación del culto a la persona y sus consecuencias» (30 de junio)

Lanzamiento del *Sputnik* (octubre)

1958: Borís Pasternak recibe el premio Nobel de literatura por su novela *Doctor Zhivago*

1959: Ruptura de las relaciones diplomáticas entre la Unión Soviética y China

XXI Congreso del PCUS (27 de enero-5 de febrero)

1961: XXII Congreso del PCUS (17-31 de octubre)

El cuerpo de Stalin es retirado del Kremlin (31 de octubre)

Construcción del Muro de Berlín (agosto)

1962: Publicación de *Un día en la vida de Iván Denísovich* de Aleksandr Solzhenitsyn

Crisis de los misiles en Cuba (octubre)

1963: La peor cosecha de la época de posguerra

Comienzo de la tercera fase de la Guerra Fría (1963-1972)

Tratado de Prohibición de Pruebas Nucleares entre Estados Unidos y la Unión Soviética

1964: Destitución de Jrushchov (14 de octubre)

1965: El Comité Central aprueba reformas económicas (septiembre)

Publicación de la monografía *22 de junio de 1941*, de Aleksandr Nekrich

1966: Proceso judicial de los escritores disidentes Yuli Daniel y Andréi Siniavsky por sus publicaciones en el extranjero (febrero)
XXIII Congreso del PCUS (29 de marzo-19 de abril)
1967: Tratado sobre el Espacio entre Estados Unidos y la Unión Soviética
1968: Manifestaciones de los tártaros de Crimea (abril)
Invasión de Checoslovaquia (agosto)
Publicación del primer número *samizdat* de la revista *Crónicas de la Actualidad*
Tratado de No Proliferación Nuclear entre Estados Unidos y la Unión Soviética
1970: Formación del Comité de los Derechos Humanos (noviembre)
1971: Manifestaciones de los judíos en Moscú, comienzo de la emigración judía a gran escala
Tratado sobre Control de Fondos Marinos entre Estados Unidos y la Unión Soviética
1972: Firma del acuerdo SALT-I (Conversación sobre Limitación de Armas Estratégicas) entre Estados Unidos y la Unión Soviética
Eduard Shevardnadze se convierte en el secretario general del Partido Comunista de Georgia
1973: Comienzo de la cuarta fase de la Guerra Fría –Détente– (1973-1980)
1974: Deportación de Aleksandr Solzhenitsyn de la URSS
1975: Declaración de Helsinki de la Conferencia de la OSCE (30 de julio-1 de agosto)
Andréi Sájarov recibe el premio Nobel de la Paz
1976: XXV Congreso del PCUS (24 de febrero-5 de marzo)
1977: Aprobación de la nueva Constitución de la URSS
Leonid Brézhnev se convierte en el presidente de la URSS
1979: Firma del Acuerdo SALT II (Conversación sobre Limitación de Armas Estratégicas) entre Estados Unidos y la Unión Soviética
Intervención de la Unión Soviética en Afganistán
1980: Exilio de Andréi Sájarov en Gorki
Comienzo de la quinta fase de la Guerra Fría (llamada «la segunda Guerra Fría), 1980-1985
1981: XXVI Congreso del PCUS (23 de febrero-3 de marzo)
1982: Muerte de Leonid Brézhnev (10 de noviembre). Le sucede Yuri Andrópov
1983: Despliegue de la OTAN de los misiles nucleares de alcance intermedio (Pershing II) en la República Federal de Alemania.
Anuncio del presidente Ronald Reagan de la Iniciativa de Defensa Estratégica (Programa Star Wars), marzo
Yuri Andrópov encarga a Mijaíl Gorbachov y Nikolái Ryzhkov un informe detallado sobre la situación económica de la Unión Soviética

Un grupo de economistas y sociólogos de Novosibirsk, encabezados por Tatiana Zaslávskaya, preparan un informe sobre la situación económica de la URSS

1984: Fallece Yuri Andrópov (febrero). Le sucede Konstantín Chernenko

1985: Fallece Konstantín Chernenko (marzo)

Elección de Mijaíl Gorbachov como secretario general del PCUS (11 de marzo)

Eduard Shevardnadze es nombrado ministro de Asuntos Exteriores (2 de julio)

Primera reunión entre Mijaíl Gorbachov y Ronald Reagan en Ginebra (noviembre)

Mijaíl Gorbachov presenta su programa de la *Glásnost* y la *Perestroika* para democratizar el comunismo

Creación de Gosagroprom (Comité Estatal del Complejo Agro-Industrial)

1986: XXVII Congreso del PCUS (25 de febrero a 6 de marzo)

Accidente nuclear de Chernóbil (26 de abril)

Comienzo de la sexta fase de la Guerra Fría (1986-1991)

Cumbre de Reikiavik entre Ronald Reagan y Mijaíl Gorbachov

1987: Reunión del Comité Central, en la que Mijaíl Gorbachov propone la reforma del PCUS (27 de enero)

Reformas económicas según el plan de la *Perestroika*

Cumbre de Washington entre Ronald Reagan y Mijaíl Gorbachov (10 de diciembre)

1988: Publicación de la carta anti-*Perestroika* y a favor de rehabilitar la reputación de Stalin, de Nina Andreyeva, publicada en *Sovetskaya Rossiya* («Rusia Soviética»), marzo

XIX Conferencia del PCUS en la que se toma la decisión de transformar el papel del Partido Comunista en la sociedad soviética (junio)

Disolución del Sóviet Supremo y creación del Congreso de los Diputados Populares, CDP (29 de noviembre)

1989: Conflictos étnicos en la región Nagorno-Karabaj, en Azerbaiyán (febrero)

Elecciones para la constitución del Congreso de los Diputados del Pueblo (marzo)

Gorbachov anuncia el plan de retirada de las tropas soviéticas de Afganistán (abril)

Huelga de los mineros (julio)

Cumbre de Malta entre Ronald Reagan y Mijaíl Gorbachov (2-3 de diciembre)

1990: Mijaíl Gorbachov presenta la Plataforma del Comité Central «hacia el Socialismo Humano y Democrático» (un plan para convertir el PCUS en un partido socialdemócrata al estilo occidental)

Elecciones para la constitución del Congreso de los Diputados del Pueblo de la Federación de Rusia (marzo)

Formación del Partido Comunista de la Federación Rusa (junio)

XXVIII Congreso del PCUS en el que se decide poner fin al monopolio del poder del Partido Comunista (2-13 de julio)

«Plan de quinientos días» para la recuperación industrial (agosto)

Mijaíl Gorbachov es elegido presidente de la URSS (septiembre)

Prohibición de toda la actividad del Partido Comunista en las instituciones de la Federación de Rusia (Decreto de Borís Yeltsin de 20 de julio)

Prohibición de la actividad y organización del Partido Comunista en la Federación Rusa (7 de noviembre)

Dimisión de Eduard Shevardnadze (20 de diciembre)

1991: Las tropas soviéticas atacan la torre de la televisión lituana en Vilna (enero)

Referéndum organizado por el CDP sobre la preservación de la URSS (17 de marzo)

Borís Yeltsin es elegido presidente de la República de Rusia después de la celebración de unas elecciones (20 de julio)

Comienzo del golpe de Estado (18 de agosto)

Borís Yeltsin encabeza la oposición al golpe de Estado (19 de agosto)

Fracaso del golpe de Estado (21 de agosto)

Firma del Tratado de Comunidad Económica (18 de octubre)

Borís Yeltsin anuncia sus planes de reforma económica en la República de Rusia (28 de octubre)

Borís Yeltsin rechaza la vigencia del Tratado de Comunidad Económica (24 de noviembre)

Ucrania celebra el referéndum sobre su independencia (1 de diciembre)

Tratado de Belavezha (Rusia, Ucrania y Bielorrusia se ponen de acuerdo en disolver la Unión Soviética y constituir la Comunidad de Estados Independientes, CEI (–8 de diciembre)

Se constituye formalmente la CEI en Almá-Atá, Kazajistán (21 de diciembre)

Dimisión de Mijaíl Gorbachov de su cargo de presidente de la Unión Soviética (25 de diciembre)

Disolución formal de la Unión Soviética (31 de diciembre)

POSTIMPERIUM (1992-2016)

1992: Yegor Gaidar, ministro de Economía, introduce la «terapia de choque» para reformar la economía de la Federación de Rusia

Referéndum sobre el cambio de la Constitución de Rusia (abril)

Privatización de las empresas estatales a través de «vales» (1 de octubre)

Borís Yeltsin nombra a Víktor Chernomyrdin primer ministro de la Federación de Rusia (14 de diciembre)

1993: Firma de START-II, Tratado de Reducción de Armas Estratégicas entre Estados Unidos y la Federación de Rusia (3 de enero)

Referéndum sobre las políticas de Borís Yeltsin (25 de abril) que demuestra el apoyo del 58 % de la población a sus reformas y a la nueva Constitución

Borís Yeltsin disuelve el Parlamento y convoca las nuevas elecciones legislativas (21 de septiembre)

La oposición encabezada por Aleksandr Rutskói y Ruslán Jasbulátov acusa a Borís Yeltsin de obrar inconstitucionalmente y ocupa al Parlamento. La retoma del Parlamento produce doscientas víctimas mortales (3-4 de octubre)

Celebración de las elecciones legislativas (15 de diciembre)

1994: Amnistía para los participantes en la ocupación del Parlamento en octubre de 1993 (26 de febrero)

Caída dramática del valor del rublo (11 de octubre)

Comienzo de la primera guerra de Chechenia (11 de diciembre, 1994-1996)

1995: Ley de Rehabilitación de 1,5 millones de víctimas de la Segunda Guerra Mundial (25 de enero)

Fundación del bloque político «Nuestra hogar es Rusia» por Víktor Chernomyrdin

Elecciones parlamentarias de Rusia (17 de diciembre)

1996: Tratado entre Rusia, Bielorrusia, Kazajistán y Kirguistán para formar la Unión Euroasiática (29 de marzo)

Formación de la Organización de Cooperación de Shanghái por Rusia, Kazajistán, Kirguistán, Tayikistán y China (26 de abril)

Primera vuelta de las elecciones presidenciales de Rusia (15 de junio)

Segunda vuelta de las elecciones presidenciales de Rusia (3 de julio)

Los Acuerdos de Jasaviurt –fin de la primera guerra de Chechenia (31 de agosto)

Operación de corazón de Borís Yeltsin (5 de noviembre)

1997: Anatoli Chubáis es nombrado primer ministro (marzo)

Declaración de la República Popular China y la Federación de Rusia en contra del mundo «unipolar» y a favor del mundo «multipolar» (23 de abril)

En la Conferencia de Madrid de la OTAN se acepta formalmente la solicitud de Hungría, Polonia y la República Checa para ser miembros de la Alianza Atlántica (julio)

Establecimiento de la «Comisión Extraordinaria» para elaborar un plan para la recaudación de impuestos (octubre)

1998: Huelga de los empleados de ferrocarril de la línea transiberiana (mayo)
Quiebra de los bonos del Tesoro del Estado a corto plazo y devaluación
del rublo (agosto)
Nombramiento de Yevgueni Primakov como primer ministro (septiembre)
1999: La Administración Clinton anuncia el desarrollo del nuevo Sistema Antimisil (enero)
Estados Unidos impone sanciones a Rusia por transferir la tecnología nuclear a Irán (10 de enero)
Hungría, Polonia y la República Checa entran formalmente en la OTAN
(12 de marzo)
Bombardeo de la OTAN de Yugoslavia por su política en Kósovo (marzo-junio). Rusia suspende relaciones con la OTAN
Destitución de Yevgueni Primakov y nombramiento de Serguéi Stepashin
como primer ministro (mayo)
Crédito de 22.000 millones de dólares del Fondo Monetario Internacional
a Rusia
Destitución de Serguéi Stepashin y nombramiento de Vladímir Putin como
primer ministro (agosto)
Invasión de Daguestán por los radicales chechenos (23 de agosto)
Invasión rusa de Chechenia. Comienzo de la segunda guerra de Chechenia
(23 de septiembre, 1999-2009)
Elecciones legislativas de la Federación de Rusia (19 de diciembre)
Dimisión de Borís Yeltsin. Vladímir Putin asume los poderes del presidente
de la Federación de Rusia (31 de diciembre)
2000: La Federación de Rusia renueva las relaciones con la OTAN (febrero)
Elecciones presidenciales de la Federación de Rusia (26 de marzo); Vladímir Putin es elegido presidente (2000-2004)
Arresto del oligarca Vladímir Gusinsky (11 de mayo)
División de Rusia en siete grandes distritos (13 de mayo)
Reunión de Vladímir Putin con los oligarcas en el Kremlin (28 de julio)
Hundimiento del submarino nuclear K-141 *Kursk* (12 de agosto)
Aprobación del uso de los símbolos zaristas (bandera, escudo de armas) y
soviéticos (himno y bandera roja para el Ejército) en los actos oficiales
(8 de diciembre)
2001: La Federación de Rusia y la República Popular China firman el Tratado
sobre cooperación militar y energética (julio), el primero desde 1950
«Vacaciones» de Vladímir Putin con Alekséi II, patriarca de Moscú y de
todas las Rusias en los monasterios ortodoxos en Rusia (agosto)
Condolencias y apoyo a Estados Unidos por los ataques terroristas del 11
de septiembre (septiembre)
2002: Ataque de los terroristas chechenos al Teatro Dubrovka de Moscú (octubre)

2003: Elecciones legislativas de la República de Chechenia (marzo)
Arresto de Mijaíl Jodorkovski (octubre)
«Revolución rosa» en Georgia
Elecciones legislativas de la Federación de Rusia (8 de diciembre)
2004: Elecciones presidenciales de la Federación de Rusia (14 de marzo).
Vladímir Putin es elegido presidente (2004-2008)
Asesinato de Ajmat Kadýrov, presidente de la República de Chechenia (9 de
mayo)
Ataque terrorista a la escuela de Beslán (Osetia del Norte), 3 de septiembre
Vladímir Putin anuncia que el presidente de la Federación de Rusia hará en
el futuro los nombramientos de los presidentes regionales
«Revolución naranja» en Ucrania (noviembre-diciembre)
2005: Primer juicio por fraude fiscal y blanqueo de dinero a Mijaíl Jodorkovski (mayo)
Proclamación del 4 de noviembre como la fiesta de la Unidad Popular de
la Federación de Rusia
2006: Asesinato de la periodista Anna Politkóvskaya (7 de octubre)
2007: Elecciones legislativas de la Federación de Rusia (2 de diciembre)
2008: Elecciones presidenciales de la Federación de Rusia (2 de marzo); Dmitri Medvédev es elegido presidente (2008-2012) y nombra a Vladímir Putin primer ministro de la Federación de Rusia
Guerra entre Rusia y Georgia (agosto)
2009: Segundo juicio a Mijaíl Jodorkovski (diciembre)
2011: Elecciones legislativas de la Federación de Rusia (4 de diciembre)
2012: Nuevas leyes para restringir la competitividad entre los partidos políticos (Ley de Manifestaciones; Ley de las ONG, Ley de Internet; Ley de
Traición)
Actuación de Pussy Riot en la iglesia de Cristo Salvador (febrero)
Elecciones presidenciales de la Federación de Rusia (4 de marzo); Vladímir
Putin es elegido presidente (2012-2018)
2013: Negociación de Vladímir Putin con Bashar-al-Ásad para impedir la intervención militar de Estados Unidos en Siria después del uso de armas
químicas por el régimen
El presidente de Ucrania, Víktor Yanukovich, rechaza firmar el acuerdo de
asociación con la Unión Europea (octubre); manifestaciones en la plaza de Maidán
2014: Huida de Víktor Yanukovich a Rusia (febrero)
Anexión de Crimea por la Federación de Rusia (18 marzo)
Acuerdos de paz Minsk I entre Ucrania y Rusia en el marco de las negociaciones del «Cuarteto de Normandía» (Alemania, Francia, Ucrania y
Rusia) para poner fin al conflicto en Donbáss (septiembre)

2015: Acuerdos de paz Minsk II entre Rusia y Ucrania en el marco de las negociaciones del «Cuarteto de Normandía» para poner fin al conflicto de Donbáss (febrero)

Intervención militar de Rusia en Siria para apoyar al régimen de Bashar-al-Ásad y luchar contra el autodenominado Estado Islámico (septiembre)

2016: Fundación de la Guardia Nacional de la Federación de Rusia (abril)

Inauguración del monumento de Catalina II la Grande en Simferópol, la capital administrativa de Crimea (18 de agosto)

Elecciones legislativas de la Federación de Rusia (18 de septiembre)

Inauguración del monumento a Iván IV el Terrible en Oriol (14 de octubre)

Inauguración del monumento al príncipe Vladímir en el Kremlin, el día de la fiesta de la Unidad Popular de la Federación de Rusia (4 de noviembre)

Abreviaturas

BUND: Unión de Trabajadores judíos de Lituania, Rusia y Polonia
CDP: Congreso de los Diputados del Pueblo
CEI: Comunidad de Estados Independientes
Gosagroprom: Comité Estatal del Complejo Agro-Industrial
Glavit: Directorio General para la Protección de los Secretos de Estado en la Prensa
Glavki: Centro superior de gestión económica
Gosplan: Comisión General Estatal de Planificación
GPU: Administración Política del Estado
Gulag: Dirección General de Campos de Trabajo
Comecon: Consejo de Ayuda Mutua Económica
Cominform: Oficina de Información de los Partidos Comunistas y Obreros
KGB: Comité para la Seguridad de Estado
Komsomol: Unión Comunista de la Juventud
Komuch: Comité de Miembros de la Asamblea Constituyente (Gobierno provisional de los «blancos» durante la guerra civil)
Litfron: Frente Literario
Narkompros: Comisariado del Pueblo de Educación
NEP: Nueva Política Económica
NKVD: Comisariado del Pueblo de Asuntos Internos
OSCE: Organización para la Seguridad y la Cooperación en Europa
OGPU: Administración Unificada Política del Estado
PCUS: Partido Comunista de la Unión Soviética
PCFR: Partido Comunista de la Federación Rusa
POSDR: Partido Obrero Socialdemócrata de Rusia
Proletkult: Cultura proletaria
RAPP: Asociación Rusa de Escritores Proletarios
RSFSR: República Socialista Federativa Soviética de Rusia
Sovnarkom: Consejo de los Comisarios del Pueblo
SS: «Escuadras de Defensa» *(Schutzstaffel)*
Vesenka: Consejo Supremo de Economía Nacional
Vecheka (Cheka): Servicio de Seguridad
Zhenotdel: Sección femenina

Bibliografía

ALEKSIÉVICH, Svetlana, *El fin del «Homo sovieticus»*, Barcelona, Acantilado, 2015.

APPLEBAUM, Anne, *Gulag: Historia de los campos de concentración soviéticos*, Barcelona, Debate, 2004.

ARENDT, Hannah, *Los orígenes del totalitarismo*, Madrid, Taurus, 1998.

ARCHIVO Digital de Hoover Institution de la Unión Soviética, Universidad de Stanford, <http://www.hoover.org/library-archives/collections/soviet-union>.

ARCH GETTY, J., *Practicing Stalinism. Bolsheviks, Boyars, and the Persistence of Tradition*, New Haven y Londres, Yale University Press, 2013.

ASCHER, Abraham, P.A. *Stolpyin: The Search for Stability in Late Imperial Russia*, Stanford, CA, Stanford University Press, 2001.

ASCHERSON, Neal, *El Mar Negro. Cuna de la civilización y la barbarie*, Barcelona, Tusquets, 2001.

BÁRCENAS MEDINA, Luis Andrés, y LÓPEZ JIMÉNEZ, José Ángel, *Los conflictos congelados de la antigua Unión Soviética*, Madrid, Ministerio de Defensa, 2011.

BEISSINGER, Mark R., *Nationalist Mobilization and the Collapse of the Soviet State*, Cambridge, Cambridge University Press, 2002.

BERDYAEV, Nicolas, *The Russian Revolution*, Londres, Forgotten Books, 2015.

BERLIN, Isaiah, *La mentalidad soviética. La cultura rusa bajo el comunismo*, Barcelona, Galaxia Gutenberg, Círculo de Lectores, 2009.

—, *Pensadores rusos*, México D.F., Breviarios del Fondo de Cultura Económica, 1980.

BIDELEUX, Robert y JEFFRIES, Ian, *A History of Eastern Europe. Crisis and Change*, Londres y Nueva York, Routledge, 2002.

BILLINGTON, James H., *El icono y el hacha. Una historia interpretativa de la cultura rusa*, Madrid, Siglo XXI, 2011.

BONET, Pilar, *El mundo provinciano de Boris Yeltsin*, Madrid, El País-Aguilar, 1994.

BRENTON, Tony (ed.), *Historically Inevitable? Turning points of the Russian revolution*, Londres, Profile Books, 2016.

BROWN, Archie, *The rise & Fall of Communism*, Londres, Vintage Books, 2010.

BRUBAKER, Rogers, *Nationalism Reframed: Nationhood and the National Question in the New Europe*, Cambridge, Cambridge University Press, 1996.

BRUDNY, Yitzhak M., *Reinventing Russia. Russian Nationalism and the Soviet State 1953-1991*, Cambridge, Massachusetts, Harvard University Press, 2000.

BRYM, Robert, *The Jewish Intelligentsia and Russian Marxism: A Sociological Study of Intellectual Radicalism and Ideological Divergence*, Londres, Macmillan, 1978.

BRYM, Robert y RYVKINA, Rozalina, *The Jews of Moscow, Kiev, and Minsk: Identity, Antisemitism, Emigration*, Londres, Hondsmill, Macmillan, 1994.

BUJARIN, Nikolai, *Cómo empezó todo*, Valencia, Editorial Pre-Textos, 2007.

BURLEIGH, Michael, *Pequeñas guerras, lugares remotos*, Madrid, Taurus, 2014.

CARR, E.H., *La Revolución rusa. De Lenin a Stalin (1917-1929)*, Madrid, Alianza Editorial, 2014.

CARRÈRE D'ENCAUSSE, Hélène, *Islam and the Russian Empire. Reform and Revolution in Central Asia*, Londres y Nueva York, I.B. Tauris, 2009.

—, *The Great Challenge. Nationalities and the Bolshevik State 1917-1930*, Nueva York y Londres, Holmes & Meier, 1992.

—, *The Russian Sindrome. One Thousand Years of Political Murder*, Nueva York y Londres, Holmes & Meier, 1992.

—, *Rusia inacabada*, Barcelona, Salvat, 2001.

—, *Seis años que cambiaron el mundo, 1985-1991. La caída del imperio soviético*, Barcelona, Ariel, 2016.

CLOWES, Edith W., *Russia on the Edge. Imagined Geographies and Post-Soviet Identity*, Ithaca y Londres, Cornell University Press, 2011.

CHAADAYEV, P., *Izabranie, sochinenia y pisma*, Moscú, Pravda, 1991.

CHERVONNAYA, Svetlana, *Conflict in the Caucasus. Georgia, Abkhazia and the Russian Shadow*, Somerset, Gothic Image Publications, 1994.

CHUDOBA, Bogdan, *Rusia y el oriente de Europa*, Madrid, Ediciones Rialp, 1980.

CONQUEST, Robert, *The Great Terror. A Reassessment*, Oxford, Oxford University Press, 1991.

—, *Harvest of Sorrow. Soviet Collectivisation and the Terror-Famine*, Oxford, Oxford University Press, 1986.

—, *Power and Policy in the USSR*, Londres, 1961.

DANILEVSKI, Nikolaj J., *Rusija i Evropa*, Belgrado, Nolit, 2007.

DEUTCHER, Isaac, *The Prophet Armed: Trotsky, 1879-1921*, Oxford, Oxford University Press, 1954

—, (ed.), *The Non-Jewish Jew and Other Essays*, Oxford, Oxford University Press, 1968.

DZERZHINSKI, Félix, *Izbrannie proizvedeniia v dvuj tomaj*, volumen I, Moscú, Izdatelstvo politicheskoi literaturi, 1977.

—, *Dnevnik zakliuchenovo: pisma*. Moscú, Molodaia Gvardia, 1984.

ELTCHANINOFF, Michel, *Dans la tête de Vladimir Poutine*, París, Actes Sud, 2015.

FIGES, Orlando, *Revolutionary Russia 1891-1991*, Londres, Penguin Books, 2014.

—, *A People's Tragedy. The Russian Revolution 1891-1924*, Londres, Jonathan Cape, 1996.

—, *El baile de Natacha. Una Historia cultural rusa*, Barcelona, Buenos Aires, Edhasa, 2006.

—, KOLONITSKII, Boris, *Interpretar la Revolución rusa. El lenguaje y los símbolos de 1917*, Madrid, Biblioteca Nueva, 2001.

FREEZE, Gregory L. (ed.), *Russia. A History*, Oxford, Oxford University Press, 2002.

FUSI, Juan Pablo, *Breve historia del mundo contemporáneo. Desde 1776 hasta hoy*, Barcelona, Galaxia Gutenberg, 2013.

GADDIS, John Lewis, *The Cold War. The deals. The spies. The lies. The truth*, Londres, Penguin Books, 2005.

—, *We Now Know. Rethinking Cold War History*, Oxford, Oxford University Press, 1998.

GESSEN, Masha, *El hombre sin rostro. El sorprendente ascenso de Vladímir Putin*, Barcelona, Debate, 2012.

GORBACHOV, Miajíl, *El golpe de agosto*, Barcelona, Ediciones B, 1991.

—, *Memorias*, Barcelona, Plaza y Janés, 1996.

—, «The 70th Anniversary Address», *Foreign Affairs*, 1 de diciembre de 1987.

GRATCHEV, Andréi, *Le mystère Gorbachev*, Mónaco, 2011.

HILDINGER, Erik, *Warriors of the Steppe. A Military History of Central Asia, 500 B.C. to 1700 A.D.*, Staplehurst, Spellmount, 1997.

HOBSBAWM, Eric J., *Los ecos de la Marsellesa*, Barcelona, Crítica, 1992.

— *Revolucionarios*, Barcelona, Crítica, 2010.

— *La era de Revolución, 1789-1848*, Barcelona, Crítica, 2001.

HOSKING, Geoffrey, *Russia and the Russians. A History*, Cambridge, Massachusetts, Harvard University Press, 2011.

— *Russian History. A Very Short Introduction*, Oxford, Oxford University Press, 2012.

—, *A History of the Soviet Union*, Londres, Fontana Press, 1992.

—, *Rulers and Victims: The Russians in the Soviet Union*, Massachusetts, Harvard University Press, 2006.

—, *The Russian Constitutional Experiment. Government and Duma, 1907-1914*, Cambridge, Cambridge University Press, 1973.

—, *The First Socialist Society. A History of the Soviet Union from the within*, Massachusetts, Harvard University Press, 1985.

—, *The Awakening of the Soviet Union*, Massachusetts, Harvard University Press, 1990.

—, *Beyond Socialist Realism. Soviet Fiction since Ivan Denisovich*, Londres, Elek Ltd., 1980.

HOSKING, Geoffrey y SERVICE, Robert (eds.), *Reinterpreting Russia*, Londres, Bloomsbury Academic, 1999.

ILIC, Melanie, *Stalin's Terror Revisited*, Londres, AIAA, 2006.

JOFFE, Josef, *The Myth of American Decline. Politics, Economics and Half Century of False Prophesies*, Nueva York y Londres, W.W. Norton & Company, 2013.

KANTOR, Vladímir, *Rusija je evropska zemlja*, Belgrado, Biblioteka XX Vek, 2001.

KENNAN, George F., «The Sources of Soviet Conduct» [Excerpt], *Foreign Affairs*, julio, 1947.

—, The Russian Revolution-Fifty Years After», *Foreign Affairs*, octubre, 1967.

— «Communism in Russian History», *Foreign Affairs*, invierno 1990/91.

KING, Charles, *The Black Sea. A History*, Oxford, Oxford University Press, 2004.

KLEBNIKOV, Paul, *Godfather of the Kremlin. The Decline of Russia in the Age of Gangster Capitalism*, Nueva York, 2001.

— *Godfather of Kremlin. Boris Berezovsky and the Lootiong of Russia*, Nueva York, 2000.

KOCHAN, Lionel, *Rusia en revolución*, Madrid, Alianza Editorial, 1968.

KRASTEV, Iván, LEONARD, Mark, WILSON, Andrew (eds.), *¿Qué piensa Rusia?*, Barcelona, CIDOB, ECFR, 2009.

LEDENEVA, Alena V., *Can Russia Modernise? Sistema, Power Networks and Informal Governance*, Cambridge, Cambridge University Press, 2013.

LIBERMAN, Yevsei, «The Russian Revolution-Fifty Years After», *Foreign Affairs*, octubre, 1967.

LICHTHEIM, George, «The Russian revolution-Fifty Years After», *Foreign Affairs*, octubre, 1967.

LIEVEN, Dominic, *Towards the flame. Empire, War and the End of Tsarist Russia*, Nueva York, Penguin Books, 2015.

—, *Russia's Rulers under the Old Regime*, New Haven, Yale University Press, 1989.

—, *Empire: The Russian Empire and Its Rivals*, Londres, John Murray, 2000.

LIPMAN, Maria, PETROV, Nikolay (ed.), *Russia in 2020, Scenarios for the Future* Washington, Carnegie Endowment for International Peace, 2011.

LOGVOLD, Robert, «On Power: The Nature of Soviet Power», *Foreign Affairs*, octubre, 1977.

MANDEL, David, *The Petrograd Workers and the Fall of the Old Regime*, Londres, Macmillan, 1983.

MANDELSTAM, Nadiezhda, *Contra Toda Esperanza. Memorias*, Barcelona, Acantilado, 2013.

MARCU, Valeriu, «Lenin in Zurich», *Foreign Affairs*, abril, 1943.

MCFAUL, Michael, *Russia's Unfinished Revolution. Political Change from Gorbachov to Putin*, Nueva York, Ithaca, 2001.

MACMILLAN, Margaret, *1914. De la paz a la guerra*, Madrid, Turner, 2013.

MALAPARTE, Curzio, *Técnicas de golpe de Estado*, Barcelona, Planeta, 2009.

MALIA, Martin, *Comprendre la Révolution russe*, París, Éditions du Seuil, 1980.

MAYER, Arno J., *Las Furias. Violencia y terror en las revoluciones francesa y rusa*, Zaragoza, Prensas de la Universidad de Zaragoza, 2014.

MEDVEDEV, Roy, *La Rusia post-soviética*, Barcelona, Paidós, 2004.

MERRIDALE, Catherine, *Red Fortress. History and Illusion in the Kremlin*, Nueva York, Metropolitan Books, 2013.

MEYER, Jean, *Rusia y sus imperios (1894-2005)*, Barcelona, Tusquets, 2007.

—, *La Gran Controversia. Las iglesias católica y ortodoxa de los orígenes a nuestros días*, Barcelona, Tusquets, 2006.

—, *El Papa de Iván el Terrible. Entre Rusia y Polonia (1581-1982)*, México D.F., Fondo de Cultura Económica, 2003.

MEYER, Karl y BLAIR BRYSAC, Shareen, *Torneo de Sombras: el gran juego y la pugna por la hegemonía en Asia Central*, Barcelona, RBA Libros, 2008.

MILOSEVIC, Djordje, *Rusija, pogled u buducnost*, Novi Sad, Prometej, 2012.

MONTEFIORE, Simon Sebag, *Llamdame Stalin. La historia secreta de un revolucionario*, Barcelona, Crítica, 2010.

—, *La corte del zar Rojo*, Barcelona, Crítica, 2010.

MOSELY, Philip E., «The Russian revolution-Fifty Years After», *Foreign Affairs*, octubre, 1967.

MUÑOZ-ALONSO, Alejandro, *La Rusia de los zares*, Madrid, Espasa, 2007.

NEUMANN, Iver B., *Russia and the Idea of Europe*, Londres y Nueva York, Routledge, 2009.

NOVIKOVA, Olga (ed.), *La Tercera Roma. Antología del pensamiento ruso de los siglos XI a XVIII*, Madrid, Tecnos, 2000.

OSTROVSKY, Arkady, *The Invention of Russia. The journey from Gorbachev's freedom to Putin's war*, Londres, Atlantic Books, 2015.

PIPES, Richard, *The Formation of the Soviet Union: Communism and Nationalism, 1917-1923*, Cambridge, MA, Harvard University Press, 1964.

—, *Russia under the old regime*, Londres, Penguin Books, 1979.

—, *La Revolución rusa*, Barcelona, Debate, 2016.

—, *Three whys of the Russian Revolution*, Londres, Pimlico, 1995.

—, *Russian Conservativism and Its Critics. A study in political culture*, New Haven y Londres, Yale University Press, 2005.

PLOKHY, Serhii, *El último imperio. Los días finales de la Unión Soviética*, Madrid, Turner, 2014.

POLITKOVSKAYA, Anna, *La Rusia de Putin*, Barcelona, Debate, 2005.

—, *Sólo la Verdad*, Barcelona, Debate, 2011.

—, *Diario Ruso*, Barcelona, Debate, 2007.

—, *Una guerra sucia*, Barcelona, RBA, 2003.

—, *Terror en Chechenia*, Barcelona, Planeta, 2003.

—, *La deshonra rusa*, Barcelona, RBA, 2004.

POMERANTSEV, Peter, *Nothing is true and everything is possible*, Londres, Faber & Faber, 2015.

PRIMAKOV, Jevgenij, *Godine u visokoj politici*, Belgrado, Izdavacki graficki Atelje «M», 2002.

RADISHCHEV, Aleksandr Nikolaevich, *Viaje de Petersburgo a Moscú*, Madrid, Antonio Machado Libros, 2008.

READ, Christopher, *Religion, Revolution & the Russian Intelligentsia, 1900-1912*, Londres, The Macmillan Press, 1979.

REED, John, *Diez días que estremecieron al mundo*, Tafalla, Txalaparta, 2006.

RIGA, Liliana, *The Bolsheviks and the Russian Empire*, Cambridge, Cambridge University Press, 2014.

ROSENBERG, W. G., *Liberals in the Russian Revolution: the Constitutional Democratic Party, 1917-1921*, Nueva York, Princeton University Press, 1974.

SAKWA, Richard, *Putin, el elegido de Rusia*, Madrid, ABC, 2005.

— *Gorbachev and his Reforms, 1985-1990*, Londres, Prentice Hall, 1990.

—, *The Crisis of Russian Democracy: The Dual State, Factionalism and the Medvedev Succession*, Cambridge, Cambridge University Press, 2010.

—, *Putin Redux: Power and Contradiction in Contemporary Russia*, Londres, Routledge, 2014.

SANBORN, Joshua A., *Drafting the Russian Nation: Military Conscription, Total War and Mass Politics, 1905-1925*, Illinois, DeKalb, 2003.

SÁNCHEZ PUIG, María, *Guía de la Cultura Rusa*, Madrid, Centro de Lingüística Aplicada, 2003.

SARTORI, Giovanni, *La carrera hacia ningún lugar. Diez lecciones sobre nuestra sociedad en peligro*, Madrid, Taurus, 2016.

—, *La democracia después del comunismo*, Madrid, Alianza Editorial, 1994.

SAUL, Norman E., *Sailors in Revolt: The Russian Baltic Fleet in 1917*, Lawrence, Regents Press of Kansas, 1978.

SCHLESINGER, Arthur Jr., «The Russian Revolution-Fifty Years After», *Foreign Affairs*, octubre, 1967.

SEBASTYEN, Victor, *Revolution 1989. The Fall of the Soviet Empire*, Londres, Weidenfeld & Nicolson, 2009.

SERGE, Victor, *El año I de la Revolución rusa*, Buenos Aires, Ediciones RyR, 2011.

—, *El destino de una revolución*, Barcelona, Los Libros de la frontera, 2010.

—, *Memorias de un revolucionario*, Madrid, Veintisiete letras, 2011.

SERVICE, Robert, *Russia. From tsarism to the twenty-first century*, cuarta edición, Reino Unido, Penguin Books, 2015.

—, *The end of the Cold War: 1985-1991*, Londres, Pan MacMillan, 2016.

—, *The Bolshevik Party in Revolution: A Study in Organizational Change*, Londres, Pan MacMillan, 1979.

—, *Comrades. Communism: A World History*, Londres, Pan MacMillan, 2008.

—, *Lenin: A Biography*, Londres, Pan MacMillan, 2010.

—, *Stalin: A Biography*, Londres, Pan MacMillan, 2010.

—, *Trotsky: A Biography*, Londres, Pan MacMillan, 2010.

SETON-WATSON, Hugh, *The Russian Empire, 1801-1917*, Oxford, Oxford University Press, 1967.

SHALÁMOV, Varlam, *Relatos de Kolimá*, Volumen I-V, Barcelona, Minúscula, 2009-2016.

SHVETSOVA, Lilia, *Yeltsin's Russia: Myths and Reality*, Washington D.C., 1999.

SHUKMAN, Harold, *The Blackwell Encyclopedia of the Russian Revolution*, Oxford, Blackwell Publishers, 1988.

SMITH, S. A., *The Russian Revolution. A Very Short Introduction*, Oxford, Oxford University Press, 2002.

SMITH, Douglas, *El ocaso de la aristocracia rusa*, Barcelona, Tusquets, 2015.

SNYDER, Timothy, *The Reconstruction of Nations. Poland, Ukraine, Lithuania, Belarus, 1569-1999*, New Haven y Londres, Yale University Press, 2003.

—, *Tierras de sangre. Europa entre Hitler y Stalin*, Barcelona, Galaxia Gutenberg, 2011.

—, *Nationalism, Marxism, and Modern Central Europe: A Biography of Kazimierz Kelles-Krauz, 1872-1905*, Cambridge, MA, Harvard University Press, 1997.

Solzhenitsyn, Alexandr, *Rusia bajo los escombros,* México, Fondo de Cultura Económica, 1998.

—, *Cómo reorganizar Rusia. Reflexiones en la medida de mis fuerzas,* Barcelona, Tusquets, 1991.

—, *El «Problema Ruso» al final del siglo xx,* Barcelona, Tusquets, 1995.

Stone, Norman, *Breve historia de la Primera Guerra Mundial,* Barcelona, Ariel, 2013.

Tocqueville, Alexis de, *El Antiguo Régimen y la Revolución,* Madrid, Alianza Editorial, 2004.

Tolz, Vera, *Russia, Inventing the nation,* Londres, Arnold, 2001.

Trenin, Dmitri, *Post-Imperium,* Washington, Carnegie Endowment for International Peace, 2011.

Venturi, Franco, *Roots of Revolution. A History of the Populist and Socialist Movements in 19th Century Russia,* Londres, Phoenix Press, 2001.

Warner, Elizabeth, *Mitos Rusos. El pasado legendario,* Madrid, Akal, 2005.

Westwood, J. N., *Endurance and Endeavour. Russian History 1812-2001,* Oxford, Oxford University Press, 2002.

Wilson, Edmund, *Hacia la Estación de Finlandia,* Madrid, Alianza Editorial, 1972.

Wohlestetter, Albert, «The Delicate Balance of Terror», *Foreign Affairs,* enero, 1959.

Wolff, Larry, *Inventing Eastern Europe, The Map of Civilization on the Mind of the Enlightenment,* Stanford, Stanford University Press, 1994.

Wood, Anthony, *The Russian Revolution,* Londres, Longman Group, 1979.

Yeltsin, Boris, *Memorias,* Madrid, Temas de Hoy, 1990.

— *Los diarios del presidente,* Barcelona, Plaza y Janés, 1995.

Yemelianova, Galina M., *Russia and Islam. A Historical Survey,* Nueva York, Palgrave, 2002.

Zamoyski, Adam, *Varsovia 1920. El intento fallido de Lenin de conquistar Europa,* Madrid, Siglo XXI, 2008.

Anexos

Tabla 1: *Las nacionalidades del Imperio ruso y la Unión Soviética (en millones)*

	1897	1959	1979
Rusos	55,6	113,9	137,4
Ucranianos	22,4	2,7	42,3
Bielorrusos	5,8	6,6	9,4
Polacos	7,9	0,6	1,1
Judíos*	5,0	2,3	1,8
Kirguizos	4,0	0,9	1,9
Tártaros	3,4	4,6	6,3
Azeríes	no definidos	2,9	5,4
Uzbekos	0,7	5,9	12,5
Kazajos	no definidos	3,6	6,5
Alemanes	1,8	1,2	1,9
Letones	1,4	1,3	1,4
Baskires	1,3	0,6	1,3
Lituanos	1,2	2,3	2,8
Armenios	1,2	2,5	4,1
Rumanos/Moldavos	1,1	2,2	2,9
Estonios	1,0	0,9	1,0
Mordvinos	1,0	1,0	1,2
Georgianos	0,8	2,6	4,1
Tayikos	0,3	1,4	2,9
Turkomanos	0,3	1,4	2,0
Griegos	0,2	0,1	0,3
Búlgaros	0,2	0,3	0,3

*Judíos definidos por religión eran 5,2 millones en 1897. En 1959 y 1979 el Estado no aplicaba el criterio de religión, sino el de la declaración personal.
Fuente: J. N. Westwood, *Endurance and Endeavour. Russian History 1812-2001*, Oxford, Oxford University Press, 2002.

Tabla 2: La economía zarista: producción anual (millones de toneladas)

Año	Carbón	Hierro	Petróleo	Grano
1860	0,29	0,31	-	/
1870	0,68	0,33	0,03	/
1880	3,24	0,42	0,5	/
1890	5,90	0,89	3,9	/
1900	16,10	2,66	10,2	56
1910	26,80	2,99	9,4	74
1913	35,40	4,12	9,1	90
1916	33,80	3,72	9,7	64

Fuente: J. N. Westwood, *Endurance and Endeavour. Russian History 1812-2001*, Oxford, Oxford University Press, 2002.

Tabla 3: Crecimiento de la población (en millones) de San Petersburgo/Petrogrado/Leningrado

1880	0,220
1812	0,308
1830	0,435
1863	0,539
1869	0,667
1881	0,861
1897	1,260
1914	2,20
1920	0,60
1939	3,38
1959	3,32
1970	3,95
1989	5,02
2000	4,69

Fuente: J. N. Westwood, *Endurance and Endeavour. Russian History 1812-2001*, Oxford, Oxford University Press, 2002.

Tabla 4: El Gobierno provisional y las coaliciones gubernamentales.

El primer Gobierno provisional (3 de marzo-5 de mayo 1917)

Ministro (Partido)	Ministerio
Príncipe Gueorgui Lvov (independiente)	Primer ministro
Aleksandr Kérenski (socialrevolucionario)	Justicia
Pável Miliukov (cadete)	Asuntos Exteriores
Aleksandr Guchkov (octubrista)	Guerra y Marina
Aleksandr Konoválov (progresista)	Industria y Comercio
Mijaíl Teréshchenko (independiente)	Economía
Nikolái Nekrásov (cadete)	Transporte
Vladímir Lvov (octubrista)	Procurador de Santo Sínodo
Aleksandr Manuilov (cadete)	Educación
Andréi Shingariov (cadete)	Agricultura
Iván Godnev (octubrista)	Interventor estatal
Vladímir Nabókov (cadete)	Secretario del Gabinete

Fuente: *The Blackwell Encyclopedia of the Russian Revolution* (1988).

La primera coalición gubernamental (5 de mayo-2 de julio de 1917)

Ministro (Partido)	Ministerio
Príncipe Gueorgui Lvov (independiente)	Primer ministro
Aleksandr Kérenski (socialrevolucionario)	Guerra y Marina
Mijaíl Teréshchenko (independiente)	Asuntos Exteriores
Nikolái Nekrásov (cadete)	Transporte
Irakli Tserteli (menchevique)	Correos y Telégrafos
Víktor Chernov (socialrevolucionario)	Agricultura
Pável Pereverzev *(trudovnik)*	Justicia
Vladímir Lvov (cadete)	Procurador de Santo Sínodo
Aleksandr Manuilov (cadete)	Educación
Aleksandr Konoválov (progresista)	Industria y Comercio
Andréi Shingariov (cadete)	Economía
Mijaíl Skóbelev (menchevique)	Trabajo
Alekséi Peshejónov (socialista popular)	Alimentación
Príncipe Dmitri Shakhovskoy (cadete)	Bienestar
Iván Godnev (octubrista)	Interventor estatal
Aleksandr Galpern (menchevique)	Secretario del Gabinete

La segunda coalición gubernamental (25 de julio-27 de agosto de 1917)

Ministro (Partido)	Ministerio
Aleksandr Kérenski (socialrevolucionario)	Primer ministro y de Guerra y Marina
Nikolái Nekrásov (cadete)	Viceprimer ministro y de Economía
Nikolái Avkséntiev (socialrevolucionario)	Interior
Mijaíl Teréshchenko (independiente)	Asuntos Exteriores
Víktor Chernov (socialrevolucionario)	Agricultura
Alekséi Nikitin (menchevique)	Correo y Telégrafos
Antón Kartashev (independiente)	Religión
Peter Yurenev (cadete)	Transporte
Fiódor Kokoshkin (cadete)	Interventor estatal
Alekséi Peshejónov (socialista popular)	Alimentación
Serguéi Oldenburg (cadete)	Educación
Aleksandr Zarudni (socialista popular)	Justicia
Iván Efrémov (cadete)	Bienestar
Mijaíl Skóbelev (menchevique)	Trabajo
Serguéi Prokopovich (menchevique)	Industria y Comercio
Borís Sávinkov (socialrevolucionario)	Viceministro de Guerra
Vladímir Lebedev (socialrevolucionario)	Viceministro de Marina

Directorio (1-27 de septiembre de 1917)

Ministro (Partido)	Ministerio
Aleksandr Kérenski	Primer ministro y comandante en jefe Supremo
Mijaíl Teréshchenko	Asuntos Exteriores
Alekséi Nikitin	Correos y Telégrafos
General Aleksandr Verjovski	Guerra
Almirante Dmitri Verderevski	Marina

La tercera coalición gubernamental (17 de septiembre-25 de octubre de 1917)

Ministro (Partido)	Ministerio
Aleksandr Kérenski	Primer ministro y comandante en jefe Supremo
Aleksandr Konoválov (progresista)	Viceprimer ministro y de Industria y Comercio
Mijaíl Bernatski (cadete)	Economía
Mijaíl Teréshchenko (independiente)	Asuntos Exteriores
General Aleksandr Verjovski	Guerra
Almirante Dmitri Verderevski	Marina
Serguéi Maslov (socialrevolucionario)	Agricultura
Alekséi Nikitin (menchevique)	Correos y Telégrafos
Kuzmá Gvózdev (menchevique)	Trabajo
Pável Maliantovich (trudovnik)	Justicia
Aleksandr Liverovski (trudovnik)	Transporte
Antón Kartashev (independiente)	Religión
Serguéi Salazkin (cadete)	Educación
Nikolái Kishkin (cadete)	Bienestar
Serguéi Prokopovich (menchevique)	Alimentación
Serguéi Smirnov (cadete)	Interventor estatal

Tabla 5: Los resultados (estimados) de las elecciones a la Asamblea Constitucional en noviembre de 1917

Partido	Votos (millones)	Escaños
Partido Socialrevolucionario	15,8	299
Socialrevolucionarios de Ucrania	4,9	81
Socialrevolucionarios de minorías nacionales	1,0	19
Mencheviques	1,36	18
Populistas/Socialistas	0,5	4
Socialdemócratas (Ucrania)		2
Cadetes	3,2	17
Otros partidos nacionalistas	2,5	56
Fracción izquierda de Socialrevolucionarios		39
Bolcheviques	9,4	168
Total	41,68	703

Fuente: *The Blackwell Encyclopedia of the Russian Revolution* (1988).

Tabla 6: Resultados de las elecciones legislativas en Rusia (2003-2016): porcentajes de votos y número de escaños (total escaños en la Duma: 450)

Partido Político	2003 Porcentaje de votos/escaños	2007	2011	2016
Rusia Unida	37,5% (223)	64,3% (315)	49,32% (238)	54,2% (343)
Partido Comunista	23,8% (52)	11,57% (57)	19,19% (92)	13,34% (42)
Partido Liberal-Demócrata	14,7% (36)	8,4% (40)	11,67% (56)	13,14% (39)
Rusia Justa	11,9% (37)	7,74% (38)	13,24 (64)	6,22% (23)
YÁBLOKO	7,3% (4)	///	///	///

Fuente: Elaboración propia.

Tabla 7: Resultados de las elecciones presidenciales de 2000-2012

Partido/ Candidato	2000	2004	2008	2012
Rusia Unida	Vladímir Putin: 52,94%	Vladímir Putin: 71,31%	Dmitri Medvédev: 71,25%	Vladímir Putin: 63,60%
Partido Comunista	Guennadi Ziugánov: 29,21%	Nikolái Jaritonóv 13,69%	Guennadi Ziugánov: 17,96%	Guennadi Ziugánov: 17,18%

Fuente: Elaboración propia.

Tabla 8: La guerra convencional y la guerra híbrida: los métodos militares tradicionales y métodos militares nuevos

Métodos militares tradicionales	Métodos militares nuevos
La acción militar comienza después de la declaración de guerra	La guerra no se declara y comienza con la agrupación de tropas durante el periodo de paz
Enfrentamientos entre grandes unidades militares en tierra	No hay enfrentamientos directos entre las unidades militares u otros grupos/actores
Derrota de hombres y control de su capacidad letal; control de los territorios conquistados	La aniquilación del poder militar y económico del enemigo por huelgas y sabotajes de corta duración, y eliminación de infraestructuras civiles con ataques militares precisos
Destrucción del poder económico y la anexión territorial	El uso masivo de armas de alta precisión: robots, láseres, radiación de onda corta. El uso de civiles armados (cuatro civiles por un militar)
Las operaciones de combate en tierra, aire y mar	Huelgas y sabotajes simultáneos en todo el territorio del enemigo. Batalla simultánea en tierra, mar, aire y en el espacio informativo
Mando de tropas mediante una jerarquía militar rígida	Mando de tropas desde una «esfera de información unificada»

Fuente: Janis Berzins, «The New Generation of Russian Warfare», Aspen Institute Prague, 2014, <http://www.aspeninstitute.cz/en/article/3-2014-the-new-genera tion-of-russian-warfare/>.

Índice onomástico

Últimos títulos publicados

Ángel Crespo
El poeta y su invención
Julio Crespo
Imperios. Auge y declive de Europa en el mundo,
    1492-2012
Jean Daniel
Camus. A contracorriente
Los míos
Norman Davies
Reinos desaparecidos. La historia olvidada de Europa
Rob DeSalle y Ian Tattersall
El cerebro. Big Bangs, comportamientos y creencias
Iván de la Nuez
El comunista manifiesto
Cecilia Dreymüller
Incisiones. Panorama crítico de la narrativa en lengua alemana
    desde 1945
Marcel Duchamp
Escritos
Agencia EFE
Libro del estilo urgente
Kurt Eichenwald
El confidente. Una historia real
Joaquín Estefanía
La economía del miedo
Estos años bárbaros
Felipe Fernández-Armesto
Nuestra América. Una historia hispana
    de Estados Unidos
Francisco Ferrer Lerín
Bestiario
Joachim Fest
El hundimiento
François Flahault
El crepúsculo de Prometeo. Contribución a una historia
    de la desmesura humana

Pedro González-Trevijano
Dragones de la política
Magnicidios de la historia
Luis Gonzalo Díez
La barbarie de la virtud
Los convencionalismos del sentimiento
José Agustín Goytisolo
Más cerca. Artículos periodísticos
Juan Goytisolo
Belleza sin ley
Contra las sagradas formas
Genet en el Raval
Pájaro que ensucia su propio nido
Félix Grande
Memoria del flamenco
Lynda Gratton
Prepárate: el futuro del trabajo ya está aquí
Mauro F. Guillén, Emilio Ontiveros
Una nueva época. Los grandes retos del siglo XXI
Paolo Flores d'Arcais
¡Democracia! Libertad privada y libertad rebelde
Michael Hampe
La vida plena. Cuatro meditaciones sobre la felicidad
Thomas Harding
Hanns y Rudolf. El judío alemán y la caza del Kommandant
de Auschwitz
La casa del lago. Berlín. Una casa. Cinco familias.
Cien años de historia
Amira Hass
Crónicas de Ramala. Una periodista israelí en territorio
ocupado
Miguel Herrero de Miñón
Cádiz a contrapelo. 1812-1978: dos constituciones
en entredicho
Ayaan Hirsi Ali
Mi vida, mi libertad

Landelino Lavilla Alsina
  *Una historia para compartir. Al cambio por la reforma
    (1976-1977)*
Wolf Lepenies
  *¿Qué es un intelectual europeo? Los intelectuales
    y la política del espíritu en la historia europea*
Jordi Llovet
  Adiós a la Universidad. El eclipse de las humanidades
Keith Lowe
  *Continente salvaje. Europa después de la Segunda Guerra
    Mundial*
Giles MacDonogh
  Después del Reich. Crimen y castigo en la posguerra alemana
Chantal Maillard
  La mujer de pie
Noel Malcolm
  *Agentes del Imperio. Caballeros, corsarios, jesuitas y espías
    en el mundo mediterráneo del siglo XVI*
Vito Mancuso
  Yo y Dios
Norman Manea
  La quinta imposibilidad. Judaísmo y escritura
José María Maravall
  Las promesas políticas
Antoni Marí
  La voluntad expresiva
Javier Marías
  Aquella mitad de mi tiempo. Al mirar atrás
  Donde todo ha sucedido. Al salir del cine
  Lección pasada de moda. Letras de lengua
J. M. Martí i Font
  Después del muro. Alemania y Europa 25 años más tarde
Eduardo Mendoza
  ¿Quién se acuerda de Armando Palacio Valdés?
Czesław Miłosz
  La mente cautiva

Pankaj Mishra
*De las ruinas de los imperios. La rebelión contra Occidente
y la metamorfosis de Asia*
Vicente Molina Foix
Tintoretto y los escritores
Enemigos de lo real (Escritos sobre escritores)
Mercedes Monmany
*Por las fronteras de Europa. Un viaje por la narrativa
de los siglos XX y XXI*
Michel de Montaigne
Ensayos
Miguel Morey
Hotel Finisterre
Brian Moynahan
Leningrado. Asedio y sinfonía
Dambisa F. Moyo
*El ganador se queda con todo. La fiebre china por el control
de los recursos naturales y lo que supone para
el mundo*
Antonio Muñoz Molina
El atrevimiento de mirar
Sami Naïr
*La Europa mestiza. Inmigración, ciudadanía,
codesarrollo*
La lección tunecina
Sami Naïr (ed.)
*Democracia y responsabilidad. Las caricaturas de Mahoma
y la libertad de expresión*
El Mediterráneo y la democracia
Pierce O'Donnell
*En tiempo de guerra. El ataque terrorista de Hitler
contra Estados Unidos*
Antxon Olabe Egaña
Crisis climática-ambiental. La hora de la responsabilidad
Andrés Ortega
La fuerza de los pocos

Jorge M. Reverte, Mario Martínez Zauner
De Madrid al Ebro. Las grandes batallas de la guerra civil española
José María Ridao
Azaña y Ortega y Gasset. Dos visiones de España (ed.)
Contra la historia
El pasajero de Montauban
Elogio de la imperfección
El vacío elocuente. Ensayos sobre Albert Camus
Filosofía accidental. Ensayos sobre el hombre y el Absoluto
Por la gracia de Dios. Catolicismo y libertades en España (ed.)
Radicales libres
Weimar entre nosotros
Alan Riding
Y siguió la fiesta. La vida cultural en el París ocupado por los nazis
Julián Ríos
Quijote e hijos
Albert Roig
Perro. Vida de Rainer Maria Rilke
Manuel Ruiz Amezcua
Lenguaje tachado
Jesús Ruiz Mantilla
Contar la música
Jeffrey D. Sachs
El precio de la civilización
Carl Safina
Mentes maravillosas. Lo que piensan y sienten los animales
Robert Saladrigas
Rostros escritos. Monólogos con creadores españoles de los setenta
Andrés Sánchez Robayna
Deseo, imagen, lugar de la palabra
Variaciones sobre el vaso de agua

Fernando Savater
El arte de ensayar. Pensadores imprescindibles del siglo XX

Jonathan Schell
El mundo inconquistable. Poder, no violencia y voluntad popular
En primera línea. Crónicas de la guerra de Vietnam

Carlos Sebastián
Subdesarrollo y esperanza en África
España estancada. Por qué somos poco eficientes

Timothy Snyder
El Príncipe Rojo. Las vidas secretas de un archiduque Habsburgo
Tierras de sangre. Europa entre Hitler y Stalin
Tierra negra. El Holocausto como historia y advertencia

Jonathan Sperber
Karl Marx. Una vida decimonónica

Nicholas Stargardt
La guerra alemana. Una nación en armas (1939-1945)

Mark Stevenson
Un viaje optimista por el futuro

Antoni Tàpies
En blanco y negro. Ensayos

Tzvetan Todorov
El espíritu de la Ilustración
El miedo a los bárbaros
Elogio del individuo. Ensayo sobre la pintura flamenca del Renacimiento
Elogio de lo cotidiano. Ensayo sobre la pintura holandesa del siglo XVII
Goya. A la sombra de las luces
Insumisos
La experiencia totalitaria
La literatura en peligro
Los aventureros del absoluto
Los enemigos íntimos de la democracia
Vivir solos juntos

Ivan Tolstoi
La novela blanqueada
Eugenio Trías
De cine. Aventuras y extravíos
El canto de las sirenas. Argumentos musicales
El hilo de la verdad
La imaginación sonora. Argumentos musicales
Pensar la religión
Vértigo y pasión. Un ensayo sobre la película Vértigo
de Alfred Hitchcock
Fernando Trueba
Mi diccionario de cine
José-Miguel Ullán
Los nombres y las manchas. Escritos sobre arte
José Ángel Valente
Diario anónimo (1959-2000)
Paul Valéry
Cuadernos (1894-1945)
Luuk van Middelaar
El paso hacia Europa. Historia de un comienzo
José Varela Ortega
Los señores del poder y la democracia en España: entre
la exclusión y la integración
Fernando Vallespín
La mentira os hará libres
Enrique Vila-Matas
Fuera de aquí
VV.AA.
Historia de la nación y del nacionalismo español
VV.AA.
Motivos visuales del cine
VV.AA.
¿Por qué España?. Memorias del hispanismo
estadounidense
VV.AA.
Transiciones democráticas: Enseñanzas de líderes políticos

Nigel Warburton
Una pequeña historia de la filosofía
Jonathan Weiner
Aferrados a la vida. La extraña ciencia de la inmortalidad
María Zambrano
Esencia y hermosura. Antología
Juan Eduardo Zúñiga
Desde los bosques nevados. Memoria de escritores rusos